UMA HISTÓRIA DAS IDEIAS LINGUÍSTICAS

Conselho Acadêmico
Ataliba Teixeira de Castilho
Carlos Eduardo Lins da Silva
José Luiz Fiorin
Magda Soares
Pedro Paulo Funari
Rosângela Doin de Almeida
Tania Regina de Luc

Proibida a reprodução total ou parcial em qualquer mídia
sem a autorização escrita da editora.
Os infratores estão sujeitos às penas da lei.

A Editora não é responsável pelo conteúdo deste livro.
Os Autores conhecem os fatos narrados, pelos quais são responsáveis,
assim como se responsabilizam pelos juízos emitidos.

Consulte nosso catálogo completo e últimos lançamentos em **www.editoracontexto.com.br**.

UMA HISTÓRIA DAS IDEIAS LINGUÍSTICAS

Bernard Colombat
Jean-Marie Fournier
Christian Puech

Tradução
Jacqueline Léon
Marli Quadros Leite

Histoire des ideés sur le langage et les langues
Copyright © Klincksieck, Paris 2010

Direitos de publicação no Brasil adquiridos pela
Editora Contexto (Editora Pinsky Ltda.)

Montagem de capa e diagramação
Gustavo S. Vilas Boas

Preparação de textos
Lilian Aquino

Revisão
Karina Oliveira

CIP-Brasil. Catalogação na Publicação
Sindicato Nacional dos Editores de Livros, RJ

C68h

Colombat, Bernard
  Uma história das ideias linguísticas / Bernard Colombat, Jean-Marie Fournier, Christian Puech ; tradução Jacqueline Léon , Marli Quadros Leite. - 1. ed. - São Paulo :
Contexto, 2017.
  304 p. : il. ; 23 cm.

Tradução de: Histoire des idées sur le langage et les langues
Inclui bibliografia
ISBN: 978-85-520-0006-8

1. Linguística - História. 2. Linguagem e línguas - Filosofia. 3. Linguagem e línguas - Estudo e ensino. I. Fournier, Jean-Marie. II. Puech, Christian. III. Léon, Jacqueline. IV. Leite, Marli Quadros. V. Título.

17-41827

CDD: 410
CDU: 81

2017

EDITORA CONTEXTO
Diretor editorial: *Jaime Pinsky*

Rua Dr. José Elias, 520 – Alto da Lapa
05083-030 – São Paulo – SP
PABX: (11) 3832 5838
contexto@editoracontexto.com.br
www.editoracontexto.com.br

Sumário

Apresentação à edição brasileira..**9**

I. AS QUESTÕES DA RETROSPECÇÃO

1. "História das ideias linguísticas" ou
"História das teorias linguísticas"?..16

2. O que se faz quando se faz a história das ideias linguísticas?.........17

3. Como se faz a história das ideias linguísticas?.......................19

4. Que usos se pode fazer da história das ideias linguísticas?.............21

5. Quais foram, historicamente, as recepções
da *Grammaire générale et raisonnée*?.....................................25

6. Quais foram, historicamente, as recepções
do *Cours de linguistique générale*, de Saussure?........................31

7. Que relação tem a história da linguística
com a epistemologia?..38

II. A DIMENSÃO ANTROPOLÓGICA
DOS SABERES SOBRE A LÍNGUA E A LINGUAGEM

8. Todos os homens falam, mas por que nem todos
são gramáticos ou linguistas?...46

9. Existem condições gerais para a aparição
de tradições gramaticais?...50

10. No que consiste a hipótese tecnológica?................................58

11. O limiar da escrita?..63

12. Existe uma "linguística popular"?......................................67

13. O que é uma representação mítica da linguagem?.......................72

III. NASCIMENTO DAS PROBLEMÁTICAS

14. Como nasce a reflexão sobre a linguagem na Grécia antiga? 80

15. O que nos ensinam os textos de Platão sobre
as concepções da linguagem na Grécia clássica? 83

16. Como a gramática se separa das disciplinas conexas
(retórica e dialética) e em que ela se liga à filologia? 87

17. Por que nome e verbo em primeiro lugar?
Como se constitui o enunciado? 91

18. Como se desenvolveu o esquema
das (outras) partes do discurso? 96

19. Como as categorias linguísticas foram criadas,
desenvolvidas e nomeadas? 101

20. Como começa a gramática em Roma? 105

21. Sob que formas se apresentam as gramáticas
mais antigas da tradição ocidental? 109

22. De que modo as gramáticas são objetos culturais singulares? 115

23. Como analisar, aprender e ensinar
o material da língua (fonética e morfologia)? 121

24. Houve uma sintaxe na Antiguidade greco-latina? 126

25. Como os modelos sintáticos foram desenvolvidos? 128

IV. A DESCRIÇÃO DAS LÍNGUAS DO MUNDO

26. Como a tradução/adaptação de Donato
(gramático latino do século IV)
veio a constituir o ateliê (a fábrica)
das primeiras gramáticas dos vernáculos? 136

27. Como os gramáticos adaptaram os conceitos da tradição
greco-latina? 142

28. Quais problemas de descrição os gramáticos encontraram
na realização deste material conceitual? 150

29. Por que se teve a ideia de descrever e comparar
as línguas do mundo? Como essa tarefa foi realizada? 153

30. Como os gramáticos apreendem o fenômeno
da diversidade das línguas a partir da experiência das grandes
viagens de descoberta e do empreendimento colonial? 158

31. Por que a descrição das línguas do mundo
se desenvolve sobretudo no Renascimento? 160

32. Como a descrição das línguas se articula
com a sua instituição? 164

V. GENERALIDADE/DIVERSIDADE/HISTORICIDADE

33. Como se coloca o problema da generalidade?........................172
34. O que há de geral na teoria do enunciado para Port-Royal?........175
35. Como passamos da representação da estrutura lógica
da proposição a uma teoria sintática das funções?................178
36. O que há de geral na teoria da determinação
para Port-Royal?..180
37. A escola foi um agente de desqualificação
da gramática geral?..188
38. De que modo e em quais limites a história comparada das
línguas é a problemática privilegiada do século XIX?................195
39. Por que a aparição do termo "linguística" é contemporânea
do desenvolvimento da gramática histórica e comparada?.........198
40. Quais são as grandes temáticas do século
da gramática histórica e comparada?................................204
41. Como se passa da "palavra" à comparação
morfológica e, depois, às leis fonéticas?............................211
42. Quais foram as contribuições da reconstrução?...................217
43. Em que medida e como se renunciou à questão
da origem da linguagem e das línguas?..............................221

VI. A CONSTITUIÇÃO DA *LINGUÍSTICA* COMO DISCIPLINA

44. O que quer dizer "geral" em "linguística geral"?.................234
45. Como e por que aparecem os projetos de línguas
universais ou internacionais (como o do esperanto)?................240
46. Como o problema da identificação do *objeto* da linguística
foi posto por Saussure?..245
47. Como a linguística se impôs como matriz disciplinar
nas Ciências Humanas?..251
48. O objeto da linguística guardou sua unidade?...................256

CONCLUSÃO

49. É útil estudar os instrumentos e as teorias linguísticas
na longa duração do tempo?...262
50. O historiador dos saberes linguísticos deve ser relativista?.........267

Pontos sobre a cronologia..**271**

Obras utilizadas e instrumentos bibliográficos...........................**281**

Índice seletivo de noções e de termos..**297**

Os autores..**299**

As tradutoras..**301**

Apresentação
à edição brasileira

Vivemos uma época de valorização dos estudos históricos no campo das ciências da linguagem, fruto do esforço de cientistas, como Sylvain Auroux (França) e Konrad Koerner (Alemanha), que, nos anos 1970, criaram as condições acadêmico-científicas para que o domínio de história das ideias linguísticas, ou da historiografia linguística, se desenvolvesse. Esse esforço implicou a criação de duas revistas, a *Historiographia Linguistica* (1974, Amsterdã, John Benjamins) e a *Histoire Épistémologie Langage* (1979, antes publicada pela Presses Universitaires de Vincennes e hoje pela Societé d'Histoire et d'Épistemologie – SHESL – e EDP Sciences, Paris), que, desde então, têm publicado centenas de trabalhos importantes da área. Mais tarde, em 1984, foi criada a sociedade inglesa Henry Sweet Society for the History of the Linguistic Ideas, que publicou um Boletim que se tornou uma revista em 2010, com o título *Language & History*; pouco tempo depois, em 1987, foi criada a sociedade alemã Studienkreis Geschichte der Sprachwissenschaft e, também, sua revista, em 1991, que tem o título *Beiträge zur Geschichte der Sprachwissenschaft*. Instituiu-se também uma conferência internacional a ser realizada de três em três anos, a fim de que as pesquisas de investigadores do mundo todo pudessem ser discutidas, que se chama International Conference on the History of the Language Sciences (ICHoLS) que, no ano de 2017,

Uma história das ideias linguísticas

já realiza a sua décima quarta edição. Fundou-se, ainda, no Departamento de Linguística da Université Paris 7, Denis Diderot, uma unidade de pesquisa associada ao Centre National de la Recherche Scientifique (CNRS), o Laboratoire d'Histoire des Théories Linguistiques (Labo), centro ao qual estão associados os autores deste livro. Esse laboratório, hoje, reúne 30 membros e 52 associados, além de pós-doutorandos originários de vários lugares do mundo e estagiários, e tem atuado, nacional e internacionalmente, na produção de conhecimentos novos a respeito da história de diversas tradições de teorias linguísticas do mundo.

Os autores deste livro estiveram, desde o início, conectados ao projeto de fundação dessa área, especificamente àquele liderado por Sylvain Auroux, na França. Como teoria nova do domínio das ciências da linguagem, a história das ideias linguísticas tem de funcionar também pelo esforço de seus cientistas no sentido de divulgar seus princípios e parâmetros, além, é claro, das categorias e metodologia pelas quais a pesquisa da área pode desenvolver-se. Foi esse o desiderato dos três autores ao se engajarem no projeto da coleção "50 questões", da editora Klincksieck, em 2010: apresentar, de modo sintético e acessível a estudantes de graduação e pós-graduação, assim como a pesquisadores que desejem começar a conhecer a área, "as questões e os problemas tratados pelos especialistas" desse domínio do saber.

Este, todavia, para além de ser um livro no qual se apresentam de modo prático respostas a "questões difíceis" é, na realidade, uma obra em que, de um lado, são enfrentadas com certa profundidade muitas das questões propostas e, de outro, são reveladas pistas bibliográficas para a continuação do estudo historiográfico. Sua linguagem é clara e direta, o que permite e facilita a legibilidade aos ainda não iniciados nos temas relativos à história das ciências da linguagem.

O fio condutor da obra é cronológico, e o discurso dos autores segue o rastro dos fatos mais relevantes para o desenvolvimento das ideias sobre a linguagem e as línguas. Assim, os autores compuseram as 50 questões sobre a formulação de ideias linguísticas iniciadas na Antiguidade. Eles falam, na contracapa original, de "momentos marcados pela invenção de conceitos, de modelos teóricos e de objetos técnicos (gramáticas e dicionários), dos quais são examinadas a

Apresentação à edição brasileira

transmissão, a circulação, as reorganizações sucessivas ou, talvez, [sua] ocultação".

A tradução do livro tornou-se imprescindível por várias razões, dentre as quais é possível destacar duas: primeiro, o fato de alguns conceitos relativos à teoria da história das ideias linguísticas terem-se disseminado no Brasil e despertado interesse e, por que não dizer, curiosidade científica; segundo, porque pesquisadores e estudantes já conhecedores de pontos da teoria anunciam sentirem falta de um "instrumento" uno e coeso que reunisse as ideias fundamentais com as quais todo historiador deve ter contato. E este é o livro!

A tradução que apresentamos é fruto de uma longa colaboração franco-brasileira. Desde o ano acadêmico 2000-2001, quando fui a Paris para um estágio pós-doutoral, no âmbito de um convênio Capes-Cofecub, estabelecido pelas duas universidades estaduais de São Paulo, Universidade de São Paulo (USP) e Universidade Estadual de Campinas (Unicamp), com a Université Paris 7, mantive contato com o grupo de historiadores do Laboratoire d'Histoire et des Théories Linguistiques (UMR 7597), realizando estudos e pesquisas. Nos anos 2014 e 2015, estabeleci dois projetos com Paris 7, financiados pelo Projeto Idex Brésil Sorbonne Paris Cité, coordenados pela professora Jacqueline Léon. Desde 2016, temos novo projeto em vigor, no quadro das Actions Structurantes, da Université Paris 7, coordenado pelo professor Bernard Colombat. Em todos os projetos o objetivo foi o de trabalhar com ideias linguísticas portuguesas e brasileiras, registradas nos instrumentos linguísticos, gramáticas.

O trabalho de pesquisa nessa área é realizado na USP individual e coletivamente. Individualmente, pelo projeto PQ/CNPq (Produção em Pesquisa) a respeito do estudo da formação e desenvolvimento das ideias linguísticas constantes em gramáticas portuguesas e brasileiras. Coletivamente, no âmbito do Grupo de Trabalho do CNPq "Gramática: História, Descrição e Discurso", que conta com a participação de pesquisadores profissionais e em formação, estudantes de mestrado e doutorado. Esse trabalho desenvolve-se também pelo contato contínuo entre franceses e brasileiros, em seminários e cursos de pós-graduação, do qual nasceu a ideia da tradução deste livro. O projeto da tradução foi feito com intuito, então, de responder aos anseios dos que buscavam conhecer melhor algumas questões ou que esperavam encontrar respostas a dúvidas surgidas durante o percurso dos estudos a respeito da história das ideias linguísticas construídas na longa duração do tempo. Entendemos que as 50 questões e respostas que este livro traz vão ao encontro "do desejo de saber" de todos os interessados por esse campo do conhecimento.

A parceria com Jacqueline, francesa que conhece bem a língua portuguesa, o contato direto com Bernard e, por meio desse, também com Jean-Marie e Christian, os três autores do livro, possibilitou que esta fosse uma tradução segura. O conhecimento com os autores permitiu que dúvidas às vezes surgidas, a respeito de terminologia ou de conceitos, fossem discutidas e resolvidas. O trabalho foi longo e, para que viesse a ter o sucesso que esperamos alcançar, fizemos, durante sua execução, quatro estágios de estudo: dois de Jacqueline no Brasil (2014 e 2015), na USP, e dois nossos na França, em Paris 7, no Labo (2015 e 2016).

Para manter o estilo do livro, escrito em francês fluente e moderno, decidimos fazer uma tradução em que se lê um português padrão contemporâneo, corrente, claro e direto. Mantivemos em francês títulos das obras francesas e traduzimos aqueles outros que, não sendo franceses na origem, foram para o francês traduzidos. As citações de obras francesas antigas foram traduzidas, contudo, entendemos ser conveniente manter o texto original para que o leitor mais curioso pudesse ter contato com o estilo de linguagem do francês antigo. Na medida do possível, traduzimos os nomes latinos e gregos antigos.

Registramos agradecimentos a todos quantos contribuíram para a realização deste trabalho: a Marcos Martinho, pela consultoria quanto à tradução de termos gregos e de nomes próprios antigos; a Lúcia Helena Ferreira, professora de francês, pela discussão de trechos da tradução; a Orlando Leite Júnior, pelo apoio técnico na digitação e formatação dos originais. Agradecemos especialmente aos autores, primeiro por terem aceitado ceder os direitos autorais para que esta tradução pudesse ser feita e, depois, pela disponibilidade em esclarecer nossas dúvidas, especialmente a Bernard Colombat, com quem nos reunimos muitas vezes para tratar da tradução. Por fim, também agradecemos a Bernard Colombat por ter financiado, como coordenador do projeto Actions Structurantes, antes citado, a publicação desta tradução.

Marli Quadros Leite

Esta obra deve a Sylvain Auroux, a quem nós a dedicamos, sua orientação geral e conceitual. Grande parte de sua essência foi tirada de obras coletivas conduzidas na UMR 7597 "Histoire des theories linguistiques", que vêm sendo escritas há mais de trinta anos. Agradecemos calorosamente ao conjunto dos membros dessa equipe e, particularmente, à sua diretora (2002-2013), Sylvie Archaimbault. Somos nós os únicos responsáveis pelos erros e defeitos desta obra.

I
AS QUESTÕES
DA RETROSPECÇÃO

1
"História das ideias linguísticas" ou "História das teorias linguísticas"?

Quando se trabalha com fatos ocorridos na longa duração do tempo, e, consequentemente, se propõe levar em conta os saberes construídos em estados de sociedades diferentes, pertencentes a áreas culturais eventualmente diferentes, é preciso constituir uma concepção do objeto (os saberes construídos sobre as linguagens e as línguas) tão pouco normativa sobre o plano epistemológico quanto possível. A noção de "teoria" apresenta o risco de tomar seu sentido apenas no contexto de certa concepção da ciência, na ocorrência daquela que se desenvolve no Ocidente a partir do século XVIII. Para evitar esse tipo de armadilha, que consiste em supor problemas já tidos como resolvidos, preferimos o termo *ideias* sobre a linguagem e as línguas, que tem a vantagem de ser menos comprometido epistemologicamente; ou, mais exatamente, que concerne a um engajamento diferente, menos normativo, e mais respeitoso com a diversidade de formas que pode tomar o saber na história, ou em outras culturas. Sob esse termo *ideia*, subsumem-se todos os tipos de objetos que ultrapassam largamente aquele de "teoria": há os *conceitos* (por exemplo, as partes do discurso), os *procedimentos* (adição, subtração, mutação, permuta, comparação etc. dos quais dependem os conceitos linguísticos importantes como o da elipse ou da analogia), as *técnicas* (como aquele da [de]monstração, que explica o recurso aos exemplos, aos paradigmas etc.).

Uma vez resolvido esse problema da designação do campo, outras questões preliminares surgem imediatamente. Por exemplo, estas: por que se interessar pela história das ideias linguísticas? Que relação essa disciplina tem com as ciências da linguagem? O que ela pode lhe acrescentar? É a essas questões e a algumas outras que tentaremos responder aqui.

2

O que se faz quando se faz a história das ideias linguísticas?

Um primeiro nível de resposta muito simples se impõe imediatamente: exploram-se os textos (às vezes esquecidos), e restaura-se ou repara-se o esquecimento do qual são objeto as teorias ou as ideias que eles expõem. Manifestam-se, assim, duas das características essenciais dos saberes sobre a língua e a linguagem na longa duração do tempo: o fato de que esses saberes são precisamente construídos na longa duração do tempo, e que há uma certa forma de acumulação dos conhecimentos nas disciplinas que se ocupam das línguas e da linguagem (a gramática e a retórica transmitem os conhecimentos antigos e relativamente estáveis); e ao mesmo tempo que ao lado da transmissão dos conceitos a longo prazo, há também o esquecimento, os vazios na memória acumulativa, que não são necessariamente ligados à falsificação das teorias ou à desatualização dos resultados.

O historiador, precisamente porque deixa evidentes essas duas características de saberes da língua, o esquecimento e a acumulação, cria igualmente as condições de uma reflexão de fundo sobre esse modo de ser particular dos conhecimentos na ciência da linguagem, a saber, que elas podem ser objeto, contraditoriamente, do esquecimento ou da acumulação. Está aí uma das características epistemológicas importantes das ciências da linguagem que é necessário tentar compreender.

A questão da acumulação é um problema central na história das ciências. Certas disciplinas podem, por exemplo, ocorrer historicamente como pouco acumulativas; ou, mais exatamente, não provirem de um processo de acumulação que se engaja na longa duração do tempo. É isso que parece ser o caso de disciplinas como a Física ou a Química, nas quais os saberes construídos antes, respectivamente por Galileu e Lavoisier, não se originariam ainda plenamente dessas disciplinas, mas de alguma maneira de sua pré-história. Pôde-se sustentar um discurso análogo para a história das ciências da linguagem e rejeitar como não ciência tudo que precede, por exemplo, Bopp, Saussure ou Chomsky. É isso que se pode ler ordinariamente nos manuais de introdução à Linguística. Essa opinião constitui evidentemente um fato de discurso suscetível de interessar ao historiador, mas não é de nenhum modo uma tese séria sobre a história da disciplina.

O historiador produz a informação sobre o sistema científico constituído pelas ciências da linguagem e permite então alargar, para os linguistas, o que se pode chamar seu próprio "horizonte de retrospecção" (Auroux, 1992; Archaimbault, Auroux e Puech, 2006): a memória dos resultados, os problemas, os conceitos desenvolvidos antes deles. Vê-se bem qual pode ser o rendimento imediato dessa intervenção no funcionamento da ciência contemporânea: criar as condições para que a história seja efetivamente cumulativa e não cíclica; permitir, por exemplo, sobre uma questão como aquela da origem das línguas e da linguagem – lembrando como essa questão foi colocada nos séculos XVIII e XIX –, que não seja recolocada periodicamente nos mesmos termos. É suficiente estar atento à recepção que essa velha questão tem da parte das mídias há algum tempo, para julgar os danos que a ausência da cultura histórica pode causar para certos linguistas.

O papel do historiador das ciências da linguagem é, então, o de criar as condições de uma reflexão informada sobre a epistemologia das ciências da linguagem, pela produção de informações confiáveis sobre:

- as teorias antigas, os conhecimentos que elas produziram, os conceitos que elas elaboraram;
- a forma sob a qual os problemas foram colocados e conhecidos;
- ou, ainda, alargando um pouco a problemática sobre as questões mais gerais e mais fundamentais. Como os gramáticos

e os linguistas concebem seu objeto em tal ou tal momento? Como foram apreendidos e concebidos os fatos e os dados, as regras e/ou as leis que os organizam (questão 22). Ou, ainda, como foram distinguidos o possível e o impossível de língua, o que se pode dizer, ou não se pode dizer, e por quê? Como foram definidas as condições de validação das descrições?

Enfim, essa última observação situa-se sobre um plano diferente, a informação sobre as teorias antigas pode ser pertinente para o historiador da língua (enquanto os gramáticos são testemunhos das práticas linguageiras do passado), aí compreendidos aqueles que pesquisam as causalidades históricas a tal característica da sincronia. É que o objeto de que se ocupa o linguista é um fato social, e a atividade dos gramáticos e dos autores de dicionários pode não ser estranha a sua instituição. A "gramatização" das línguas, isto é, o fato de equipar as línguas de instrumentos que são as gramáticas e os dicionários (nós voltaremos mais adiante a falar mais amplamente sobre esse fenômeno, questões 26-28), não deixa as línguas, em si, intactas. O estudo de certos fenômenos linguísticos pode implicar naturalmente a consideração do processo histórico da instituição de uma língua comum e do papel que os gramáticos teriam desenvolvido a respeito disso. Um exemplo emblemático: pôde-se defender a ideia segundo a qual o desaparecimento, no francês moderno, dos usos orais do passado simples foi a consequência direta da implementação de uma regra que os gramáticos imaginaram para descrever e/ou regular seu emprego na época clássica (Weinrich, 1973).

3
Como se faz a história das ideias linguísticas?

O mais simples é começar dizendo como não se faz. Deduz-se das observações precedentes que o trabalho do historiador, do qual esboçamos o retrato, não consiste em projetar sobre as teorias (ou as ideias) antigas os critérios da ciência contemporânea. O trabalho do historiador não consiste em verificar o que já sabemos, ou seja, que os estados antigos das ciências da linguagem não colocaram em prática os mesmos princípios metodológicos que a linguística contemporânea e apresentam, então, os estados de conhecimento (às vezes) desgastados. Isso já se sabe. Pode-se apresentar o problema sob uma forma muito simples: o estudo das teorias antigas nos leva a conhecer (a descobrir, restaurando o tecido da memória disciplinar, como nós o dissemos antes) dois tipos de resultados: os resultados verdadeiros e os resultados falsos (ou aberrantes, ou que podem nos parecer como tais: por exemplo, do século XVI a meados do século XVIII, os autores das gramáticas francesas elaboraram uma teoria das declinações do francês, analisando *à* e *de* não como preposições, mas como artigos indicadores de caso (questão 26). Podem-se julgar uns e outros igualmente sem interesse. Os primeiros, os resultados verdadeiros, precisamente porque eles são verdadeiros, isto é, porque a verdade não tem história e, então, importa-nos pouco saber datar sua aparição; e os segundos porque eles são falsos, quer dizer no fundo pela mesma razão, a saber que somente nos importa o conhecimento da verdade. Concebida desse modo, a atividade do historiador seria puramente decorativa e da ordem do trabalho do antiquário, o que é sem dúvida honorável e, no total, justificaria talvez que se escrevam livros sobre essas matérias, mas, mais dificilmente, que se consagrem os meios importantes a esse tipo de pesquisa, ou que se a ensine na universidade.

A tarefa do historiador das ciências é na realidade outra. Não se trata de fazer a história do verdadeiro que, com efeito, não existe, mas se trata de fazer aquela história do conhecimento do verdadeiro, isto é, dos procedimentos, das estratégias que conduziram ao conhecimento do verdadeiro, o que corresponde à implementação de dois tipos de projetos:

1. a descrição das formas sob as quais os diferentes estados de conhecimento foram representados: as teorias são expostas sob a forma de textos, de discursos, que podem ser descritos como tais, do ponto de vista de sua materialidade; mas po-

demos (e devemos) igualmente nos dotar de uma concepção semântica de núcleos dos conhecimentos; isto é, descrever (do interior) o sistema conceptual ao qual elas correspondem;

2. a descrição da mudança teórica, isto é, do fato que passamos historicamente de um estado do conhecimento do objeto a outro, de uma representação do conhecimento a outra. É, então, igualmente legítimo esperar do historiador que ele ultrapasse a simples descrição da mudança e que ele proponha uma análise das causalidades da mudança.

4

Que usos se pode fazer da história das ideias linguísticas?

Podemos tentar compreender as contribuições produzidas pela história das ideias linguísticas fazendo um retorno reflexivo sobre a questão e nos perguntando quando, como e a que fim estamos interessados na história das ciências da linguagem.

De início, há *textos fundadores* ou reputados como tais. Nas duas questões seguintes (5 e 6), estudaremos dois textos, um de meados do século XVII e o outro do começo do século XX, para mostrar como e em que contextos eles adquiriram esse estatuto: trata-se da *Grammaire générale de Port-Royal* [Gramática geral de Port-Royal] (1660), e do *Cours de linguistique générale* [Curso de linguística geral], de Saussure (1916). A recepção respectiva desses dois textos oferece os casos de escola particularmente interessante pela maneira – de início problemática – como eles se inscrevem na história da disciplina, e pelo fato do investimento retrospectivo como textos fundadores dos quais eles foram objeto.

Para o primeiro, a *Grammaire générale et raisonnée*, podem-se assinalar três momentos exemplares em que esse texto foi objeto de uma recepção diferente: 1) no contexto da escola que sua publicação contribuiu a fundar, isto é, no quadro da gramática geral desde o século XVIII até meados do século XIX; 2) no começo do século XX (nos textos de Ferdinand Brunot, como *L'Enseignement de la langue française, ce qu'il est, ce qu'il devrait être*, publicado em 1908, e na sua monumental *Histoire de la langue française*); 3) enfim, em meados do século xx, a partir da *Linguística cartesiana* de Chomsky (1966), e da polêmica suscitada na França, pelo ponto de vista que a linguística americana desenvolve sobre as teorias dos Messieurs de Port-Royal. Para o segundo, nós veremos que é possível distinguir quatro recepções (questão 6).

Os textos fundadores existem em outras tradições além da ocidental. Pegaremos dois exemplos de outras tradições nas quais a noção é pertinente. Inicialmente, a tradição gramatical árabe, que repousa inteiramente sobre um livro fundador, justamente entre "o livro" *al-Kitāb* de Sībawayhi. Obra única de um autor do século viii, do qual a carreira é mal conhecida, essa obra fundadora da tradição árabe se impõe, em primeiro lugar, por sua difusão: 77 manuscritos recenseados, aí incluídos os fragmentos; 23 comentários conhecidos, mais 26 comentários parciais (pontos difíceis, *vers-témoins**...). A isso se junta um importante *corpus* de glosas, que variam segundo os manuscritos, que não foram jamais objeto de uma edição exaustiva. Como se explica tal difusão? Simultaneamente, pelo lado iniciador da obra, pela riqueza de seu conteúdo e pela perfeição inegável alcançada desde o início: "Primeiro testemunho indiscutível da existência da tradição gramatical árabe; iniciativa muito intuitiva (a análise é muitas vezes substituída por uma paráfrase informal dos dados), mas de uma fineza descritiva inigualada pelas posteriores" (Guillaume, 2000: 159). O que faz da obra uma referência incontornável para a continuidade da tradição, mesmo se esta última está distante daquela.

Segundo exemplo, a tradição gramatical tâmil, que repousa sobre os *Tolkāppiyam*. Essa obra da qual o autor (*Tolkāppiyaṉār*) é completamente envolvido em mistério, de datação que se estende em um período muito largo (do século iii a.C. ao v d.C.), é geralmente apresentada com o texto de um comentador situado entre o século x e o século xii. Ela não é estritamente limitada ao estudo da língua tâmil padrão: o objeto de seu estudo é, com efeito, o saber poético em sua globalidade. O *Tolkāppiyam* é, além disso, em si, uma obra em verso

---

* N.T.: *Vers-témoins* [versos testemunho]: extratos da poesia pré-islâmica para servir de "exemplos tipo" de gramática.

e praticamente sem exemplos. No entanto, sua importância para o que se segue é incontestável: "Não existe gramática ou comentário de gramática tâmil que, de uma maneira ou de outra, não se posicione com relação ao *Tolkāppiyam*. Ela é uma obra fundadora da tradição, mesmo se, de certa maneira, ela tenha sido, na prática, substituída pelo *Naṉṉūl* [século XIII] como obra normativa" (Chevillard, 2000: 288). Por ser fundadora, uma obra não tem necessidade de ser *inicial*. Assim, na tradição sânscrita, existem as obras "pré-paninianas". Isso não impede que Panini, com, notadamente, sua *Aṣṭādhyāyī* "(Questionário) em oito lições" e suas 3.983 regras, ainda que herdeira provável de uma longa tradição, caracteriza bem o gramático indiano de referência (Haag-Bernède, 2000), aquele que suscitou a admiração dos linguistas do século XX pela perfeição de sua descrição morfológica.

Ao lado desses textos fundadores, existem também os textos que temos chamados textos "pilares" (questão 21). Por quê? Simplesmente porque eles não eram necessariamente destinados a assentar as bases da tradição ulterior, mas exerceram esse papel, porque se revelaram os mais adaptados a cumprir essa função. Assim, a *Ars* de Donato conheceu um sucesso tal que os ocidentais utilizaram seu modelo para descrição da maior parte das línguas do Renascimento: esse não foi necessariamente o mais completo dos tratados gramaticais latinos da antiguidade, mas era talvez o mais claro, em todo caso o mais fácil para utilizar com seu desdobramento em gramática elementar e gramática (um pouco mais) aprofundada que lhe permitiu (ao menos) duas utilizações.

Há casos em que a circulação dos saberes é mais complexa e mais difusa e não pode se reduzir completamente às noções de "textos fundadores" e de "textos pilares". A própria noção de "autor" pode ser discutida. A Idade Média oferece um caso de figura interessante, com uma forma particular de interações entre as disciplinas (a lógica, a filosofia), de plurilinguismo, de relações com a teologia e a exegese, e, sobretudo, de relações com os *inéditos*, que são numerosos (bem mais inéditos do que editados), muitas vezes anônimos que não são "livros" de exemplares únicos, mas o que se chama em inglês de *catena commentaries* (comentários em cadeia), os escritos saídos de escolas, evolutivos, em que a noção de autor não tem, frequentemente, sentido. É preciso, então, multiplicar as abordagens, criar outras noções, outras oposições, como aquela que diferencia a *gramática especulativa*, orientada para os textos teóricos, e a *gramática positiva*, que considera os textos práticos (ver Rosier-Catach, 2000 e Grondeux, 2000b). Tem-se, igualmente, renunciado a uma abordagem global, e mesmo "totalista" das teorias modistas (quer dizer, que repousam sobre a noção dos modos de significar), por preferir uma abordagem "modular". Conforme consideramos o modo epistemológico (e que porta a natureza "científica" da gramática), o modo semiológico (com as discussões sobre as noções de significação e dos modos de significar), o modo filosófico (essas mesmas discussões em relação com seu fundamento psicológico e ontológico), o modo gramatical (com as noções de dependência e de transitividade), o modo "intencionalista" (que analisa os enunciados não canônicos, os atos de linguagem e as relações entre interlocutores), nós nos encontramos diante de oposições múltiplas, que permitem reagrupar autores e textos segundo critérios outros que os critérios clássicos, do tipo cronológico, geográfico ou doutrinal (Rosier-Catach, 1999).

Diversas abordagens são então necessárias. Mas o essencial é, segundo entendemos, colocar o princípio de uma *comensurabilidade* de teorias. Que queremos dizer com isso? Simplesmente que, por mais diversas que sejam as abordagens, ou períodos, deve sempre ser possível comparar os textos, avaliá-los em função não somente de seus objetos, mas também de uma descrição geral da linguagem. Um especialista em tâmil deve poder dar conta de fenômenos e fatos que nós poderíamos chamar "adjetivais", mesmo se a própria noção de *adjetivo* não existe em tâmil, que aborda a questão da qualificação sob a forma de compostos qualitativos e de verbos ideais (Chevillard, 1992). Um especialista em árabe pode mostrar que a categoria do "qualificativo" (*sifa*) constitui de alguma maneira uma categoria intermediária entre nome e verbo em uma tradição que reconhece apenas três partes do discurso: nomes, verbos, partículas (Guillaume, 1988, 1992). Mas entendamo-nos bem: não se trata de "fazer" uma descrição "exótica" como se fosse uma descrição ocidental, mas de analisar *em conjunto* a variedade das descrições condicionadas não somente por seu objeto (a língua concernida), mas também pelas práticas culturais diferentes, ou mesmo pelas simples restrições técnicas (a folha de bananeira, sobre a qual são escritos os textos gramaticais tâmeis é um suporte mais frágil que os papiros, o tablete de argila ou o pergaminho). Disso os trabalhos "transversais" são indispensáveis para colocar em contato especialistas de diversos períodos ou de diversas "regiões" do mundo.

5

Quais foram, historicamente, as recepções da *Grammaire générale et raisonnée*?

Entre todos os primeiros trabalhos importantes sobre a história da gramática figuram aqueles de autores que, como Charles Thurot, ou Dieudonné Thiébault, pertencem ao que se convencionou chamar grupo dos ideólogos, esses gramáticos filosóficos inspirados pelos autores das gramáticas gerais publicadas nos séculos XVII e XVIII, que estão implicados ativamente em certo número de instituições científicas e pedagógicas, estabelecidas pelo governo revolucionário a partir do ano III. É o caso notadamente da rede de Escolas Centrais repartidas ou distribuídas sobre todo o território, e da Escola Normal em que se deviam formar os professores. O todo terá uma existência fugidia: Napoleão suprime as Escolas Centrais e as substitui pelos liceus no ano X. Esses primeiros historiadores, formados pela leitura de Beauzée e Condillac, e defensores de suas teses, desenvolvem um discurso sobre a história de sua disciplina que nós podemos esquematicamente caracterizar pelos seguintes traços:

- eles se apoiam sobre um *corpus* de obras sempre um pouco idênticas, orientado por uma visada teleológica que faz de Court de Gébelin (*Le Monde primitif*, 1775) e de Condillac (*Grammaire*, publicada no *Cours d'étude pour l'instruction du Prince de Parme*, em 1775) o coroamento, desde os gregos, da longa história de trabalho sobre as línguas, no seio da qual se distingue, todavia, algumas etapas marcantes na marcha do progresso: Port-Royal (1660), o *Traité de la formation mecanique des langues*, de Charles de Brosses, a *Grammaire général*, de Nicolas Beauzée e suas contribuições à *l'Encyclopédie* etc.;

• a articulação entre, de um lado, a história da língua (que é de fato uma história de sua instituição e de seus monumentos), e, do outro, a história dos conhecimentos gramaticais.

Eles levantam, igualmente, certo número de questões que podem nos parecer um pouco estranhas, mas que, no fundo, decorrem diretamente de seu projeto inicial: como apareceu a gramática filosófica (da qual a *Grammaire général et raisonnée* é o primeiro avatar), isto é, essa gramática que se esforça não para descrever uma língua particular, mas as características comuns das línguas, as condições gerais da prática da linguagem? Quais são as condições históricas de seu aparecimento? Por que ela não apareceu mais cedo na história, para os gregos e para os romanos, por exemplo?

As respostas a essas perguntas delimitam os contornos da disciplina que esses autores contribuíram para fundar, traçando a história de seu aparecimento:

1. os progressos da ciência gramatical dependem dos progressos da língua, eles mesmo suscitados, primeiro, pela ação dos poetas e dos oradores, depois, por aquela dos filósofos que a conduziram ao último degrau de perfeição, deixando-a livre para a especulação. Pode-se observar o mesmo fenômeno para o grego e para o francês.

> Nós vimos a ciência gramatical nascer para os gregos depois que sua língua estava inteiramente aperfeiçoada, e que os filósofos tinham começado a aplicar as teorias puramente especulativas e de raciocínio: nós a veremos renascer do mesmo modo na França somente quando nosso idioma tinha já adquirido o mais alto grau de perfeição, nós tivemos os poetas, os oradores e, enfim, os filósofos. (Thurot, 1796: LXIV)

Thurot, o primeiro desses autores, detalha também longamente os monumentos que marcaram sucessivamente esse trabalho de forjar a língua. Mas ele procura também as causas externas nos eventos que puderam modificar fundamentalmente as condições de exercício da língua: a tomada de Constantinopla (1453) e a fuga dos sábios gregos no Ocidente que ela provoca, as cruzadas e o interesse para as línguas orientais que elas suscitam, as reformas e os conflitos religiosos que criaram a urgente necessidade de encontrar recursos retóricos e argumentativos ainda não empregados em francês para se defender e fazer valer seus direitos (ver a promulgação da lei de Villers-Cotterêts em 1539) etc.

2. a aparição da gramática geral e filosófica é relacionada com duas ordens de fenômenos:

- a existência prévia de gramáticas particulares. A gramática geral é um tipo de "metagramática":

  > Uma coisa que não é menos digna de chamar nossa atenção é que nós tivemos uma boa gramática geral quando começamos a ter bons gramáticos particulares (Thurot, 1796: LXXVI).

- e o evento que constitui a revolução filosófica inaugurada por Francis Bacon (*De Dignitate et Augmentis Scientiarum*, 1623), do qual a obra provoca a refundação do método científico sobre as bases indutivas (papel que, seja dito *en passant*, não é atribuído a Descartes). A gramática filosófica seria a forma mais acabada e a única forma verdadeiramente científica do estudo da linguagem e das línguas na sequência desse impulso inicial.

No século XX, as publicações de Ferdinand Brunot, um dos linguistas mais eminentes de seu tempo, titular da cadeira de História da Língua Francesa na Sorbonne a partir de 1900, membro da Academia das Inscrições e das Belas Letras a partir de 1925, mas também republicano engajado nos debates sobre o ensino de sua época, testemunham um outro olhar posto sobre esse momento prestigioso da vida intelectual da época clássica. Para ele, "o cartesianismo linguístico foi certamente uma causa de atraso para o desenvolvimento da ciência" (Brunot, 1905-1937, 4/1: 58). Essa opinião é ainda aquela que nós encontramos sob a pluma de Georges Mounin na sua *Histoire de la linguistique, des origines au* xxe *siècle* (1967). Brunot formula inúmeras vezes esse julgamento, na sua monumental *Histoire de la langue française*, de onde é tirada essa citação, mas também em uma série de textos que acompanham, a partir de 1905, a preparação de uma reforma do ensino da gramática, e que desemboca na publicação de uma decisão ministerial de 25 de março de 1910, que fixa, em termos oficiais, a nomenclatura dos termos gramaticais que os professores e os autores de manuais deverão empregar. A colocação em prática dessa terminologia normalizada é conhecida como uma resposta à "crise" que o ensino da língua nacional supostamente atravessava, crise mais do ensino da gramática, segundo Brunot, e do qual o remédio é a liquidação dos últimos traços da influência de Port-Royal que se fez sentir no ensino ao longo do século xix, notadamente nos instrumentos e métodos de análise sintática. Brunot julga-os empréstimos de um logicismo esterelizante, inapto para melhorar a prática viva da língua, da qual é preciso purgar radicalmente a escola. Nós estamos, então, com os antípodas da glorificação da qual a gramática geral foi objeto no século precedente no momento da criação das primeiras instituições escolares da República.

A obra dos Solitários suscita de novo um interesse marcado no meio dos anos 1960, como o testemunha a publicação, no mesmo ano (1966), de *Linguística cartesiana*, por Noam Chomsky, e do ensaio de Michel Foucault, *As palavras e as coisas*. Nós nos deteremos aqui no apenas primeiro desses textos, porque seu autor é o linguista da importância que nós sabemos ser, e porque essa publicação se encontra no centro de um debate exemplar. O objeto do debate é, ao mesmo tempo, a interpretação da história (do movimento da história) e a interpretação do conteúdo da obra dos *Messieurs*. E o que é interessante para nós, historiadores que observamos como os linguistas fazem a história quando eles a fazem, é então precisamente que há o debate. Qual questão levantava a publicação de um livro, sobre uma obra de gramáticos franceses do Grande Século, por um linguista americano cujo trabalho era notadamente animado pela vontade de reduzir o funcionamento da língua a um conjunto de regras formais?

O olhar de Chomsky sobre Port-Royal pode ser caracterizado pelos seguintes traços:

- em primeiro lugar, a afirmação de uma tese: a existência de uma corrente teórica, de um tipo de escola, que ele chama *linguística cartesiana*, e que reuniria o essencial da produção teórica de uma *Idade Clássica* que se prolongou até antes do século xix, de Port-Royal a Humboldt. A tese central em torno da qual seria organizado esse programa teórico é a ideia de que a característica fundamental da linguagem humana é sua criatividade e que, por consequência, os modelos teóricos devem poder dar conta dessa propriedade.
- Chomsky credita igualmente a Port-Royal ao menos duas *descobertas* fundamentais, que são também no centro do seu próprio modelo teórico: a articulação entre estrutura profunda e estrutura de superfície e a recursividade. No primeiro caso, trata-se – bem mais que uma descoberta técnica – de uma posição de princípio sobre a natureza das hipóteses explicativas em linguística que podem (devem) tomar a forma dos modelos subjacentes implícitos, realizados diversamente segundo as línguas. A descoberta de regras recursivas é que permite validar a tese de criatividade da linguagem humana:

> É necessário notar que a teoria das estruturas profundas e de superfície, tal como ela é desenvolvida nos estudos linguísticos de Port-Royal, comporta implicitamente procedimentos recursivos e permite assim uma utilização infinita dos meios que ela expõe como se deve toda teoria adequada à língua. (Chomsky, 1966: 72)

A publicação do livro de Chomsky suscitou na França críticas muito vivas, formuladas por historiadores especialistas desse período. Podemos esquematicamente distinguir dois tipos de reações:

- aquelas que contestaram a validade da tese histórica chomskyana em favor de uma *linguística cartesiana*. Os argumentos são de dois tipos. A ideia de que os trabalhos de linguística que se desenvolvem entre 1660 e a primeira metade do século xix constituem um conjunto teórico e epistemologicamente homogêneo, e que esta homogeneidade possa ser imputada à influência das teses cartesianas, é extremamente contestável. Desconhece-se notadamente o que separa os cartesianos que são, com efeito, os Solitários de Port-Royal, e os autores de gramática geral do século xviii que adotam, sobretudo, as teses sobre a origem dos conhecimentos humanos defendidos por Locke (*Ensaio sobre o entendimento humano*, 1690), depois por Condillac (*Essai sur l'origine des connaissances humaines*, 1746), e se opõem desse modo ao ineísmo cartesiano (Joly, 1977); desconhece-se, também, o que a gramática geral deve à tradição que precede, notadamente aos gramáticos humanistas como Sanctius (*Minerva*, 1587), nos mecanismos de análise, através, por exemplo, do estatuto atribuído à elipse.

- aquelas que recusam igualmente a ideia segundo a qual o plano de fundo filosófico da gramática geral seria continuamente cartesiano pelo longo período visualizado por Chomsky, mas não a ideia de que um programa científico tenha sido inaugurado pelos Messieurs de Port-Royal, e que esse tenha restado válido até os primeiros anos do século xix e, sem dúvida, muito mais tarde. É o que mostram numerosos trabalhos em muitos domínios: a sintaxe e a análise dos constituintes da proposição (Chevalier, 2006a), a semiótica, a determinação, a teoria do pronome (Auroux, 1979, 1992; Dominicy, 1984; Pariente, 1985), a teoria dos tempos (Auroux, 1984; Fournier, 1994).

Podemos tirar uma conclusão esquemática dessa diversidade:

1. de início, uma constatação: a avaliação do aporte de Port-Royal (a interpretação da obra dos Messieurs) é uma questão que mobilizou de modo mais ou menos polêmico os linguistas e os gramáticos em muitas retomadas desde o fim do século xviii;
2. seria um grande trabalho identificar com precisão a natureza das questões levantadas sucessivamente, mas elas são de modo geral de dois tipos:

- os trabalhos evocados em último lugar resultam da prática da história descrita antes. Eles visam a produzir informações confiáveis sobre o lugar de Port-Royal na história;
- os ideólogos e Chomsky, na sua relação com Port-Royal, têm um ponto comum. A evocação desse texto serve a fundar, a enraizar na história, a legitimar a fundação de uma disciplina que se vai ensinar (a gramática filosófica das Escolas centrais) ou uma escola teórica, uma doutrina, a qual importa a Chomsky que ela esteja simultaneamente em ruptura com o que a precede imediatamente (o estruturalismo), mas em continuidade com uma corrente que anima o pensamento linguístico a longo prazo.

6

Quais foram, historicamente, as recepções do *Cours de linguistique générale*, de Saussure?

O caso é diferente, mas não sem analogia com aquele que acaba de ser evocado. A diferença principal reside no recuo histórico que falta nesse caso, pois o *Cours* foi publicado e colocado em circulação somente em 1916. Sem possibilidade aqui, então, de colocar em pauta a "longa duração".

Mas essa desvantagem – a qual é preciso levar em conta por prudência – é largamente compensada pela amplidão da difusão das ideias do *Cours* (doravante CLG). Os linguistas do século XX têm relação com o saussurianismo por *filiação assumida*, *formação*, ou *reação*. A que se acrescenta o fato de que o CLG não é propriedade exclusiva de linguistas: a partir do fim da Segunda Guerra Mundial, o CLG é utilizado como um tipo de *matriz* em vista da "modernização" do conjunto das ciências humanas em círculos cada vez mais largos. Eles servem então de referência ativa ou reativa para numerosos projetos: antropologia estrutural (Claude Lévi-Strauss); teoria literária (Greimas, Barthes...); psicanálise (Lacan); gramatologia derridiana etc. Ele passa, também, como a única origem de uma "escola" linguística principal do século xx: o estruturalismo, relativamente homogêneo, mas que se constituiu em torno de centros distintos: Praga, Copenhague, Nova York, Paris. Ele permanece, enfim, ainda hoje, um texto de "iniciação à linguística" em numerosos cursos universitários no mundo inteiro.

O problema colocado para a compreensão das questões ligadas à recepção do CLG é, de início, um problema historiográfico. A dificuldade aqui vem precisamente do que toda nossa apreensão "espontânea" do período é largamente retrospectiva e teleológica: em inúmeras histórias da linguística dos anos 1960 (Mounin, 1967; Lepschy, 1966), Saussure é o mais frequentemente representado como a origem e o fim das teorizações linguísticas, no esquecimento de mediações e sobretudo de *prismas de recepção* que se interpõem entre ele e nós. Se aceitamos, ao contrário, recorrer o menos possível a essa história teleológica, a recepção do CLG na França pode ser descrita em quatro fases principais estreitamente entrelaçadas na realidade.

A primeira recepção do CLG acontece no momento da publicação do texto que não é sempre considerado fundamental na comunidade linguística (Normand et al., 1978). Essa tinha a tendência a ver no Saussure especulativo do CLG, editado por Bally e Sechehaye, uma perversão do Saussure "real", aquele do *Memoire sur le sisteme des voyelles en indo-européen* (cf. a resenha de H. Schuchardt, em Normand, 1978), ou uma especulação (demais) abstrata que não leva em conta, notadamente, a empiricidade social (Antoine Meillet, Joseph Vendryes) e da covariância língua/sociedade... Significativamente, é sem dúvida Albert Sechehaye (um dos editores do *Cours*) que dá a melhor medida da novidade saussuriana. Psicolinguista antes de tudo, ele publica, em 1917, na *Revue philosophique*, uma resenha de trinta páginas que não é um simples inventário dos conceitos saussurianos, mas, antes, uma tentativa de salientar a organização conceitual que sustenta a obra. O primeiro conceito recupera, em particular, a importância de um conjunto de noções muitas vezes ignoradas pelas resenhas da época: *valor – diferença – oposição – arbitrário relativo*... Ele conclui de maneira mais clara do que todos os seus contemporâneos: "a ciência da língua será uma ciência de valores".

As questões da retrospecção

O mérito de Sechehaye é tão grande que precisaria de muitos anos para que a importância do estatuto *semiológico* da língua aparecesse aos olhos dos leitores do CLG. Mas Saussure figurará, então (depois da Segunda Guerra Mundial), essencialmente como o iniciador do projeto da "aventura semiológica" (Barthes, 1985).

A segunda recepção se desenvolve a partir dos anos 1920, notadamente por ocasião do primeiro Congresso Internacional de Linguistas, em Haia, em 1928, no qual o CLG aparece como ponto de apoio, alavanca de inovação em linguística. Isso é o que confirmarão os congressos dos eslavistas que seguirão. O CLG torna-se então – com *Les Manifestes du Cercle de Prague* [Os manifestos do Círculo de Praga] – um texto estratégico para a "periferia" (Praga, Copenhague...) a conquista das instituições centrais (Paris, principalmente), mas sabemos que os pontos de contato com a França nessa difusão das ideias saussurianas se fará somente por alguns indivíduos isolados. É assim que André Martinet será o correspondente do Círculo de Praga em Paris antes de partir para os Estados Unidos. Ele cria a cadeira de fonologia na École Pratique des Hautes-Études (1938), mas somente ocupa – significativamente – a cadeira de Linguística Geral na Sorbonne a partir de 1955. Jerzy Kurylowicz (1895-1978) foi estudante em Paris e seu trabalho foi conhecido somente no quadro muito restrito dos especialistas. A linguística de Lucien Tesnière (1893-1954) se diz uma "sintaxe estrutural" que, de fato, deve pouco aos contatos do autor com Praga e – retrospectivamente – anuncia mais, segundo alguns, o gerativismo chomskiano... De qualquer modo, personalidades como Georges Gougenheim (1900-1972), Gustave Guillaume (1883-1960), Robert León Wagner (1905-1982) evidenciam a recepção do CLG, mas essencialmente de maneira indireta (por intermédio de Praga) e no quadro especificamente francês da linguística de entre-guerras: esse de uma linguística psicológica (aquela de Ferdinand Brunot [1860-1930], de Jaques Damourette [1873-1943] e Édouard Pichon [1890-1940], obcecada pela questão da relação entre o pensamento e a língua). Podemos considerar, enfim, que a criação da revista *Acta linguistica: revue de linguistique structurale* em Copenhague, em 1939, por Rasmus Viggo Bröndal e Louis Hjelmslev, conclui esse segundo período da recepção do CLG.

Encontramos na *Acta*, em particular, uma série de artigos sobre o signo saussuriano e seu caráter arbitrário que, de 1937 a 1940, mobiliza a participação de numerosos gramáticos (Pichon), linguistas (Bally, Sechehaye, Frei, Benveniste), semiólogos e filósofos.

A terceira recepção é aquela que vê esse movimento de difusão seguir ao redor do círculo estrito de linguistas. Sobretudo depois da Segunda Guerra Mundial, o CLG torna-se então propriedade comum de linguistas, de sociólogos, de antropólogos, de filósofos. Na revista *Word*, publicada em Nova York em 1945, encontramos artigos de Jakobson e Lévi-Strauss, enquanto o filósofo alemão Ernst Cassirer consagra a primeira denominação geral de "estruturalismo" (em "Structuralism in Modern Linguistics"). É, sem dúvida, o filósofo Maurice Merleau-Ponty que desempenha na França o primeiro papel desde os anos 1950: um papel de mediador entre Lévi-Strauss, Jakobson e Lacan notadamente (confronte sua lição inaugural no Collège de France, mas também seus cursos de Psicologia da Criança na Sorbonne). Depois dos escritos de Greimas (em particular "L'actualité du saussurisme", em *Le Français moderne*, 1956), observamos uma relativa rigidez das dicotomias saussurianas que se tornam questões de grande generalidade (em particular, sincronia/diacronia, mas também língua/fala, ver questão 44) nos debates concernentes aos contornos e ao estatuto da semiologia, mas que podem também opor Jean-Paul Sartre a Claude Lévi-Strauss em uma discussão sobre a filosofia da história. Uma parte da obra de Roland Barthes pertence a esse momento intenso, mas relativamente curto, do triunfo do saussurianismo na sua versão "estruturalista" e geral. O que nós não observavamos suficientemente, sem dúvida, sobre essa terceira recepção, tão grande é o prestígio do "estruturalismo francês" dos anos 1960-1970, fora da França, é a que ponto esse retorno a Saussure é indireto (ele passa já por reinterpretações de Jakobson e Hjelmslev) e tardio. Se nós considerarmos que a filiação saussuriana dos linguistas estruturalistas data de 1929, que o primeiro uso geral (epistemológico e filosófico) do termo "estruturalismo" é devido a Cassirer na revista *Word*, em 1945, medimos talvez melhor o grau de inércia da ciência francesa. Adivinhamos também, talvez, a soma de mal entendidos cristalizados na "(re)descoberta" do CLG, de Saussure.

As questões da retrospecção

A quarta recepção, enfim: com os trabalhos de Robert Godel (1957) sobre as fontes manuscritas do CLG, e com a edição crítica do CLG (1968-1974), fornecida por Rudolf Engler, com, igualmente, a edição crítica de Tullio De Mauro, são iniciadas as pesquisas filológicas que geram atualmente (ver a publicação de 2002 dos *Écrits de linguistique générale*) uma dinâmica de "retorno" ao que seria o verdadeiro pensamento de Saussure, pensamento que aflorava de modo privilegiado nos manuscritos (em particular sobre os contos germânicos e sobre os anagramas na poesia latina). Incontestavelmente, esse retorno às origens manuscritas nuança uma interpretação muito radical das dicotomias saussurianas (ver, em particular, Fehr, 2000; Normand, 2000; mas também Bouquet, 1997), o que não impede, de resto, que seja o CLG que possui sempre, e desde sua aparição, um impacto, um valor iniciativo por diferentes campos do saber para a linguística, e mesmo na França, pela iniciação universitária dos estudantes à linguística. Alguns puderam colocar recentemente todas as suas esperanças (teóricas) na descoberta de um "novo" Saussure. Podemos também considerar que se trata aqui de um uso legitimador do passado que não é da história (Trabant, 2005; Puech, 2000). Essas duas posições, possíveis sem dúvida hoje, são resumidas claramente nas duas citações que seguem:

> Se ouvimos falar há algum tempo do "retorno a Saussure", a situação é bem diferente daquela que prevalecia há cinquenta anos, quando Greimas escrevia "L'actualité du saussurisme" (1954) [*sic*], e também quando da comemoração Saussure après un demi siècle (Genebra, 1963). Com efeito, o *corpus* saussuriano foi acrescido de manuscritos e de cadernos de estudantes que permitem novas leituras filologicamente estabelecidas da teoria saussuriana. Nós, infelizmente, consideramos esses documentos como materiais preparatórios ao *Cours de linguistique générale*, como se ele fosse a síntese insuperável do pensamento de Saussure e sem verdadeiramente considerá-lo à sua própria luz. Assim, o acesso ao pensamento de Saussure tem sido, ao mesmo tempo, permitido e entravado pelo CLG que tem todos os caracteres de uma vulgata: indispensável, citado em todo lugar, sem valor científico. Não somente ele cria o impasse sobre os desen-

volvimentos epistemológicos pelos quais começava o segundo curso na universidade de Genebra, mas, sobretudo, ele minimiza o aporte de Saussure à linguística da fala, acabando sobre uma citação apócrifa (de Bopp, 1816!) que faz dele um linguista "da língua ela mesma por si mesma". Em suma, os manuscritos são os únicos escritos autênticos a partir dos quais se deve trabalhar, os cadernos dos estudantes e o *Cours* sendo apenas documentos anexos e complementares. (Rastier, 2004)

Ninguém encontrará, por uma única leitura dos *Écrits de linguistique générale* [...] um autor compreensível e coerente, mas somente fragmentos muito difíceis de compreender, que ganham uma certa coerência e um certo sentido somente se os colocamos em relação com *o Cours* [...]. Como esses escritos funcionam somente em virtude do *Cours*, esse Saussure autêntico é necessariamente tributário do *Cours*. Ele é condenado a acompanhar o Grande Clássico. Ele é um pouco como o bobo da corte que diz a verdade, sim, mas que, ao dizer a verdade, não tem a força de abalar o Poder, mas, ao contrário, confirma-o. Assim, a versão desconstrutiva de Saussure, o Saussure autêntico, etimológico, verdadeiro, não terá a força de eliminar a potência do Grande Clássico, tão usurpado, tão falso que seja ele. O Saussure "autêntico" é tragicamente condenado a permanecer como o bobo do *Cours*. (Trabant, 2005: 124)

Essas quatro fases muito esquematicamente apresentadas aqui visam somente a sublinhar a complexidade da recepção de Saussure na França. Embora os quase dez anos de ensino de Saussure em Paris, não obstante a influência muito forte que exerceu sobre sua audiência na École Pratique des Hautes-Études (de 1882 a 1889), as ideias do CLG: a) permaneceram longo tempo marginalizadas; b) não conheceram uma renovação de interesse senão muito tardiamente (depois da Segunda Guerra Mundial e no contexto do "estruturalismo generalizado" em que elas foram "amplificadas" e conhecidas pelos múltiplos intérpretes); c) e enfim, não propiciaram, senão bem mais tarde, uma pesquisa sobre "o verdadeiro pensamento" de Saussure pelos diferentes manuscritos disponíveis.

Nessas condições, outra maneira de apresentar a posteridade saussuriana na França consistiria, sem dúvida, em começar por distinguir cuidadosamente o que sobressai de uma verdadeira *recepção* (construção conceitual elaborada ativamente e/ou reativamente a partir das proposições do *Cours*, pela imagem da fonologia praguense ou da glossemática dinamarquesa) e o que sobressai de uma *herança* (Chiss e Puech, 1998), e, também, o que sobressai da valorização tardia de uma origem da justificação *a posteriori* por imitação, empréstimos, mediações múltiplas, pela imagem da nebulosa estruturalista francesa dos anos 1950-1960 que dialoga mais com Jakobson e Hjelmslev do que com Saussure de maneira direta, e concerne um "para além" da língua, ou das línguas (o texto, a narratologia, a filosofia da cultura e também a "desconstrução do pensamento ocidental", a "morte do sujeito"?...).

De qualquer modo, teremos compreendido que a linguística do Entre-guerras na França não se confunde com uma recepção de Saussure, nem com a emergência do estruturalismo para a construção do qual ela permanece largamente estrangeira (Chiss e Puech, 1997). O que não significa que Saussure era desconhecido, mas que existia um saussurianismo difuso que não se confunde com o estruturalismo.

Resumimos:

- O "tempo" não é um "meio" passivo que forneceria o quadro de teorizações linguísticas. Ele não é uma simples "cronologia" (mesmo se a cronologia é indispensável ao historiador).
- Os dois exemplos tratados mostram que algumas teorizações exsudem sua própria historicidade. Aquela ou essa não é dada na cronologia: ela deve ser construída (reconstruída) pelo historiador segundo os procedimentos verificáveis e não tem nada que ver com a empresa de legitimação do presente pelo passado. O "passado" não é "a história".
- As noções de "precursor", de "influência", de "filiação" devem sempre acordar a vigilância crítica e os discursos que os linguistas têm sobre seu lugar na história, devem ser considerados como objetos de estudo histórico e não como enunciados de primeiro grau.

- A coerência cognitiva das teorias, em um domínio como aquele das ciências da linguagem, não é imediatamente perceptível: as noções de "escola", de "correntes", que aspiram ter exclusividade do campo em um momento dado, exigem ser relativizadas, recolocadas no tempo mais longo, interpoladas.

7

Que relação tem a história da linguística com a epistemologia?

A epistemologia pode ser definida como a "filosofia das ciências, isto é, o estudo crítico das ciências, consideradas como dados em seus desenvolvimentos e os seus resultados" (Auroux e Weil, 1993). Nós lhe reconhecemos muitas formas (Auroux, 1980: 8):

1. a epistemologia *normativa* que chamamos, também, *metodologia*: tenta examinar como funciona o método, o que é um raciocínio gramatical bem conduzido. Há um exemplo desse comportamento no número 46 da revista *Langue française*, consagrada à *"l'explication em grammaire"*: a editora A. Zribi-Hertz, coloca na origem do número "uma pergunta simples: o que recobre a noção de explicação em linguística?" (1980: 5); ela mostra que a gramática tradicional é surpreendentemente pouco explicativa e dá como exemplo uma regra peremptória de Grevisse (*Le bon usage*, 1969: 561): "Em princípio, podemos colocar na voz passiva todo verbo transitivo direto" e, na sequência, essa regra é imediatamente seguida de sua própria anulação: "Todavia, em certos casos, o verbo transitivo não pode ser passado para a voz passiva". Concerne à atividade normal do linguista de hoje refletir sobre a coerência do método que utiliza;

2. a epistemologia *avaliativa*: uma disciplina deve necessariamente avaliar suas teorias – essa atitude é indispensável para colocá-las em prática. Podemos dar como exemplo de reflexão a dis-

cussão sobre o estatuto dos dados: é preciso, obrigatoriamente, construir uma teoria linguística sobre um *corpus* e dar a ela regras para o estabelecimento desse *corpus*, ou podemos admitir a hipótese da gramática gerativa que, desejando dar conta não de um número finito de enunciados produzidos, mas de um número infinito de frases possíveis, não parte de um *corpus* que nunca poderia ser constituído? Duvidamos bastante de que o resultado no nível teórico possa variar consideravelmente segundo a hipótese defendida;

3. A epistemologia *descritiva*: que "toma as ciências como os fatos e se esforça por construir uma reflexão coerente sobre seus diferentes aspectos (teórico, sociológico e prático)" (Auroux, 1980: 8).

A história das ciências faz parte dessa última forma de epistemologia, com a dimensão temporal. Mas, sempre segundo Auroux, existem dois tipos de temporalidade: uma temporalidade externa, que consiste na "pura descrição de uma teoria passada", e uma temporalidade interna, que consiste na "tentativa de construir os modelos de evolução, e também as explicações da mudança". Em outros termos, a história da linguística, tal como ela é concebida notadamente pelo que se chama "a escola francesa", tem muito mais a ver com a epistemologia do que com a historiografia pura e simples: não se trata somente de descrever, mas também de explicar.

Se epistemologia normativa e epistemologia descritiva são admitidas como necessárias (porque é necessário regular a atividade científica), a utilidade de uma epistemologia descritiva é às vezes questionada, segundo o princípio, formulado por Kuhn (1962), de que "uma ciência destrói seu passado". A tese de Kuhn repousa sobre dois conceitos fundamentais: aquele de *paradigma*, isto é, uma corrente científica que domina durante um período bastante longo e pode se definir como a ciência "normal", e aquele de *ruptura de paradigma*, correspondente a uma revolução científica, que leva à substituição de um paradigma por outro. A tese de Kuhn se opõe àquela de Popper (1934), para quem a evolução progressiva das disciplinas se efetua por saltos frequentes e parece com uma revolução permanente.

Uma história das ideias linguísticas

Nos anos 1980, os historiadores da linguística debateram largamente a questão para saber se o modelo kuhniano era aplicável em seu domínio. Admite-se hoje que ele não é aplicável, notadamente porque a linguística é, como as outras ciências sociais, uma disciplina de baixa taxa de reinscrição, à diferença das disciplinas de alta taxa de reinscrição, como a matemática. Essa noção de *taxa de reinscrição* serve para medir a capacidade que tem a disciplina para integrar suas aquisições. Se há muitas rupturas teóricas em uma disciplina e, então, uma baixa taxa de reinscrição, os estados anteriores da disciplina conservam um interesse teórico direto. É tipicamente o caso da linguística, disciplina para a qual é muitas vezes interessante voltar-se aos estados anteriores das descrições. Por exemplo, as teorias medievais, como aquelas dos *modi significandi* ("modos de significar"), que permitem dissociar palavras/formas e funções, suscitaram muitas vezes o interesse ou admiração dos Modernos. Essas mesmas teorias, contudo, foram condenadas, às vezes em razão de sua sofisticação, pelos humanistas que não as compreendiam mais e escreviam tratados "contra os modos de significar" (Hegius, *Invectiva in Modos Significandi*, 1503, citado por Lardet 1992: 197). Do mesmo modo, evocamos (questão 5) a tentativa de Chomsky, na *Linguística cartesiana* (1969), de permitir a uma teoria moderna reinscrever os resultados anteriores, mesmo se a abordagem não fosse julgada exata por um certo número de historiadores da linguística (ver, por exemplo, Aarsleff, 1970; Pariente, 1975 etc.).

Nessa perspectiva mais epistemológica que propriamente historiográfica, o historiador das ciências da linguagem pode ter para si certo número de princípios:

1. uma certa distância em relação à erudição pura e a escolha da representatividade: descobrir-se-á *sempre*, perdidos em alguma biblioteca, uma gramática isolada, um dicionário manuscrito, um método de língua estranha etc., ao qual se pode dar uma descrição e ao qual se pode às vezes afirmar que é a *primeira* gramática de tal língua, o *primeiro* dicionário construído de tal modo etc. Em si, isso não é desinteressante, é mesmo muito útil para

o aprimoramento, muito necessário, de nossos conhecimentos. Teremos, porém, sempre presente no espírito o princípio formulado pela Societé d'histoire et d'épistémologie des sciences du langage no primeiro número de sua revista, *Histoire épistémologie langage* (1/1, 1979: 59):

> A epistemologia engloba e ultrapassa a história eventual. É primeiro um certo modo de abordar a história: não se detém a pôr em relevo as datas ou os conceitos, mas procura ao mesmo tempo descrever os procedimentos de demonstração, a relação dos fatos com as teorias; interroga-se sobre a razão dos procedimentos discursivos e sobre a inscrição do universo cultural em questão.

2. A necessidade de uma ancoragem social e institucional: não se pode jamais esquecer o contexto no qual as teorias emergem. Algumas dentre elas são estreitamente ligadas ao desenvolvimento histórico particular. Por exemplo, no fim do século XVIII os ideólogos (Destutt de Tracy, Cabanis) tiveram suas teorias ligadas a certa concepção de poder: um poder forte e difuso. Em certos casos, o contexto teológico pode esclarecer os textos linguísticos. Marc Dominicy (1984: 121 ss.) teve de analisar os fatos das "assinaturas" para estudar a teoria dos signos de Port-Royal. A questão é a seguinte: foi, ou não, preciso assinar a condenação da doutrina dos Jansénius requerida aos Messieurs de Port-Royal pelas autoridades religiosas? A assinatura é, simplesmente, o signo de um respeito exterior, ou ela é o signo de uma "crença", de uma disposição interior? Sobre épocas mais próximas de nós, é necessário conhecer o contexto social, a organização universitária, a criação de escolas novas (como a École Pratique des Hautes-Études), do CNRS, o recrutamento dos professores, o funcionamento das revistas etc. para penetrar na linguística francesa do último século. Isso não quer dizer que a ciência é inteiramente ditada pelas condições sociais, mas que há uma relação estreita entre a aparição de uma gramática e o contexto sociocultural e institucional no qual ela aparece. Um pequeno exemplo: nos anos 1960, o sucesso da linguística na França teve parte ligada com o estatuto

universitário de certos pesquisadores, "linguistas", que, impedidos de passar pela agregação, porque estavam doentes (tuberculose) ou eram estrangeiros – eles não tinham, então, o direito de fazer o concurso –, tiveram de conseguir um lugar não *em*, mas *à margem* da instituição, lutando contra os "filólogos" (sem dúvida muitos) bem estáveis na mesma instituição (Chevalier, 2006b).

3. A necessidade de fazer a história de um instrumento linguístico em seu conjunto: como foi dito na resposta para a primeira pergunta, há somente teorias. É indispensável estudar a *emergência* de certos *conceitos*, como a noção de *complemento* da gramática francesa, necessária em uma língua não casual, mas cuja elaboração tomou um tempo considerável (Chevalier, 2006a). É necessário estudar a *persistência* de certos *conceitos*, muito antigos, mas que foram consideravelmente modificados com o tempo, como aquele da *transitividade*, construído sobre a transição ou não transição da pessoa, por meio da ação exprimida pelo verbo, o que supõe certa concepção de enunciado, que implica precisamente as pessoas (Colombat, 2003), de certas *categorias*, como o *optativo*, modo do desejo, marcado morfologicamente em grego, transferido do grego para o latim, depois do latim para o francês, no qual ele se mantém durante muito tempo, antes de ceder o lugar ao condicional, em condições complexas. É necessário também levar em conta outras entidades, como as *regras*, os *paradigmas*, os *exemplos* (questões 22 e 23).

4. A necessidade de não limitar o exame à tradição ocidental e de colocar o princípio de comensurabilidade possível das teorias e das descrições. Certas tradições linguísticas, tal como são apresentadas, por exemplo, no *Corpus de textes linguistiques fondamentaux* (http://ctlf.ens-lyon.fr/), são muito antigas (ex., a tradição sânscrita) e são às vezes desconhecidas no Ocidente (assim como a tradição coreana), revestindo-se de formas diferentes, não sendo, às vezes, assimiláveis às tradições ocidentais (não se pode falar de tradição *gramatical* na China antiga, por exemplo); e elas podem reservar surpresas para os não iniciados (como o fato de as primeiras gramáticas hebraicas serem redigidas em árabe, pe-

As questões da retrospecção

los árabes): isso não impede que, para além dessa diversidade, e também dessa heterogeneidade, se possa avaliar, comparar essas tradições entre si. Mesmo se a estrutura da língua chinesa e a descrição que pode ser feita não são redutíveis às estruturas das línguas ocidentais e aos meios de descrevê-las, deve ser possível compreender essas estruturas e essas descrições, estabelecer as passarelas entre as duas tradições descritivas, sem estragar uma em benefício da outra (ver questão 4).

II

A DIMENSÃO ANTROPOLÓGICA DOS SABERES SOBRE A LÍNGUA E A LINGUAGEM

8
Todos os homens falam, mas por que nem todos são gramáticos ou linguistas?

É plausível que existam condições antropológicas de aparição de saberes *metalinguísticos* que possibilitam o nascimento e o desenvolvimento de tradições gramaticais (para um quadro sinóptico dessas tradições "autóctones", ver Auroux, Deschamps e Kouloughli (1996: 359-94) e a pergunta 9 aqui). Essas condições são evidentemente diversas e as disciplinas que as estudam, variadas: psicolinguística, linguística, especialistas em aquisição das línguas maternas, segundas, estrangeiras... Os debates são inúmeros para saber se a aptidão metalinguística que parece ser concernente a todos os locutores de todas as línguas é somente um aspecto da metacognição, ou se se trata de uma aptidão especial, mais fundamental e mais complexa que qualquer outro aspecto metacognitivo. Para o que interessa à história das ideias linguísticas, podemos modestamente partir de um duplo fato empírico facilmente contestável: se existem *as* tradições gramaticais nas diferentes culturas, nem toda cultura desenvolve, *necessariamente*, uma tradição gramatical.

Dessa dupla constatação estritamente empírica podemos tirar uma pergunta (a qual não se pode pretender responder de maneira completa e totalmente satisfatória...): de que natureza são as condições de emergência de reflexões metalinguísticas suficientemente organizadas (como?) para fazer nascer as tradições gramaticais identificáveis a longo termo (como a tradição greco-latina, indiana, chinesa, árabe... por exemplo)? Esses saberes e tradições são radicalmente diferentes uns dos outros? Eles têm ao menos um "ar de família"? Esquematicamente, nós podemos sem dúvida considerar três respostas possíveis.

A primeira resposta possível é que existem as condições puramente teórico-culturais em sentido restrito. Por exemplo, no mundo grego antigo, o aparecimento da preocupação gramatical pode estar ligado à origem mesma da filosofia, focalizada sobre um questionamento a respeito da aptidão da linguagem para dizer "a verdade": "o *logos* não mostra nem esconde, ele significa" (Heráclito), problemáticas privilegiadas do uno e do múltiplo (Parmênides), e de identidade e do dever (Platão) etc. Nesse quadro de aparência muito abstrato, as questões de grande importância histórica vão aparecer como aquela da arbitrariedade do signo no *Crátilo* de Platão (questão 15), ao mesmo tempo que as questões mais "técnicas" vão ser assumidas em um quadro muito geral, como aquele das "partes do discurso" para Platão, Aristóteles, os estoicos..., e isso para uma época anterior à constituição de disciplinas nitidamente delimitadas tal como as que nós conhecemos hoje (lógica, retórica, gramática..., ver Desbordes, 1989).

De certa maneira, é dessa concepção que procediam muitas histórias da linguística "[...] das origens a nossos dias" (Mounin, 1967; Robins, 1997 etc.), dos anos 1960-1970, dos quais alguns são, inclusive, muito úteis (em particular, Robins).

Mas: 1) vemos bem o caráter um pouco tautológico dessa resposta: as tradições gramaticais se desenvolveram nas culturas... que imputam à linguagem um prestígio ou uma importância particular. De que natureza é esse prestígio? De onde vem essa importância? Isso não se diz. Podemos ir mais longe? 2) Nós estamos bem seguros de que aquilo que podemos identificar hoje como uma *fonte* de nossas problematizações contemporâneas está diretamente ligado ao nosso "hoje", e que isso não diz respeito a uma construção retrospectiva? É o arbitrário do signo, no sentido dado por esse contexto na linguística moderna, que é tratado no *Crátilo* de Platão (cf., por exemplo, a reconstrução no *longo termo* da história da arbitrariedade do signo por Coseriu, 1967)?

Essas perguntas nos levam a pensar que a história das ideias linguísticas não é seguramente apenas um subconjunto do domínio relativamente indeterminado a que chamamos "história das ideias". A noção de "contexto" ideológico, filosófico é indispensável à compreensão das condições gerais de produção dos saberes linguísticos, mas ela não tem *valor explicativo* em si mesmo e seu valor descritivo resta frágil.

A segunda resposta possível poderia consistir em invocar as condições sócio-históricas. O "milagre grego" invocado tradicionalmente não é um milagre (cf. os trabalhos de Louis Gernet, 1968 e Jean-Pierre Vernant, 2005), mas o resultado das mutações sóciopolíticas (democracia) do qual decorre a emergência de um "espaço público" pacífico, mas conflituoso (ver para Platão o paralelo/oposição que se pode estabelecer entre a carta vii e a crítica da retórica no *Górgias*) do qual o afrontamento dos *discursos* é o eixo principal. A desqualificação das *tribus* no seio das quais os poderes são exercidos na base do sangue e da terra em benefício de uma organização racional de território no qual os *dèmes* (reagrupamento de populações socioeconomicamente diferenciadas sobre uma base funcional) são o centro em benefício de uma *demo-cracia*, dá uma importância de primeiro plano à conquista de um "consenso": é necessário "se entender", argumentar, persuadir, seduzir, convencer... É essa preocupação prática que faz nascerem as "artes [isto é, técnicas] da linguagem": sofística/retórica (estudos das condições do discurso eficaz); lógica (estudo das condições do discurso "verdadeiro", da "dialética" do estatuto verbal e cognitivo e da contradição...), *depois somente*: estudo da língua conforme as regras que a caracterizam.

Um terceiro ponto possível? As mutações sociopolíticas evocadas antes não são em nada universais. Elas explicam somente a genealogia greco-latina da gramática (e a Índia? o mundo muçulmano? as teocracias da Mesopotâmia? a China?). Porém, no nível mais geral, sua colocação em evidência focaliza o caráter não especulativo, *técnico* da emergência dos saberes metalinguísticos nas diferentes tradições evocadas. As artes da linguagem são a formulação, codificação de *regras* de "*savoir-faire*", de "*savoir-dire*" que preexiste a elas nas práticas sociopolíticas e religiosas (técnicas de leitura de um texto religioso, tecnologia administrativa, contável... por exemplo). Em sentido elementar, os saberes linguísticos mais antigos "formalizam"

A *dimensão antropológica dos saberes sobre a língua e a linguagem*

as práticas que variam consideravelmente de uma cultura para outra (espaço público "laico", práticas religiosas, modos de governo, emergência de uma administração e de corporações administrativas especializadas etc.), prática que a "formalização" deles nos instrumentos linguísticos estabilizam e modificam em retorno.

Para que os saberes metalinguísticos codifiquem as práticas, eles devem se constituir como verdadeiros *instrumentos*: listas, paradigmas, gramáticas, dicionários... (ver Auroux, 1994a, e aqui as questões 10 e 49), mesmo se esses instrumentos podem adquirir, no curso da história, um valor "especulativo" aparentemente mais gratuito, menos estritamente ligado a suas finalidades de origem (a gramática *especulativa* da Idade Média, por exemplo). Mas, esquematicamente, podemos dizer que eles *modificam praticamente a estrutura do espaço público de comunicação*. Nessa modificação complexa, parece possível discernir ao menos três traços:

- a estabilização da língua comum (gramática [de *gramma*, "letra"] = "aprendizagem do ler/escrever"),
- a comparação consciente que se torna possível com outras línguas,
- a tomada de consciência da dimensão histórica das línguas (por exemplo, coleta e explicação de palavras "arcaicas" em Homero) e, mais geralmente, da variação linguística (social, dialetal, discursiva...).

Nessa medida, sua "invenção" se constitui uma entrada, a operação de passagem de uma aptidão epilinguística (operatória, mas não consciente ou semiconsciente, estreitamente ligada às práticas e às circunstâncias especiais da comunicação) para a construção de um saber propriamente metalinguístico: uma representação consciente, aberta à transmissão tanto relativamente estabilizada quanto relativamente móvel, submetida, enfim, para o historiador das ideias linguísticas ao regime de historicidade variável no tempo.

Esses "objetos técnicos" (Simondan, 1989; Leroi-Gourhan, 1945, 1964) simultaneamente completam e refletem uma mutação das aptidões cognitivas fundamentais. Eles relaxam a adesão imediata da língua com o falante individual ou coletivo. Eles introduzem uma *distância* consciente frente ao principal meio de comunicação, e tornam possível uma atitude não referencial em relação à linguagem que opacificam, permitindo seu estudo "externo" ("objetivado" no sentido mais literal do termo). A dimensão da transmissão (segundo modos variáveis) abre, no mesmo tempo, a possibilidade da emergência de verdadeiras *tradições*. Este termo (do qual será preciso precisar o sentido) traz com ele tanto a possibilidade de um *acúmulo* de conhecimentos quanto de uma *redução/estabilização* do objeto, de uma *evolução* no tempo e de *transferências* (quando as categorias metalinguísticas forjadas para a descrição de uma língua particular servem para descrever as línguas "outras", não aparentadas).

9

Existem condições gerais para a aparição de tradições gramaticais?

Para além da particularidade de cada tradição linguística, podemos dizer que elas nascem de muitos tipos de condições comuns a todas as culturas em que nascem:

- todas as línguas e todos os sujeitos falantes que compõem uma comunidade linguística são dotados de uma aptidão para os saberes epilinguísticos (conhecimento espontâneo, não refletido, semi-implícito de certas características – fonéticas/fonológicas, prosódicas, rítmicas, semânticas, enunciativas, sintáticas etc.), adquirida simultaneamente à língua materna (ver Gombert, 1990, para um ponto de vista aquisicionista sobre a questão). Esse saber epilinguístico está presente na sociedade de tradição oral em que ele pode ser estruturado nas práticas e nas formas específicas ligadas já aos "quadros sociais da memória" (Halbwachs, 1925): na forma de narrativas, contos, cantos, jogos verbais, mitos recitados, combates verbais mais ou menos improvisados, máximas,

A dimensão antropológica dos saberes sobre a língua e a linguagem

provérbios, tabus linguísticos, fórmulas mágicas ritualiza-
das com eficácia simbólica de presbítero, monges, profetas e
"mães da verdade" de todos os tipos etc. (pergunta 12);

- mas outra coisa é a transformação desse saber "prático", implícito, semiconsciente, implicado nas práticas "imediatas",
em conhecimentos objetivados, elaborados, organizados,
transmitidos nas práticas e nas formas específicas: cursos de
estudo, escolas, gêneros e formatos codificados que são já as
listas de palavras, os paradigmas, depois as gramáticas, os
tratados, os cenários, as regras de exemplos... Mesmo se, é
claro, o desenvolvimento dos saberes metalinguísticos conscientes se apoia sobre uma aptidão sem dúvida universal (?)
de "jogo" epilinguístico espontâneo, esse desenvolvimento
cultural (cultural na condição de inscrever a técnica na cultura) supõe o alcance de um "passo" suplementar que conduz
progressivamente à *externalização*: característica objetivável,
formalizável, pública, exotérica, controlável, retificável, de-
dicada às formas de cumulatividade de um saber epilinguístico que permanece, ao contrário, ligado à singularidade de
certos assuntos, certos estatutos, certos "dons particulares" e
de circunstâncias precisas...

Evidentemente, a distinção entre epilinguístico e metalinguístico pode parecer frágil. Ela é, porém, essencial para compreender-se
a emergência de tradições gramaticais voltadas para a transmissão
e o alcance da *gramatização* de todas as línguas do mundo.

Inicialmente, nós entendemos como necessário voltar a essa distinção fundamental e sobre sua utilidade para a história das ideias linguísticas, para voltar em seguida à emergência das tradições gramaticais entre
"originais" (aquelas que não são [ainda] resultado de um empréstimo
ou de uma transferência) e as condições de sua emergência.

No século xx, a investigação concernente ao que podemos chamar, segundo Jakobson, a *função metalinguística* foi desenvolvida
essencialmente pela via da lógica moderna (Carnap, Frege, Tarski,
Gödel...) e do desenvolvimento dos formalismos lógico-matemáti-

cos. No nível mais geral, a competência metalinguística designa a possibilidade para os locutores se servirem da linguagem – em uma língua – para falarem da linguagem – da língua – e construírem os enunciados que não têm mais o mundo ou os pensamentos por objetos, mas o instrumento que lhes serve para que exprimam os pensamentos e falem do mundo. Essa aptidão dos locutores, presente no sistema de todas as línguas naturais, é conhecida desde a mais alta Antiguidade sob a forma da *autonímia*. Ela foi estudada pelos linguistas contemporâneos de diversos pontos de vista.

1. Segundo Josette Rey-Debove (1986), a metalinguagem designa uma língua da qual o léxico se compõe de uma *terminologia* especializada como *sintaxe, semântica, fonema, lexema*, e de outra parte de palavras *"naturais"*, com *palavra, frase, letra* etc. Isso pode concernir também a uma língua formalizada ou codificada como na lógica.

   No que concerne ao discurso, no qual o uso metalinguístico se observa melhor, Rey-Debove distingue dois tipos (ou modos): o modo científico-didático e o modo corrente. Ao modo científico-didático corresponde o discurso do linguista e aquele do aprendiz e do professor. Para o modo corrente corresponde o discurso de um locutor de uma língua na qual a consciência metalinguística é mais frágil – também tanto no plano do conteúdo quanto no plano da expressão – que no modo didático-científico. As *inserções metalinguísticas* possíveis e presentes em todas as línguas são, então, como um rastro dessa "consciência" que constitui um dos aspectos da atividade da fala. No modo mais corrente (não didático e familiar), Rey-Debove sustenta que o uso metalinguístico provém de uma necessidade prática de *comunicação* e de *distanciamento*, a fim de "compreender melhor, fazer-se compreender melhor e melhor se esconder" (1986: 22-3). Ela pode responder igualmente a uma metalinguagem lúdica (jogos de palavras, palavras cruzadas e/ou flexionadas...). É no emprego corrente da língua que os modos de comunicação "mundanos" (referenciais) e metalinguísticos coexistiram com a maior frequência. Do emprego teórico e didático dos discursos especializados, a metalinguagem "erudita" penderia bem à autonomia (Authier-Revuz, 1995, desenvolveu particularmente o estudo dos "problemas enunciativos" específico do modo corrente e mundano).

2. Para Hjemslev (1968), largamente inspirado pelas línguas lógicas, a característica da linguagem natural de ter também sua própria metalinguagem se apresenta igualmente sob duas formas: aquela da *semiótica conotativa*, e aquela da *metassemiótica* (ou metalinguagem). Na *semiótica conotativa*, o plano de expressão é uma *semiótica*, tendo ao seu entorno um plano de expressão e um plano de conteúdo. Essa semiótica conotativa se encontra na atividade de conotação. Na *metassemiótica*, é o plano do conteúdo que é uma *semiótica* (tendo por sua vez um plano da expressão e um plano do conteúdo). É o caso das palavras metalinguísticas especializadas na terminologia "culta"... Quanto à metalinguagem familiar, ela não parece ser objeto de sua análise.

3. Para Jakobson, a faculdade de falar uma língua implica a capacidade de operações metalinguísticas, tais como a *revisão* e a *redefinição do vocabulário empregado*. O uso de palavras e a definição de palavras são vistos por Jakobson como duas atividades complementares. Essa atividade (função) metalinguística de *redefinição* que faz parte da *autonímia* se manifesta na pesquisa de sinônimos, de *circunlocuções* e de *paráfrases*. Trata-se de interpretação intralinguística de uma palavra ou de uma frase no meio de outros códigos. Isso traz, então, de volta uma atividade de recodificação. Jakobson nota que esse fenômeno desempenha um papel principal tanto na aquisição quanto no uso da linguagem.

Para aquisição da linguagem materna pela criança, uma das formas linguísticas dessas operações metalinguísticas abundantemente utilizadas é a frase que visa a solucionar problemas de compreensão. No uso normal da linguagem, a função metalinguística está fundada, de um lado, sobre a preocupação do emissor da mensagem de deixá-la mais acessível ao decodificador e se manifesta por frases como "Você me entende?", "Você percebe o que eu quero dizer?" e, de outro lado, sobre a preocupação do receptor de compreender bem a mensagem que se manifesta por frases como "Que você quer dizer?", o que resulta em uma recolocação do "signo que é atrapalhado por outro signo pertencente ao mesmo código linguístico [= sinônimo] ou por todo um grupo de signo do código [= a glosa]" (Jakobson, 1978: 53).

Assim, a dimensão metalinguística tal como a concebe Jakobson não se baseia em si mesma sobre uma visão da linguagem como sistema formal, não se esgota em uma visão de língua como sistema formal, nem sobre a total separação como fazem os lógicos, entre o sistema da língua e aquele da metalinguagem. Claramente, Jakobson relaciona a dimensão metalinguística com a atividade linguística por si: "é evidente que tais operações qualificadas de metalinguísticas pelos lógicos não são da invenção deles: longe de estarem reservadas à esfera das ciências, elas se revelam parte integrante de nossas atividades linguísticas usuais" (ibid.).

4. Os conhecimentos linguísticos do locutor-auditor adulto que aprendeu também sua primeira língua são identificados por Noam Chomsky tanto como uma "realidade subjacente ao comportamento efetivo" quanto como um conjunto de "regras subjacentes dominadas". O conhecimento de uma língua coloca, assim, em jogo, diz ele, "a capacidade implícita de compreender um número indefinido de frases" (Chomsky, 1971: 30). Essa visão se resume em uma frase de inspiração humboltiana: "cada sujeito é portador da língua como totalidade".

Esse conhecimento do locutor-auditor reflete a *competência* – distinta da *performance* – correspondente ao "emprego efetivo da língua em situações concretas" (ibid.: 13). Chomsky considera a *competência* não somente como uma "capacidade implícita de compreender um número indefinido de frases", mas também "um sistema de processos gerativos" (ibid.: 14).

Como o objeto do estudo não é um *corpus* atestado, mas corresponde à infinidade das realizações possíveis, aí compreendidas aquelas que não foram jamais pronunciadas ou ouvidas, o objeto de estudo é então essa *competência*. Sabemos que o método de pesquisa se funda sobre a intuição que o sujeito tem de sua língua, intuição que se manifesta pelo julgamento de gramaticalidade. Podemos definir essa como uma capacidade metalinguística que consiste em distinguir as frases gramaticais das frases não gramaticais, e a tarefa do linguista é então considerada ao menos "similar" àquela da criança que aprende a língua. Convém ao linguista determinar os conhecimentos do locutor, a partir dos dados da performance, colocada em prática nas atividades de produção e de compreensão. A atividade metalinguística do *locutor* vista sob um aspecto restrito de julgamento de gramaticalidade é considerada para Chomsky um meio de acesso aos conhecimentos do locutor.

5. Enfim, o aspecto metalinguístico para Culioli se situa, do ponto de vista da atividade linguística, na famosa distinção entre *atividade epilinguística* e *atividade metalinguística*. Esses dois tipos de atividade concernem, segundo Culioli, respectivamente, à atividade linguageira ordinária do locutor e à atividade reflexiva do linguista.

A *atividade epilinguística* corresponde a uma *atividade metalinguística* muitas vezes não consciente, a qual todo locutor recorre em sua atividade linguística, "que está no coração da atividade de linguagem e que nós podemos constatar já na criança" (Culioli, 1990: 18).

Ela é observável, de início, nos discursos ordinários dos locutores notadamente sob a forma de glosas que "um sujeito produz quando, de modo espontâneo, ou em resposta a uma solicitação, comenta um texto precedente" (Culioli e Desclès, 1981: 3).

Essas glosas epilinguísticas que podemos encontrar também no discurso explicativo de um locutor/informante são uma preciosa origem de informações linguísticas para o linguista. À sua maneira, dizem Culioli e Desclès, elas constituem um "sistema de representação interna da língua" e uma "metalinguagem não totalmente controlável". A atividade epilinguística pode também ser solicitada pelo linguista que a *faz aflorar* (Culioli, 1990: 18), notadamente para o julgamento de aceitabilidade.

Ao contrário, a *atividade metalinguística* é deliberada, então consciente, e se observa notadamente na atividade do linguista. Para Culioli, o linguista dedica-se à tarefa da construção de um *sistema de representação metalinguístico*, explícito, estável e coerente, à construção de um sistema de "invariantes, subjacentes à atividade de linguagem, quaisquer que sejam as línguas que se considera" (ibid.: 14). A atividade de linguagem, ela mesma, é definida por Culioli como um conjunto de "operações de representação, de referenciação e de regulação", isto é, como uma competência em grande parte regulamentada por sua própria representação.

Nessa tarefa de reconstrução de invariantes, munido de metalinguagens diferentes e de "procedimentos canônicos de abstração e de formalização", o linguista "trabalha sobre as formas (as sequências textuais)" que não são tomadas tais quais, mas que ele "fez trabalhar sobre elas mesmas" (ibid.: 18).

A atividade metalinguística consciente é então apresentada por Culioli como uma atividade restrita à reflexão sobre o funcionamento das línguas naturais, sua modelização, e à manipulação do material linguageiro pelo linguista, reduzindo, assim, a capacidade do locutor comum apenas à atividade metalinguística não consciente ("epilinguística").

Vê-se que a definição de um nível metalinguístico claramente isolável e analisável acarreta uma série de problemas.

- O estatuto metalinguístico de certos enunciados de locutores "inocentes" se desenvolveria seja no nível de uma consciência comunicativa finalizada (é a ideia mesma de "função" metalinguística) para Rey-Debove ou Jakobson, seja em um nível de abstração tal (Hjelmslev) que seria menos concernente a uma prática de linguística especial, que a um modo de analisar as línguas e os sistemas semióticos em geral. É claro que a análise metalinguística não corresponde de maneira direta a nenhuma *necessidade* comunicacional e que, além disso, a metassemiótica hjelmsleviana é uma construção segunda, um instrumento de análise, um modelo, que não pode pretender nenhum "realismo" psicológico, cultural, histórico.
- Para Chomsky, os julgamentos de gramaticalidade concernem à estrutura de um sujeito falante "inferido", pela teoria,

e ao qual se atribui uma "natureza" intrínseca: aquela capaz de ser a primeira aquisição a interiorizar a totalidade da língua transmitida sob a forma de regra gerativa. Podemos pensar, ao contrário, que nas culturas em que as línguas são dotadas (há muito tempo) de instrumentos como os dicionários e as gramáticas, a função metalinguística é externalizada e artificializada. Se o julgamento de gramaticalidade concerne bem a uma competência "interna e espontânea" de sujeitos falantes, essa é sem dúvida historicamente e culturalmente construída: o sujeito falante chomskiano não é o resultado, mais do que a causa, das tradições gramaticais?

- Para Culioli, enfim, o problema poderia ser aquele da continuidade entre a semiconsciência epilinguística e a consciência propriamente "meta": por que é bom distinguir esses dois níveis, se o primeiro é a condição do outro e o segundo, a continuação do primeiro?

É, todavia, a distinção culioliana que interessa mais ao historiador das ideias linguísticas. A existência de culturas que não têm tradições gramaticais, assim como de culturas delas providas, mostra que a emergência de tradições de análise gramatical constituídas de *sistemas de representação metalinguística*, objetivados sob a forma de modelos descritivos e explicativos, provavelmente, repousa, de um lado, sobre a estrutura da faculdade de linguagem e a dos sistemas linguísticos, mas, de outro, também sobre a *contingência* de condições culturais, políticas e sociais que não têm nada de universal. O fato empírico que conduz a constatar que no curso da história o processo de gramatização se estendeu ao conjunto das línguas do mundo a partir dos quadros descritivos exógenos (elaborados em outras línguas) e o fato que a tradição greco-latina construída "na origem" por outras línguas tenha acabado por levá-la para todas as outras tradições (por razões que não têm nada a ver com sua "perfeição") confirmam que o processo de gramatização é um misto de necessidade e contingência do qual nós não podemos esperar dar conta de maneira unilateral, nem em termos de "natureza" (da faculdade de linguagem), nem em termos estritamente culturalistas, se excluímos, da cultura, a cultura material da qual os homens são dotados de tecnologias intelectuais. Entre essas, a escrita – primeira ferramenta linguística de que certas línguas foram providas – ocupa sem dúvida o primeiro lugar.

Nessa medida, se é a distinção culioliana que parece interessar mais ao historiador das ideias linguísticas, isso não é, *apesar* da circularidade que pudemos notar entre o epi- e o meta-, mais *em razão* desse condicionamento recíproco: o saber metalinguístico consciente e formalizado das tradições gramaticais é, em um sentido, apenas o *prolongamento* de uma aptidão epilinguística da qual os traços são percebidos em todas as culturas, mesmo se esse "prolongamento" não surge da mesma ordem que aquele da qual ele é "prolongamento". Se essas hipóteses são admissíveis, é então em termos de emergência e de entrada – mais que de ruptura e de mudança – que seria conveniente dar conta da aparição das tradições gramaticais.

10

No que consiste a hipótese tecnológica?

Antes de considerar a questão da escrita como condição puramente *empírica* de aparição das tradições gramaticais, convém voltar sobre o termo geral de *outil linguistique* [instrumento linguístico], que exige seguramente algumas precisões (ver Auroux, 1994: 191-201, e a questão 49) a fim de que o termo não fique no nível de uma analogia metafórica vaga.

Utilizar sua mão como um instrumento não é a mesma coisa que manipular um instrumento fabricado pela mão: um instrumento "prolonga a mão", mas em outro registro que não esse (não um registro biofisiológico, mas tecnocultural e sócio-histórico).

O instrumento está "à disposição" do corpo: ele *não é* o corpo, ele não é, sobretudo, o *meu* corpo. No quadro de uma função determinada, ele é uma *mediação* à disposição de todo corpo estruturado como o meu, entre o mundo "tal como ele é" e o corpo "qualquer". Mediação significa qualquer coisa que não é nem do mundo (natural), nem do corpo (natural), redutível *nem* a um, *nem* a outro, embora ela se refira, implique, e sem dúvida *transforme* um e outro.

Percebe-se que a ideia de "instrumento linguístico" não é metafórica na antropologia funcional de um paleontólogo como Leroi-Gourhan (1964), mesmo se não encontramos a expressão na sua obra.

Ainda que os dados sobre os quais trabalha esse autor sejam hoje parcialmente obsoletos, a hipótese que os organiza continua produtiva. Lembraremos aqui alguns de seus aspectos:

- emergência sincronizada, para os antropoides, do mundo técnico e do universo simbólico (capacidade *exteriorizada* para produzir o sistema de signos organizados, divididos e dedicados à comunicação);
- continuidade desde os primeiros antrópicos aos nossos dias, na constituição, crescimento, transformação de uma *memória externa* articulada em torno de dois polos da face (mente, órgãos da fala e audição) e do gesto (aptidão técnica);
- papel decisivo da invenção da escrita na coordenação dos dois polos (linguagem e registro gestual) e na aquisição de uma temporalidade antropológica que prolonga a programação genética de uma ordem "outra" (a cultura).

A propósito do processo de *gramatização* das línguas do mundo, falar de um *"outillage"* ["instrumentação"] das línguas não é uma simples metáfora. Em uma perspectiva próxima daquela de Leroi-Gourhan, mesmo se ela não é idêntica, Auroux discerne três "revoluções" tecnológicas/antropológicas concernentes à relação com a linguagem:

- a *invenção da escrita*: ela é a condição *sine qua non* da existência das tradições gramaticais. Por outras razões, a atitude metalinguística supõe, como a atividade matemática, a manipulação de signos gráficos que no caso da linguagem "representam" no sentido mais elementar (figuração material) uma fala que sem ela se tornaria indecifrável (questão 11);

- a *gramatização* das línguas do mundo: as gramáticas e os dicionários "instrumentalizam as línguas"; elas também representam, aos olhos de uma comunidade falante, a capacidade – as competências – que, de um lado, os locutores fixam (estandardização, "redução" (Auroux e Mazière, 2006) das práticas linguageiras) e, de outro, estendem (o desenvolvimento de um dicionário unilíngue das informações sobre os usos variados e classificados que esse dicionário fixa e lhe dá acesso);
- a *mecanização* da linguagem (o que se chama "tratamento automático das línguas"): ela dá um passo a mais na mesma tripla direção: objetivação/formalização/externalização das práticas linguageiras, das representações espontâneas ou refletidas das línguas, de sua diversidade e da diversidade de seus usos.

Se então cada um desses três "estados" históricos possui sua especificidade, os três se situariam, no fundo, sobre uma mesma linha de evolução: "Um sistema de instrumentos linguísticos [...] *prolonga* e *transforma* a expertise humana, mas não a substitui. Se queremos pensar os instrumentos linguísticos nos termos modernos da I[nteligência] A[rtificial], então devemos concebê-los como as *extensões artificiais da inteligência humana*" (Auroux, Deschamps e Kouloughli, 1996: 285).

No fundo, a noção de "tradição" de saberes metalinguísticos encontra na hipótese tecnológica seu fundamento mais firme: gramáticas, dicionários, aparelhos escolares, procedimentos de aprendizagem das línguas e acesso ao universo da escrita... variam no espaço e no tempo, mas constituem um conjunto de saberes e de *savoir-faire* que se abre em uma temporalidade longa e se adapta aos "espaços" naturais, culturais, históricos variados.

O termo "tradição", que tem sem dúvida por origem e domínios de aplicação privilegiados as religiões, mitos, "sociedades orais", cultura no sentido estrito do termo..., deve aqui ser entendido em termos de tradição *técnica*: as descrições das línguas, as teorias gramaticais e linguísticas podem certamente adquirir uma dimensão abstrata e especulativa eminente, elas não deixam de ser as *próteses* da expertise humana que *transformam* esta última *ao me-*

nos enquanto elas a refletem. Em certa medida, a história das ideias linguísticas faz da famosa "função metalinguística" dos linguistas não somente uma propriedade das línguas e dos locutores, mas, sobretudo, uma função "externalizada", uma realidade empírica para a dimensão tanto cognitiva quanto sociocultural e política. Como os objetos técnicos do que se considera a cultura material (o fogo, a roda, as técnicas de navegação, a agricultura, a criação de animais, a indústria...), os produtos da gramatização das línguas (listas, paradigmas, gramáticas, dicionários...) constituem, na ordem das "tecnologias intelectuais" (Goody, 2007), os observatórios das línguas que não somente refletem as regras da comunicação, mas que transformam profundamente e ativamente sua "ecologia". Como "descrever" sem "normalizar"? Como formular as regras explícitas sem *reduzir* (o que não significa somente estandardizar) a diversidade das práticas linguageiras (Berrendonner, 1982; Auroux e Mazière, 2006)?

Na história das ciências da linguagem, é a constituição e a consistência mesmas do conceito de "língua" que são aqui concernidas. Na tradição greco-latina, que é a nossa, fortemente ancorada desde a origem sobre os textos (filologia), vê-se bem, regularmente, ressurgir de maneira recorrente, e no longo termo, as problemáticas nas quais elas desempenham sua própria reflexividade, a representação de seu papel. É o caso, em particular, da antinomia entre o uso e a regra, a unidade e a variação que, da querela dos anomalistas e dos analogistas na Antiguidade às questões da generalidade (gramática "geral", linguística "geral"), passando pela questão da validade de uma descrição sincrônica das línguas, o estatuto dos sociolinguistas, dos pragmáticos interacionistas de hoje... modula, mais ou menos conscientemente, o papel que as teorias gramaticais e linguísticas desempenham. No fim do século XIX, com a querela dos foneticistas, com o nascimento e o desenvolvimento rápido das dialetologias, da geografia linguística, a instância sobre a diversidade dos "falares" irredutíveis à fixidez dos arquivos filológicos, o nascimento de uma semântica lexical sistemática (Michel Bréal, Arsène Darmesteter...), a crise do conceito de língua chegará às famosas e audaciosas proposições saussurianas. As grandes distinções que encontramos no CLG, por mais abstratas que possamos achá-las, concernem simultaneamente – e de um modo eminentemente decepcionante – à definição de um objeto (a noção de língua não é mais evidente), um novo estatuto do sujeito falante (as línguas não constituem um "quarto reinado" da natureza) e uma autorreflexão das ciências da linguagem sobre seu próprio estatuto (elas são voltadas não por acidente mas por necessidade a um *perspectivismo* – "o ponto de vista cria o objeto" – intransponível).

De toda sorte, pode-se considerar que no estado atual dos conhecimentos existiram seis tradições metalinguísticas constituídas (originais, que não são o resultado de "transferências tecnológicas"). Os mais antigos (conhecidos) remontam à passagem do terceiro e do segundo milênio antes de nossa era: sumérios e acádios, egípcios antigos e babilônios. A questão de saber se essas "tradições" têm uma continuidade é debatida (Herrenschmidt, 2007: primeira parte). Ao contrário, as tradições indianas (século VI a.C.), gregas (século IV a.C.) chinesas (século III a.C.) se instalaram no longo prazo de um desenvolvimento e de uma difusão (desigualmente) grande. Quanto à tradição árabe, tardia (século VIII), desenvolvida em contato com o mundo greco-latino, sua estrutura é considerada suficientemente original para valer como "autóctone" (Bohas, Guillaume e Kouloughli, 1990).

Quaisquer que sejam suas diferenças – que podem ser consideráveis no que concerne a seus procedimentos, sua origem, seu destino histórico –, supõe-se que todas essas técnicas de descrição e de análise das línguas tenham aparecido antes dos sistemas de notação da fala "viva". Muitas invenções (escritas logográficas, pictográficas, silábicas, hieroglíficas, fonéticas...) que – note-se no fio do que temos dito sobre a diferença entre epi- e meta- linguístico – não deixaram depois delas nenhum documento, nenhum arquivo sobre as condições de sua descoberta.

11
O limiar da escrita?

A escrita não é a única técnica de *transposição* da fala. Outras são possíveis (e reais): gestos, linguagens assoviadas, linguagens de tambor, diversos códigos de suportes variados (corpos, sons, instrumentos, impulsos elétricos, sinais visuais...).

Todavia, em relação a essas técnicas transpositivas, a especificidade do suporte gráfico reside na:

- *independência* do corpo próprio do enunciador;
- *permanência* do suporte gráfico ("os escritos ficam...").

Essa permanência é um aspecto essencial de sua exterioridade em relação ao enunciador, da ambivalência da qual eles podem ser do mesmo modo, o objeto (cf. Platão, que, no *Fedro*, vê na escrita um discurso "órfão" dramaticamente privado do concurso de seu "pai enunciador"), da possibilidade indefinida de retomadas, comentários, modificações...;

- *bidimensionalidade* do suporte gráfico (possibilidade de quadros, de quadros de dupla entrada, de listas, de colocação na forma paradigmática da informação...).

Essas são as três características (com seus corolários) que autorizam a falar da escrita em termos de "instrumento", de técnica (mesmo se se trata de instrumentação "mental") para além da analogia vaga ou da metáfora. Ao mesmo tempo, elas mostram que toda *transposição da fala* não é uma "escrita" no sentido próprio. A escrita implica, com efeito, a entrada em uma forma de racionalidade (a "razão gráfica" de Jack Goody) que as outras técnicas transpositivas não autorizam sempre, da mesma maneira ou tão facilmente. A "razão gráfica", a "lógica da escrita" colocadas em evidência por Goody nos seus dois livros que portam estas expressões criam um universo específico: o universo da escrita, descrito, por exemplo, por David Olson.

Àquilo de que nos ocupamos, a emergência de uma "objetivação" da língua, a formulação de *regras* e a natureza dessas regras, podemos juntar as três características da transposição gráfica anteriormente mencionada a três propriedades fundamentais, seguintes:

- A descontextualização possível das mensagens às quais o sentido não é mais relacionado ao "aqui e agora de sua enunciação", enunciação "encravada" em uma situação de comunicação determinada, ligada à singularidade respectiva de um emissor e de um receptor e àquela de um lugar e de um momento determinado.
- A deslinearização da mensagem ou da sequência que escapa pela *projeção no espaço* para duas dimensões *externas* (da página, do quadro, da lista...) à simples sequencialidade da fala. O que torna possível uma recontextualização das mensagens em outra ordem, abrindo possibilidades cognitivas novas (pensamos nos paradigmas de conjugação recitados nos primeiros anos da aprendizagem).
- A categorização metalinguística ao menos potencial (reagrupamentos e diferenciações por propriedades marcantes de sequências descontextualizadas e recontextualizadas). Desse ponto de vista, os diferentes testes oferecidos pelos nossos gramáticos modernos (comutação, permutação, supressão...) são, de início, os procedimentos empíricos de observação das unidades linguísticas onipresentes nas tradições gramaticais e totalmente condicionadas pela representação gráfica da fala.

Sobre o primeiro ponto, é suficiente pensar no estatuto semiótico dos *exemplos* em qualquer gramática.

O valor *exemplar* do exemplo resulta antes da *opacificação* do enunciado do qual a referência é "suspensa" ou transferida do "mundo" para a unidade linguística considerada. A emergência de um *valor autonômico* da mensagem resulta do fato de o referente "substancial" ser transferido para suas propriedades "formais". "'Gato' é uma palavra de quatro letras" não diz nada sobre os gatos e enuncia uma propriedade (entre outras: ser precedida de um determinante, admitir tal tipo de feminino ou de plural, poder combinar-se com tal ou qual outro tipo de unidades e não com outras...) de uma unidade linguística que poderia abrir-se a uma categorização diferencial das unidades linguísticas a partir dessa propriedade que a língua permitirá eventualmente nomear. Distinguir *onoma* (nome) e *rhēma* (verbo) como o fez Platão em *O sofista* (questão 15) supõe, por exemplo, um triplo esforço de *descontextualização*, de *categorização diferencial*, de *nomeação*, e abre a via, na tradição gramatical greco-latina, para um inventário das "partes do discurso", via estabilizada aproximadamente no século III d.C., que persiste até hoje. Mesmo se o sentido (o conteúdo) dessa terminologia metalinguística não cessou de variar no tempo, podemos dizer que é mesmo a escrita que abre a possibilidade da acumulação dos saberes por objetivação, fixação, transmissão contínua, reelaboração, acréscimo (repetição aberta para a variação).

A deslinearização do discurso encontra a mais elementar de sua realização na constituição de listas de coisas que iniciam ou terminam sempre aparecendo, na escrita, como listas de unidades linguísticas. Encontram-se as listas dos babilônios, dos egípcios e dos chineses. Essas listas de "coisas" (bovinos, armas, peixes, profissões...) têm, sem dúvida, uma função minemotécnica e um valor "enciclopédico": elas consignam certo "estado do mundo" (reservas de alimentos nos sótãos reais, taxas e impostos, calendário dos "trabalhos e dos dias"...). Mas pode-se, além disso, estabelecer as listas (para aprender de cor) sem o recurso da escrita. O que a escrita acrescenta é a dimensão da "metodologia intelectual": a deslinearização (necessariamente espacial) é em si uma ordenação dos elementos a serem classificados. Desse ponto de vista, tem-se a impressão de que o aparecimento de *paradigmas* (unidades linguísticas, morfemas, fonemas, sílabas...), classificados em função de suas propriedades e das regras de suas ocorrências, segue sempre uma longa prática de listagens (copiadas e recopiadas). Na China, o *Erya yin yi*, de Sun Yan, é um comentário de uma outra obra, a *Erya*, que se apresentava somente sob a forma de uma listagem de caracteres. Pode-se fazer a mesma observação a propósito das tradições babilônicas e egípcias.

Sobre o terceiro ponto, a categorização metalinguística propriamente dita, enfim, um exemplo tirado de Auroux (1994: 50) e emprestado, pelo viés de Antoine Cavigneaux, para a tradição babilônica é particularmente exemplar.

> Para que nasça verdadeiramente um saber linguístico ainda é necessário que a colocação da linguagem em posição de objeto, que é um efeito automático da escrita, se acompanhe, senão sempre de uma discussão que utiliza termos metalinguísticos, ao menos de uma indicação clara que se está em presença de um tratamento metalinguístico. Vê-se muito bem como isso se produz na tradição babilônica considerando o grande silabário e a Ea nas suas versões bilíngues. A apresentação é padronizada, por colunas e por linhas, todas técnicas inacessíveis ao oral [...]. Encontra-se isso passagens como esta:
>
> kur: LAGAB: laggabu; kabru
> gur: LAGAB: lagabbu: KA. KA. SI. GA
>
> O que se interpreta da seguinte maneira:
>
> O signo *lagabbu*, com a leitura sumeriana *kur* quer dizer *kabru* "espesso"; o valor *gur* é um fonograma sem equivalência semântica (Cavigneaux HIL 1, p. 106).
> O termo KA. KA. SI. GA é então um termo técnico metalinguístico (que se pode traduzir por "valor fonético"). Trata-se de um termo evidentemente ligado à presença da escrita. Pode-se encontrar algum termo que não tem essa dependência. A maior parte está na origem dos termos não técnicos (por exemplo, o termo que designa o plural gramatical é originariamente um termo corrente da língua que designa pluralidade), que são ulteriormente especializados.

É claro que essa primeira abordagem da revolução tecnológica introduzida pela escrita permanece elementar. É evidente que esses elementos de resposta à nossa pergunta inicial são insuficientes: as condições de aparição das tradições gramaticais diferentes, relativamente pouco numerosas, mas plurais, exigem, para cada uma delas, ser precisadas no seu lugar de origem própria. O princípio de "transposição da fala viva" pode repousar sobre bases diversas (logografias, glifos, escritas consonânticas, sílaba, abecedário) e distinguir as línguas com propriedades singulares. Além disso, faltam ainda informações específicas que concernem à *language awareness* [consciência linguística] nas culturas sem escrita. Todavia, esses elementos deveriam ser suficientes (com os elementos de bibliografia...) para situar a atividade de descrição/explicação dos fatos linguísticos sobre seu eixo antropológico principal: a instrumentação gráfica das línguas desempenhou o papel de *limite* na gramatização das línguas no mundo. Nenhum documento permite, contudo, supor que essa – ou essas – invenção(ões) tenha(m) implicado um saber propriamente metalinguístico: a escrita fonética precede largamente a invenção da fonologia e sai sem dúvida de uma "bricolagem" de natureza epilinguística da qual um dos *resultados* – não a causa – foi o desenvolvimento de uma tradição metalinguística. O que nos impulsiona ao interesse pelos vestígios da atividade epilinguística dos locutores.

12
Existe uma "linguística popular"?

A expressão "linguística popular" não é imediatamente clara. Nós a utilizamos porque ela é relativamente consagrada nos domínios de estudos diversos que vão da etnografia, do estudo dos folclores, das mitologias, à aquisição da linguagem, à antropologia da linguagem, ou ainda a certas correntes ou épocas da história das ideias linguísticas (inglês: *folk linguistics*, alemão: *Volkslinguistik*). A ideia de "linguística popular" indica à sua maneira – é seu interesse – o campo da atividade epilinguística dos sujeitos falantes que se defrontam com o principal instrumento de comunicação do qual eles dispõem. No sentido mais geral, essa expressão designa as representações "espontâneas", "naturais" que os sujeitos falantes e os grupos elaboram em relação à linguagem, às línguas, aos fenômenos linguísticos, às regras da comunicação.

É claro que essas representações podem ser mais ou menos elaboradas (mitos da origem da linguagem em numerosas culturas, por exemplo, cf. questão 13) e mais ou menos espontâneas, se pensamos

Uma história das ideias linguísticas

no conjunto dos fenômenos linguísticos que, nas diversas línguas, permitem regular as trocas e surgem, portanto, da metacomunicação. A isso devem-se acrescentar, ainda, os enunciados que utilizam as propriedades fonéticas, prosódicas, sintáticas, semânticas das línguas que, por uma parte, regulam o comportamento social do indivíduo ou do grupo, e, por que não, o conjunto dos *formatos* predefinidos nos quais, em uma sociedade, ou em um dado grupo de sociedades, os procedimentos de trocas verbais são predeterminados nos *gêneros* da fala, dos discursos e dos textos para as regras de funcionamento restritivas (a antiga retórica construiu seu império sobre a codificação de tais gêneros), historicamente variáveis, transmissíveis e herdadas.

Evidentemente, esse conjunto de fenômenos variados que todos testemunham ser de um interesse prático mais que teórico para o funcionamento linguístico desenha os limites muito vastos de uma cultura linguística ou linguageira que se confunde com a operacionalização prática das competências epilinguísticas presentes em todas as culturas tanto escritas como orais. Isso reforça a ideia segundo a qual antes, fora ou ao lado da linguística "erudita" dos gramáticos e dos linguistas, a atividade de linguagem é *uma atividade em parte regulada por sua própria representação.*

Há aqui todo um campo, ainda mal explorado (ver, todavia, Brekle, 1989; Niedzielski e Preston, 2003), mas que pode ser concernente:

- ao desenvolvimento metalinguístico para a criança quando da primeira aquisição (Gombert, 1990);
- à dimensão linguageira da história social dos grupos sociais;
- às representações das línguas "outras" nas diferentes culturas;
- aos mitos da origem da linguagem e suas estruturas, senão universais, ao menos gerais (Borst, 1957-1963; Calame-Griaule, 1999);
- à utilização da linguagem "mágica", "ritualizada", no sentido amplo (religioso, místico, mas também social, jurídico...): "prometer", "jurar", "conjurar", "exorcizar", "blasfemar", "maldizer", "predizer", "profetizar"...;
- às diferentes maneiras das quais os "gramáticos-missionários", os exploradores e descobridores aportaram soluções

claras para os problemas de nominação e designação quando eles eram confrontados com os meios naturais e culturais "novos", isto é, com as línguas que não correspondiam aos quadros de descrição das quais eles estavam instrumentalizados, e com as *realia* sem equivalentes conhecidos deles, nem de seu mundo de origem;

- a linguística "fantástica" (Auroux, 1985): "saber" especulativo implantado sobre um imaginário das línguas, das representações da língua originária, as línguas imaginárias da ciência, da literatura (prosódia, métrica, poesia sonora, "letrismos"), da patologia (glossolalias, línguas "ditadas"etc.) ou da ciência ou política-ficção (a novilíngua de G. Orwell);

- o campo (imenso) da *prescrição linguística* e por extensão aquele das *ideologias* linguísticas, campo que usufrui de uma autonomia relativa frente a conhecimentos elaborados quanto às línguas e à descrição dos fatos linguísticos, que comunica estreitamente com as representações sociopolíticas questões linguísticas em um campo que se estende do estabelecimento/fixação de uma língua comum às guerras linguísticas...

Essa lista, que poderíamos ainda facilmente estender, mostra já muitos fatos:

- As tradições gramaticais constituídas e reconhecidas (as tradições metalinguísticas) concernentes às línguas e aos fatos linguísticos são as *representações* que, ao mesmo tempo, *prolongam* e *rompem* com as representações espontâneas, tomadas nas práticas e nos quadros socioculturais estreitamente definidos. Desse ponto de vista, a questão da *prescrição* linguística é particularmente interessante e infinitamente mais complexa do que se diz frequentemente quando se opõe a descrição à prescrição (a "gramática" dita "tradicional" e a "linguística" dita científica): elaborar a descrição de um léxico ou de uma gramática é *fixar* um estado de *língua*, *abstrair* e *reduzir* um conjunto de práticas linguísticas como enraizadas em seu "terreno" de origem (um espaço natural, de finalidades sociais circunstanciadas...). Enfim, desse ponto de vista, podemos pensar que a história das ideias linguísticas encontra de maneira mais e mais fina a história das línguas, e podemos pensar que *L'Histoire de la langue française*, de F. Brunot, já formulava esse objetivo – mesmo que de maneira ainda "intuitiva" – na segunda metade do século xx.

- Em relação aos complexos de representações "espontâneos", as tradições metalinguísticas explícitas "instituídas" diferem, então, antes de tudo, pelo *modo de desenvolvimento* (transmissão/inovação) e de *relação aos dados* (objetivação/abstração/redução da diversidade de usos/manipulações regulamentadas segundo os protocolos de descobertas e de exposição).

- As tradições gramaticais instituídas supõem os modos de transmissão complexos, exotéricos, controlados no longo termo, aberto ao mesmo tempo à acumulatividade relativa e à inovação, à repetição e ao controle racional, à consistência teórica interna e à diversidade empírica das línguas. Ou essa não é dada "em uma vez", mas descoberta muito progressivamente, segundo os ritmos históricos variáveis (com os períodos estáveis e de aceleração notáveis) conferindo à *comparação* sistemática das línguas um papel antropológico e epistemológico maior para as ciências da linguagem. Enfim, a multiplicidade das línguas não se reduz ao fato que existem *muitas* línguas (o *múltiplo* não é o *diverso*) e a construção de tipologia sistemática, da qual os critérios são variáveis no tempo e o espaço e sempre discutidos, colocou em diferentes épocas as bases de um conhecimento *geral* das línguas e da linguagem sempre em debate (naturalidade da faculdade da linguagem, universalidade do pensamento, universalidade das categorias linguísticas sob a diversidade empírica de suas realizações nas línguas "particulares", generalidade de princípios de explicação e de descrição...).

- As representações "espontâneas" resultam de práticas sóciohistóricas que não são, do ponto de vista cognitivo, verdadeiramente especificadas (que não permitem uma prática específica de *conhecimento* das línguas). Argumentar, persuadir, convencer, rezar, exorcizar, contar, dialogar, traduzir... são práticas que acompanham as representações. Elas os comentam, os justificam, dão conta em seus registros de sua eficácia, mas continuam a aderir a seus interesses mais ou menos imediatos.

A constituição de um *corpus* de saberes racionais concernentes à linguagem e às línguas supõe a existência de representações espontâneas e naturais de atividades linguageiras, mas ela a supõe não como as condições transcendentais que a engendrariam "necessariamente", mas mais como as circunstâncias empíricas abertas à contingência da historicidade. Simetricamente, a história das ideias linguísticas não saberia se inscrever nas presas estreitas da alternativa entre ciência e não ciência, em que se tem tido a longo tempo tendência a confiná-la.

De um lado, a noção de "ciência" não é estável no tempo, ela recobre em cada época protótipos, modelos diferentes (matemática, física matematizada, biologia...) que estaríamos errados de projetar sobre o passado das ideias linguísticas, com risco de todos os anacronismos. De outro lado, o conhecimento da linguagem e das línguas não se encontra na mesma relação com o objeto do qual ela trata como as ciências da natureza o faz. Compreender o repouso como um movimento "impedido", desde Galileu, supõe uma ruptura radical com as atitudes naturais ou populares impostas pela percepção imediata. O exercício (adquirido) da faculdade da linguagem através de uma língua "natural", a atitude reflexiva segunda (metalinguística) sobre esse exercício parecem ao contrário se situar em uma continuidade tal que a "consciência linguística do locutor" representa hoje na base do julgamento de gramaticalidade e a alavanca de toda a pedagogia das línguas. Que o comparativismo do século xix tenha podido dar conta do observável com a ajuda de leis de *reconstrução* (questão 42) às quais nenhuma consciência espontânea do locutor pode ter acesso, que a fonologia moderna tenha acrescentado a distância entre o som percebido na sua substância física e a unidade linguística subjacente postulada (o *fonema* tem valor funcional) não põe fundamentalmente em causa a ideia que a linguagem é uma atividade regulamentada

Uma história das ideias linguísticas

por sua própria representação. O estudo das tradições metalinguísticas deve, então, conciliar necessariamente os interesses de conhecimento investidos no estudo da linguagem e das línguas em diferentes épocas: interesses práticos que visam ao domínio de competências específicas (ler, escrever), aquele da enunciação (representar, contar, argumentar), que dá lugar a técnicas específicas (aquelas dos escribas, dos retores), interesse especulativo, enfim, (o valor do saber desenvolvido reside em si mesmo), do qual se vê a emergência e a persistência no longo termo... mesmo se isso está longe de ser dominado em todas as épocas.

13

O que é uma representação mítica da linguagem?

> Parece que uma das interrogações mais constantes que se manifestam nas civilizações humanas concerne precisamente à linguagem. Algumas dentre elas chegaram a elaborar verdadeiras filosofias da fala; dentre aquelas que levaram mais longe essa reflexão, é necessário citar a Índia, mas também (a descoberta sendo mais recente) as civilizações da África negra. [...] De onde vem a fala, qual é sua relação com a pessoa humana, quais são suas funções, qual é a natureza da sua eficácia? (Calame-Griaule, 1991: 9)

As representações mitológicas da linguagem e das línguas ocupam, sem dúvida, um lugar à parte nas representações mais ou menos espontâneas de ordem simbólica. Inicialmente porque os mitos podem figurar ao lado da linguagem em si, no que Cassirer nomeia, nos anos 1920, as "formas simbólicas" (ao lado da ciência). Por atividade simbólica, em geral, entende-se, segundo o autor, todo campo de atividade que torna possível a organização de condutas coletivas e permitem sua antecipação pelo viés de troca sobre os valores, materializados nas formas compartilhadas. Se se adota essa definição do que se pode chamar também a "esfera semiótica", a linguagem e o mito entretêm relações mais estreitas entre si do que eles dois com

A dimensão antropológica dos saberes sobre a língua e a linguagem

a ciência. Nesse nível de generalidade, os mitos concernentes à linguagem e as línguas representam a maneira pela qual os grupos humanos imaginam a especificidade de sua humanidade e "pensam" o claro-obscuro do pensamento mítico, e, autorreflexivamente, seu estatuto "de homens de fala". No plano prático, eles regulamentam assim suas condutas e ritualizam uma parte de sua relação com o mundo, com o outro, e consigo mesmos como membros de um grupo.

Além disso, vê-se (questão 14) que o nascimento da tradição metalinguística greco-latina afirmava precisamente uma de suas singularidades de não ser precedida ou acompanhada de um mito de origem da linguagem representado por uma figura tutelar (a figura de Hermes sendo tardia e reenviando mais à circulação do discurso que à realidade da linguagem em si). Notando-se a afinidade dos conceitos linguageiros e das produções mitológicas em *Linguagem e mito* (1925) (papel da metáfora, animismos das designações, sexualização do universo...), Cassirer desejava justamente insistir sobre o contexto de crise no qual aparecem simultaneamente, na Grécia, filosofia e ciências da natureza: a ruptura com o mito de um lado, e a provocação da crise de relações "originárias" à linguagem de outro lado. Pode-se mesmo dizer que a ação do filósofo em *A filosofia das formas simbólicas* (1985-1988) entendia voltar sobre a divisão primeira da cultura greco-latina na perspectiva de um idealismo crítico, que procurava discernir, atrás da diversidade das fórmulas simbólicas, a unidade, a produtividade de uma "função" simbólica.

Mas, de um ponto de vista mais empírico e de maneira muito esquemática, aqui pode ser interessante chamar a atenção, rapidamente, sobre alguns materiais, que a etnografia da fala recolhe, relativos às representações mitológicas da fala, e isso a fim de tentar discernir melhor a diferença dessa perspectiva com a da emergência de tradições metalinguísticas explícitas.

Como mostra nossa citação inicial, não é pelas temáticas que a abordagem mítica se distingue da abordagem mais racional das tradições metalinguísticas: a origem da linguagem e das línguas (de sua diversidade), as funções e os mecanismos da eficácia da fala, a relação da linguagem com o pensamento e com o mundo... Sobre cada um desses

73

temas presentes nas culturas escritas que têm desenvolvido as representações metalinguísticas, as culturas essencialmente orais ou centradas sobre uma narrativa mítica (escrita ou não) fundadora constroem os elementos de "doutrina", mais ou menos elaborados, mas que se distinguem manifestamente por muitos traços.

Quanto à origem da linguagem, a maior parte dos mitos insiste sobre a necessidade de uma intervenção divina para conferir não somente a vida, mas também a fala ao homem, nos quadros de pensamento que, muitas vezes, assimilam a criação do mundo à realização de um verbo incriado (*in Principio erat Verbum*) e, sobretudo, confundem ao mesmo tempo ordem da realidade e ordem do simbólico. Nesse quadro, associação do dom da fala e da sexualidade, da fala da sexualidade e da técnica (em numerosas regiões, os mitos se reportam a um tempo imemorial "de antes" das grandes divisões), não visa a abstrair uma autonomia de ordem simbólica a partir da realidade experimentada, mas *bem mais a exprimir a natureza totalmente simbólica do real* para dar "de uma vez" o sentido da ordem do mundo e de práticas humanas que convém fixar estritamente.

Isso porque, por exemplo, encontra-se, nas culturas orais como nas nossas, a dupla postulação relativamente à origem das línguas entre uma hipótese monogenética (Bíblia, Índia, China, Europa...) e uma hipótese poligenética (Egito, dogons...) concernente à origem da linguagem. Mas essas narrativas, que podem ser acompanhadas de recomendações práticas que valorizam a aprendizagem das línguas (dogons), ou ao contrário, que contribuem para hierarquizar as populações (a língua figura então como um critério ao lado da raça, da aparência física e da alimentação no Egito antigo), não visam a uma sistematização/formalização do epilinguístico e desenvolvimento de técnicas verbalizadas explícitas de tradução ou de aprendizagem. A multiplicidade/diversidade das línguas permanece "um fato significativo" sobre o qual a narrativa mítica não pode ser tratada tecnicamente e sem verdadeira relação, então, com uma "arte da linguagem" qualquer (é por imersão que se deve adquirir as línguas "outras"). Da mesma maneira, nas culturas em que existem uma poesia e uma literatura oral, existe também a consciência da especificidade dessa ordem particular da fala, mas sem que isso conduza a uma teorização (versificação, regras prosódicas, métricas...) da prática da qual a aprendizagem se faz pela impregnação e imitação.

Quanto às categorizações das "coisas do mundo" induzidas pela linguagem, elas atestam, antes de tudo, que as "falas" são coisas entre as coisas porque, assim também, é um o conjunto do mundo que constitui em si um imenso discurso simbólico:

> Os elementos da criação são carregados pela divindade de uma "mensagem" à intenção do homem. Mas essa mensagem não é diretamente compreensível e deve ser descodificada. Para aquele que sabe interpretar, ela revela, de um lado, o lugar que esses elementos ocupam no conjunto do sistema e, de outro, a maneira pela qual o homem as pode utilizar. É essa descodificação da "fala do mundo" (segundo a expressão dogon) que permite a classificação dos seres e das coisas em categorias religadas entre elas pelas correspondências simbólicas que constroem de fato uma explicação do mundo. (Calame-Griaule, 1991: 27)

Para certos maias do México, as falas são também classificadas em "frescas" (benéficas) ou "quentes" (maléficas). Essas qualificações dependem simultaneamente do estatuto social do emissor, das circunstâncias de enunciação ou do estado de espírito do enunciador... Os dogons da África inscrevem a fala humana em um sistema complexo e preciso de 24 (número sagrado) categorias que incluem tanto os elementos da natureza quanto aqueles da cultura. O número 24 refere, de início, às partes do corpo humano e se estendem também aos números das plantas, àquele dos ritmos musicais, e também àqueles dos tecidos. A classificação das "falas" decorre, então, da dupla origem da linguagem: 24 são atribuídas a Nommo – deus civilizador –, as outras 24 ao Renard – irmão gêmeo rebelde e maléfico do primeiro. Ao primeiro, as falas associadas à socialidade (conversações, saudações, confidências, querelas, discursos amorosos...), ao humor (alegria, tristeza...), ao uso poético, enfim; ao segundo, a adivinhação. A essas 48 gêneros de fala corresponde, para cada um, um evento mítico, uma técnica, um rito, um animal, uma parte do corpo, cada um sendo por si associado a uma representação diretriz. A ideia de "tessitura", por exemplo, governa tanto a fala poética (enigmática), o casamento (representação do "diálogo" homem/mulher), a atividade do tecelão (a mulher faz o fio/o homem tece), a planta (o algodão), a laringe, enfim, onde se "tecem" as falas humanas...

Nenhum aspecto do que falam as descrições gramaticais está verdadeiramente ausente dessas "filosofias da fala", retomando a expressão de Calame-Griaule. Não há, de outro lado, nenhuma razão de considerar que essas narrativas não testemunham um certo tipo de "saber" concernente à língua e às linguagens, mas vê-se, ao mesmo tempo, que a natureza desse saber difere radicalmente das tradições metalinguísticas explícitas sobre três pontos principais (Auroux, 1989: 36):

a. o modo de transmissão dessas doutrinas surge de uma iniciação global que visa a produzir e reproduzir a identidade do grupo, e não de um ensinamento específico que pretende desenvolver as competências metalinguísticas particulares para alguns de seus membros;

b. nessa medida, não há uma verdadeira ligação (outra que analógica ou de similitude) entre esse saber e as artes da linguagem (poética, retórica, lógica, gramática...), ligação que suporia, no mínimo, que se nomeie em uma *metalíngua* especial – ou por uma especialização de certos termos da língua comum – os fatos linguísticos ou discursivos. Essas narrativas míticas emprestadas das culturas as mais diversas podem bem testemunhar muito fortemente uma concepção da performatividade da linguagem, todavia, elas parecem incapazes de engendrar alguma coisa como a categoria de "performatividade" em si. A categorização das "falas" para os dogons, em sua grande sofisticação, não parece em nada com a determinação das "partes do discurso" da tradição greco-romana (cf. questões 17 e 18);

c. enfim, nas tradições metalinguísticas explícitas, qual seja sua diversidade, as normas de adequação aos fatos são continuamente discutidas e os protocolos de argumentação divididos e recolocados em pauta, os exemplos canônicos adotados e transmitidos. O exemplo das gramáticas medievais e o papel que as glosas desempenham nisso mostram que uma transmissão por acréscimo dotada de um forte coeficiente de inércia ligado ao aparelho escolar não impede a mudança, sobre o longo termo.

Os mitos concernentes às linguagens e às línguas emergem de modo evidente de um outro registro diferente daquele que governa as tradições metalinguísticas explícitas. Nós estaríamos bem errados, todavia, em opor frontalmente essas representações míticas (imemoriais) do passado com as representações racionais antigas que teriam nascido de uma única vez: a racionalidade das tradições gramaticais não é um estado, mas, antes, um processo do qual as aparências variaram no tempo e do qual as causas se distribuíram segundo uma lógica que não se liga em nada a um tipo de "revelação" racional (o equivalente laicizado da revelação divina).

É sobre o longo prazo e nas transferências de conhecimento de culturas a culturas, é nos regimes de historicidade variáveis, dos quais nenhuma cronologia pacífica e regular dá conta, que qualquer coisa como um conhecimento da linguagem das línguas aparece progressiva e laboriosamente através de culturas linguageiras diversas e multiformes.

III
NASCIMENTO
DAS PROBLEMÁTICAS

14

Como nasce a reflexão sobre a linguagem na Grécia antiga?

Devem-se sublinhar duas coisas para começar: 1) não há mito antigo de criação ou de doação da linguagem no mundo grego, nem de deus tutelar, análogos aos que são, respectivamente, para o fogo Prometeu e Hefesto; 2) existe um rito familiar que constitui, de qualquer modo, o núcleo antropológico a partir do qual se vão ligar certas problemáticas, e em seguida se edificarem os saberes: a doação de um nome, pelo pai, à criança recém-nascida, de um nome "falante" adaptado à situação atual ou sonhada. O nome (aqui o nome próprio) tem então uma causa. Bem entendido, o esquema causal pode tornar-se um esquema explicativo.

Pode-se começar a pesquisa recolhendo as primeiras formas sob as quais se manifesta um interesse pela língua, a linguagem, suas manifestações sob a forma de discurso. Nota-se, por exemplo, que os julgamentos sobre as qualidades do discurso são abundantes para os poetas do período arcaico. Elas são frequentes para Homero, sob a forma de imagens que qualificam um discurso enquanto ele oculta um poder: aquele de seduzir, convencer, agir sobre o outro, enganar eventualmente. É uma das características de Ulisses: "Mas quando do peito emitia a sua voz poderosa, suas palavras como flocos de neve em dia de inverno, então outro mortal não havia que rivalizasse com Ulisses."* (Ilíada, 3, 213; apud Desbordes, 1989: 154).

Encontram-se também, muitas vezes, passagens que se apresentam como a explicação de um nome, geralmente um nome pró-

---

* Tradução em português de Frederico Lourenço. Homero, *Ilíada*, Penguin Books, 2013, p. 135.

prio, aquele de um deus ou de um herói. A sequência explicativa do nome, prototipicamente "ele teve tal nome porque...", é uma fórmula poética bem atestada.

A pré-história do pensamento linguístico no mundo grego se desenvolve segundo duas linhas de força: 1) o desenvolvimento de ideias sobre os sentidos das palavras a partir de uma reflexão sobre o nome próprio, depois sobre um nome comum e a palavra; 2) a passagem de uma vista global sobre o discurso apreendido nas suas qualidades, para sua *análise*, isto é, a identificação dos elementos que o compõem. Esse desenvolvimento é percorrido por duas questões essenciais: a questão da denominação e a da relação da linguagem com a realidade.

De início, a imposição dos nomes: parte-se da especulação teológica sobre os nomes dos deuses. A ideia aparece de uma "imposição" dos nomes por um ou uns *onomathètes* (literalmente, "colocadores dos nomes") inspirados. Em seguida, passa-se à discussão sobre a conformidade dos nomes ao que eles denominam.

A linguagem é, primeiro, percebida como uma nomenclatura, com uma função semântica de referência, e o léxico é concebido como um conjunto de *onomata*: nomes etiquetas que se aplicam a "coisas" de toda natureza.

De saída, então, todo nome vem de um batismo, e a questão essencial é a explicação dos nomes (Gambarara, 1989: 81): encontram-se traços disso em Homero (século IX a.C.), Hesíodo (século VII a.C.), que aparecem "como conhecedores e quase como autores dos nomes divinos" (ibid.: 82). Depois aparece a ideia de que talvez o deus existiu antes de seu nome, porque ele é imortal, e que são os nomes, e não os deuses, que nascem; também assim compreende-se que muitos nomes podem ser aplicados a um mesmo deus. Supõe-se, então, que os seres intermediários entre os deuses e os homens "(im) puseram" (em grego, o verbo *tithēmi*, "eu ponho") os nomes dos deuses. Nesse quadro, Orfeu, deus da música, ou o filósofo Pitágoras, aparecem como os grandes batizadores (ibid.: 84).

Desenvolve-se muito cedo uma reflexão, em numerosas escolas filosóficas, sobre uma questão que se formula nesse momento, como aquela da origem dos nomes (encontram-se traços disso nos poemas órficos, segundo os pitagóricos...).

Duas teses principais se opõem, encarnadas por Pitágoras e Demócrito, e que podemos reconstituir a partir do comentário de Proclus sobre o *Crátilo* de Platão (capítulo 16) (Baratin e Petrilli, 2006).

Pitágoras propõe uma teoria aritmética da voz pensada por ela mesma, sem função simbólica; trata-se somente de encontrar sua estrutura. A criação dos nomes vem em segundo lugar depois o número na ordem da sabedoria: "Como se perguntava a Pitágoras: 'qual é o mais sábio dos seres'", ele respondia: "o número". "Quem é o segundo na ordem da sabedoria?" – "Aquele que aplicou os nomes às coisas." A criação dos nomes não pertence ao primeiro que veio, mas àquele que pode perceber o intelecto e a natureza dos seres. Os nomes são então "postos" (cf. *thesis*) sobre as coisas, mas eles têm um caráter natural, porque essa imposição é conforme a sua natureza (cf. *phusis*) (Gambarara, 1996: 764). A partir disso, os pitagóricos desenvolvem um naturalismo descritivista, tentando "mensurar" a linguagem (por exemplo, a distância entre as vogais), segundo uma concepção puramente numérica.

Para Demócrito, ao contrário, a voz (*phonē*) não é interessante por seu conteúdo, mas por sua função simbólica: ela permite uma comunicação entre os homens, e Demócrito é o primeiro a utilizar o termo de *sumbolon*, que designava em grego um signo de reconhecimento (originariamente, um objeto cortado em dois no qual dois hóspedes conservavam uma metade e cuja reaproximação servia para fazer-se reconhecerem os portadores). Desse fato, os nomes têm um caráter convencional e Demócrito utiliza quatro argumentos para demonstrar isso: 1) aquele da homonímia (*polusēmon*): as coisas diferentes podem ter o mesmo nome, então os nomes não têm um caráter natural; 2) aquele da equivalência (*isorropon*): os nomes diferentes podem corresponder a uma só e mesma coisa e então serem equivalentes entre si, o que seria impossível se eles fossem naturais; 3) aquele da mudança (*metathesis*) dos nomes: como se pode mudar o nome de *Aristóteles* naquele de *Platão* e o nome de *Tyrtamos* naquele de *Teofrasto*, se os nomes têm um caráter natural? 4) aquele da lacuna na analogia (*nōnumon*): se se pode derivar *phronein* (pensar) de *phronesis* (pensamento), mas nenhum termo de *dikaiosunē* (justiça), é porque os nomes são devidos ao acaso (*tukhē*), e não à natureza.

Nascimento das problemáticas

15

O que nos ensinam os textos de Platão sobre as concepções da linguagem na Grécia clássica?

Dois diálogos de Platão, o *Crátilo* e *O sofista*, nos ensinam muitas coisas sobre a concepção da linguagem na Grécia clássica. E, de início, ensinam-nos que muitas pessoas se interessavam pela linguagem: "Quem se vangloria de explicar as palavras no século v a.C., em Atenas? Todo mundo, ou quase: sofistas, exegetas religiosos, *physiologoi*, intérpretes de Homero, especialistas de música e de gramática" (Platão, 1998: 26). O texto mesmo de *O sofista* (253a) atesta que há, já, especialistas de gramática: para estudar a linguagem, é necessária uma "técnica" (*tekhnē*), dito de outro modo um "conhecimento especial", a *grammatikē*.

A questão essencial parece dupla: a relação da linguagem com a realidade e a questão da denominação. Como nós dissemos (questão 14), a linguagem é de início o nome e sua criação para a denominação. E falar é, antes de tudo, "pôr" (*tithenai*, que será traduzido em latim por (im)*ponere*) os nomes nas coisas. O diálogo opõe a Sócrates dois personagens que têm uma posição radicalmente diferente sobre esse ato fundador: Hermógenes, partidário de um convencionalismo extremo e também "selvagem", e Crátilo, defensor de uma tese naturalista, ela também extremista na medida em que, segundo essa tese, a linguagem pode dizer somente a verdade (384d, 1998: 68). O que estas duas palavras escondem: convencionalismo (fundado sobre *thesei*, "por convenção") e naturalismo (fundado sobre *phusei*, "por natureza")? O primeiro, que remete ao termo *thesis*, "(im)posição", da mesma raiz que o verbo *tithenai* antes evocado, supõe que se colou arbitrariamente um nome a uma coisa. O segundo, que remete ao termo *phusis*, "natureza", que o objeto designado pelo nome comporta por si mesmo o fundamento *natural* de sua denominação.

Hermógenes vai muito longe desde o início, dizendo que cada um é livre para dar um nome a uma coisa segundo a sua vontade e para mudar essa denominação quando quiser: "Qualquer que seja o nome que nós colocamos em uma coisa, é este um nome correto. E muda-se de nome colocando-se fim à primeira denominação, para mim o segundo nome não é menos correto que o primeiro" (*Crátilo*: 384d).

Sócrates mostra o absurdo de uma tal tese que, levada ao extremo, interdita toda comunicação, porque cada um é livre para nomear a seu gosto, sem levar em conta os outros, e para mudar a denominação. É melhor admitir, segundo Sócrates, que "estabelecer um nome não é obra de qualquer um, mas, de certo modo, de um fabricante de nomes", um "legislador – de fato a espécie de artesão mais rara do mundo" (389a).

A tarefa desse legislador, da qual Sócrates sublinha a raridade, é de saber "traduzir em sons e em sílabas" o nome adaptado a cada coisa, e essa operação pode ter muitas formas, o que se comprova em diferentes denominações segundo as línguas, mas o resultado restará sempre correto. Ao mesmo tempo, é difícil saber em que ela consiste exatamente; Sócrates propõe a hipótese da imitação: "o nome é, segundo toda a verossimilhança, o produto de uma imitação vocal do objeto que imitamos, e nomear é imitar a voz a cada vez que nós a imitamos" (423b). No entanto, essa hipótese não se confirma, porque imitar não é nomear: "Nós seríamos forçados a reconhecer que aqueles que imitam as cabras, os galos e outros animais nomeiam o que eles imitam" (423c).

"Porque, de fato, é com as sílabas e as letras que se faz a imitação da realidade" (424b), e não se pode fazer economia de uma análise de elementos do enunciado. Sócrates propõe, então, o esquema (424c-425b) seguinte que reproduz uma série de combinações sucessivas: elementos (isto é, representação dos sons, sobre o detalhe ver questão 23) – sílaba – *onomata et rhēmata* – enunciado (*logos*).

O diálogo recomeça, dessa vez entre Sócrates e Crátilo. Esse último não é mais razoável que Hermógenes: ele admite como nomes somente os nomes corretamente estabelecidos. Assim, Hermógenes não se chama verdadeiramente "Hermógenes", porque não é "descendente de Hermes" (Hermógenes é conhecido em Atenas por suas dificuldades financeiras, enquanto Hermes é o deus dos comerciantes e dos ladrões), e é um outro que leva esse nome. E se, no estrangeiro, um homem se dirige a Crátilo dizendo a ele "Salve, Hermógenes, filho de Smikrion", Crátilo não considera que ele diz falsidade, mas que, simplesmente, a comunicação não ocorre: "Na minha opinião, Sócrates, este homem proferiria somente sons vãos de voz [...]. Eu diria que ele faz apenas ruído, como acontece com um objeto de metal, quando nele tocamos" (430a).

Quanto à posição de Sócrates, ela volta a desqualificar as duas teses uma pela outra para mostrar que nenhuma é satisfatória e essa posição pode ser resumida em dois pontos: 1) as palavras não são informativas do real, o conhecimento das palavras não permite aceder-se ao conhecimento das coisas; quaisquer que sejam as hipóteses sobre a origem da linguagem, não se acede ao conhecimento da realidade; 2) se, para Crátilo, um enunciado diz falsidade ele não existe, para Sócrates pode-se falar falsidade, porque, assim como se pode formar mal as palavras, pode-se construir enunciados que comportam elementos falsos, sem que isso invalide a natureza dos enunciados:

> [...] admite que o nome [...] é tanto bem quanto mal estabelecido; não o force a ter todas suas letras para ser perfeitamente semelhante àquilo do que ele é o nome. Admite mesmo que se lhe pode juntar uma letra que não lhe é apropriada. E se você o admite por um nome, admite também que um enunciado pode se juntar ao discurso, sem ser apropriado às coisas, e que a coisa não é por isso menos nomeada e dita [...] (432d-e).

Como o *logos* que contém um elemento não apropriado não deixa de ser um *logos*, é necessário admitir essa consequência, impensável para Crátilo, e cruel para o filósofo, que o enunciado pode ser falso e dizer falsidade.

Outro diálogo importante de Platão, já que esclarece, ainda mais que o *Crátilo*, a questão da constituição do enunciado, é *O sofista*. O Estrangeiro, que desempenha o papel de Sócrates, mas sem tomar seu lugar, ensina a Theeteto que, entre as letras, há algumas que se harmonizam entre si, e outras que não. A ideia importante é aquela de ajustamento, de harmonia ((*sum*)*armottein* "estar em acordo" *vs anarmostein* "estar em desacordo"). Sobre o plano fônico, são as vogais que "à diferença de outras, deslocam-se, como um elo (*desmos*), através de todas e, consequentemente, sem uma delas é impossível que outras se harmonizem umas com outras" (*O sofista*: 253a). E a gramática é precisamente a "técnica" que não somente analisa, mas também permite essa combinatória.

Passando ao nível superior, aquele dos *onomata* (que se pode traduzir aqui por "palavras"), o Estrangeiro coloca a questão de saber "se todos concordam entre si, ou se eles não o fazem, ou se alguns o fazem, e outros não" (261d).

Se Theeteto admite que alguns concordam e outros não, o Estrangeiro lhe ensina que nós dispomos de um "gênero duplo" (*ditton genos*) "para exprimir a realidade que existe por intermédio da voz", e esse gênero duplo é, de um lado, o verbo (*rhēma*), que é a manifestação (*dēlōma*) das ações (*praxeis*), e, de outro lado, o nome (é sempre o termo *onoma* que é utilizado, mas que designa somente uma variedade de *onomata*, aqueles que nós chamamos precisamente "nomes"), que é "o signo vocal que é aplicado àqueles que fazem (*prattontes*) essas ações" (261e-262a).

Além disso, uma acumulação de verbos que designam as ações, por exemplo, *badizei trekhei katheudei* ("anda corre dorme"), pronunciados sem interrupção, não constrói um enunciado, nem uma acumulação de nomes que denominam os agentes das ações, por exemplo, *leōn elaphos hippos* ("leão cervo cavalo"). É preciso de fato a união de um nome e de um verbo para fazer um enunciado, como *anthropos mantanei* ("o homem aprende") ou ainda *Theaitētos kathetai* ("Theeteto está sentado"). A questão que vem em seguida é a de saber se o enunciado é verdadeiro: o último citado o é, mas o seguinte não o é: *Theaitētos, hōi num egō dialegomai, petetai* ("Teeteto, com quem, presentemente, eu falo, voa (como um pássaro))" (262b-263a).

Afirmação importante e inovadora (porque Teeteto exclama: *Taut'ouk ematon*, "Isso, eu não sabia!"), porque, de um lado – a coisa foi muitas vezes observada –, ela fixa por toda a tradição ocidental a oposição entre nome e verbo (mesmo se nós lhe redefinirmos os dois constituintes), de outro lado – e a coisa foi menos frequentemente observada –, ela estabelece como enunciado de base um enunciado com sujeito animado e um verbo ativo, o que não será sem consequência para a continuidade dessa investigação (cf. questão 24).

Nascimento das problemáticas

16

Como a gramática se separa das disciplinas conexas (retórica e dialética) e em que ela se liga à filologia?

Os antigos admitiram de início que a linguagem podia ser objeto não de uma única ciência, mas de muitas:

> A antiguidade clássica teve um interesse constante e profundo pela linguagem. Os antigos tiveram "ideias" sobre a linguagem, mas, sobretudo, fizeram dela um objeto de ciência, ou antes de ciências, porque (é um ponto importante) eles admitiram que esse fenômeno podia ser vislumbrado de muitos pontos de vista, criando disciplinas diferentes (Desbordes, 1989: 149).

De saída, não há reflexão sobre a língua em si. Assim, para os gregos, a linguagem é analisada segundo dois eixos: 1) em sua relação com as coisas das quais ela fala: "interrogação sobre a possibilidade, por um enunciado, de exprimir ou de transmitir a realidade" (Desbordes, 1995: 126); 2) em sua relação com os ouvintes aos quais ela se remete: agir sobre o ouvinte, técnica da fala persuasiva (a retórica).

Os textos que nos falam da linguagem são muitos e são objeto de numerosos estudos filológicos. Nós descobriremos, talvez, alguns outros (por exemplo, papiro), mas sem dúvidas, não muitos. Temos o essencial. Nesse longo lapso de tempo, há lacunas: assim, no período que vai da morte de Aristóteles (em 322 a.C.) ao autor anônimo da *Retórica a Herennius* (80 d.C.), existem praticamente apenas fragmentos, embora esse seja um período capital para a história das ideias da linguagem (elaboração da lógica estoica, da gramática alexandrina). A produção é essencialmente dada pelas escolas filosóficas "com uma tendência acentuada no correr do tempo, para a repetição, a unificação e a simplificação" (Desbordes, 1989: 150). O resultado é a desaparição das obras que não são adaptadas ao contexto escolar (por exemplo, Varrão para os romanos, ver questão 20). Outra característica desses textos: eles apresentam uma forte unidade entre grego e latim, pelo fato de ter havido "uma helenização rápida, maciça e largamente valorizada" (ibid.) em Roma. Um problema posto por esses textos é que há a tendência a abordá-los por meio de nossas próprias divisões científicas, ao passo que sua organização interna é outra.

Quais são as disciplinas que tratam da linguagem e são reconhecidas pelos antigos? Existem três: 1) a *dialética*, que trata dos enunciados na sua relação com os objetos que supostamente representam e pretendem permitir distinguir o verdadeiro e o falso; 2) a *retórica*, que estuda os meios de persuasão pela fala e vislumbra nos enunciados os efeitos que eles são suscetíveis de produzir sobre os ouvintes; 3) a *gramática*, que é a ciência dos enunciados em si mesmos, tanto conhecimento dos conteúdos quanto análise dos conhecimentos de expressão (ibid.).

Mas antes disso, encontramos reflexões metalinguísticas (que fala pela linguagem da linguagem) em inúmeros textos diversos:

1. que tem dois objetos: a fala (discurso), como o que diz efetivamente uma pessoa dada e o nome concebido antes como nome próprio do indivíduo;
2. que tem duas formas: os julgamentos e comentários sobre o discurso do outro; a explicação dos nomes (etimologia).

A questão histórica que nos propomos abordar agora é aquela da autonomização da gramática como disciplina. Os textos que enfocamos como sendo a origem da tradição gramatical ocidental (questão 15) não são gramáticas. A questão pode, então, ser formulada assim: quando aparecem os primeiros textos que podem ser considerados como gramáticas? Como a disciplina "gramática" se separou das disciplinas conexas que se interessam pelo discurso ou pela linguagem? Não há nada de necessário no processo de autonomização da gramática como disciplina. Isso é o produto de uma história que se pode visualizar sob dois ângulos: 1) aquele da história dos saberes, o núcleo do conhecimento, os conceitos que se edificam a partir do esquema embrionário do qual nós acabamos de observar a constituição; 2) aquele das condições sócio-históricas que determinam de modo externo esses processos. Nos dois casos, nós nos limitaremos a dar algumas indicações que poderão ser aprofundadas pelas leituras complementares dadas na bibliografia.

Nascimento das problemáticas

O processo de autonomização da gramática é evidentemente ligado àquele da autonomização das disciplinas vizinhas. Consideremos rapidamente um exemplo, a retórica (poder-se-ia considerar também a dialética), antes de ver como a filologia favoreceu a eclosão e a difusão dos estudos gramaticais.

A retórica é, sem dúvida, uma das disciplinas da linguagem das mais antigas. Sua aparição é, como sabemos, ligada à existência do regime democrático que surgiu nas cidades gregas a partir do século VI a.C. O modelo de organização política é, com efeito, caracterizado nas cidades gregas pelo direito igual para todos à fala pública. Mas uma constatação impôs-se muito rapidamente: todos os discursos não são equivalentes; certos discursos são mais eficazes que outros, e captam a adesão mais seguramente, seduzem mais. Isso não está necessariamente ligado à sua relação com a realidade e ao verdadeiro (isso explica a questão da qual falamos antes). É necessário não esquecer, sobre esse ponto de vista, que não há verdade revelada no mundo grego. A verdade não depende da autoridade de um texto, ainda menos de sua leitura autorizada por uma igreja; ela não depende também daquele que enuncia, mas somente da conformidade do discurso com o real.

Teve-se rapidamente a ideia de que era possível observar os meios pelos quais se realizam os discursos mais convincentes e os mais sedutores. Os primeiros *tekhnai* ("tratados") são somente tipos de inventários racionalizados de meios, de provas, de recursos de sedução do discurso. A disciplina que se constitui assim, a partir de uma *prática*, tem seus especialistas, que a ensinam passando de cidade em cidade, esforçando-se para ensinar a arte de falar sobre qualquer tema a quem pudesse pagar. Essa redução da arte de falar a uma simples técnica, independentemente da consideração do conteúdo, não é estranha à má reputação que ficou relacionada com esses experts da arte de convencer, os sofistas.

O tempo da teorização vem um pouco mais tarde com Aristóteles (*Retórica*), que propõe ultrapassar o estado da simples descrição de mecanismos eficazes e chegar ao exame dos princípios de sua eficácia. O resultado, como sabemos, é a descoberta que todos os argumentos se deixam organizar de uma mesma forma: o silogismo, que formaliza as condições da dedução válida de uma proposição a partir de duas proposições admitidas.

O nascimento de um ensino específico da gramática é ligado à aprendizagem da leitura. O gramático ensina a reconhecer os caracteres (*gramata*) e a juntá-los em unidades maiores (sílabas, palavras, mais enunciado completo), no contexto específico da *scriptio continua*; o texto escrito na Antiguidade grega se apresenta sob a forma de uma série de letras sem sinal pontuação nem espaço para separar as palavras. A disciplina vai se encontrar modificada em relação ao seu conteúdo e a seus objetos sob a influência do que se relaciona ao texto do qual ela não é, de início, senão o momento preparatório.

A criação da grande biblioteca de Alexandria, no século III a.C., sob o impulso inicial de Ptolomeu I, termina por fazer convergir para esse novo centro de cultura e de atividade intelectual não somente um exemplário de todas as obras dignas de interesses produzidas em todas as línguas, mas uma população numerosa de sábios e de filósofos. A massa considerável de documentos que se encontram progressivamente colecionados engendra toda uma série de atividades ligadas à sua conservação: classificação, tradução, monografia sobre as obras ou os autores etc. Além disso, a leitura mobiliza uma expertise que pode ir além do conhecimento elementar dos caracteres: o conhecimento das palavras antigas, de todas as formas resultantes do uso, de empregos particulares (dialetais ou arcaísmos), o que desembocou na elaboração de documentos em que se reúnem essas informações (sob a forma de monografias, de listas etc.) e que constituem verdadeiros instrumentos próprios para tornar possível, ou mais fácil, a leitura. Essa é uma ideia muito importante. O fato de reunir e conservar uma grande massa de textos, necessariamente composta em tempos e lugares diferentes, implica, para que seja mantida a possibilidade de lê-los, o desenvolvimento de uma *filologia*, a disciplina que tem por objeto o conhecimento das suas particularidades gráficas e linguísticas. Isso produziu, por seu turno, instrumentos técnicos dos quais o leitor pode se equipar (Baratin, 1989b: 201-2).

A elaboração das primeiras gramáticas tem origem nesse período. A gramática é, com efeito, um desses instrumentos técnicos. A

Nascimento das problemáticas

disciplina forma-se a partir do século III a.C., no quadro de sucintos manuais que reuniam, de forma sintética, conhecimentos linguísticos mais ou menos elementares. A obra mais importante e mais célebre desse tipo é a *Tekhnē*, de Dionísio, o Trácio (fim do século II a.C.), na qual se lê, no primeiro capítulo, esta definição de gramática: "a gramática é o conhecimento empírico do que dizem correntemente os poetas e os prosadores" (1998: 41). É preciso insistir sobre essa expressão "conhecimento empírico" (*empeiria*). As *tekhnai* não são, de fato, obras teóricas, mas manuais que seguem uma finalidade prática: instrumentar o leitor, possibilitar que ele leia textos dos "poetas e dos prosadores".

Todavia, a elaboração dessas obras pode ser vista como resultado de um momento de conversão decisivo, ou pelo qual se passou de uma concepção da gramática como simples conhecimento em matéria de texto, para uma concepção da gramática como ciência da linguagem. Passa-se, então, do registro da diversidade dos usos observados pelos filólogos para um projeto de porte bem diferente: formular os conhecimentos gerais, as regras sob as quais se pôde organizar a diversidade dos usos e dos empregos.

17

Por que nome e verbo em primeiro lugar?
Como se constitui o enunciado?

Vimos na questão 15 que, no *Crátilo*, onomata e *rhēmata* eram centrais na análise do enunciado, entre as sílabas, de um lado, e o *logos*, de outro. Esse par merece uma atenção particular: traduzem-se ordinariamente por "nomes" e "verbos", mas, na passagem concernente (*Crátilo*, 425a) pode-se traduzir também, como o fez Dalimier (Platão, 1998: 156), *rhēmata* por "locuções predicativas". O termo designa, para Platão, mais do que uma parte do discurso particular, a fórmula predicativa que se pode reduzir apenas ao verbo. Mas geralmente, desde antes de Platão, *rhēma* designa um fragmento extraído de um *logos*.

> Um *rhēma* é uma "coisa dita" um "dito", o termo que comporta uma ideia de brevidade relativa que o torna apto a designar, por exemplo, os provérbios ou máximas. Disso, passou-se à ideia de brevidade própria ao que é uma parte de uma unidade maior: a característica comum dos *rhēmata*, heterogêneos sob o ponto de vista das classificações modernas (palavras, expressões, locuções...) é então simplesmente o fato de pertencer a um *logos*. Os *rhēmata* são os ancestrais "das partes do discurso", das palavras como as podemos definir no interior de um enunciado completo. (Desbordes, 1989: 159)

Mas um elemento reconhecido como *rhēma* pode ao mesmo tempo ser analisado como *onoma*, com a condição de que, uma vez extraído do *logos*, ele possa se sustentar sozinho formando sentido. Porque o *onoma* existe já como elemento de uma nomenclatura, o léxico, sendo visto como um "conjunto de *onomata*, nomes etiquetas, que se aplicam às 'coisas' de toda natureza do tipo que tudo o que nós, de nossa parte, chamamos palavras (compreendidos os verbos, por exemplo) é, nesse contexto, um nome" (ibid.: 153).

Nós o compreenderemos: para um estado antigo, *onoma* e *rhēma* não constituem um par homogêneo e complementar: são somente os instrumentos de duas análises diferentes, uma situada no quadro de uma nomenclatura, outra naquele do enunciado. O que explica que o termo *rhēma* possa ser aplicado a outra coisa diferente de um "verbo", que um verbo inserido em uma nomenclatura pode ser considerado um *onoma*, que *onoma* pode ser traduzido tanto por "palavras" e por "nome" (questão 15), ou ainda que um adjetivo possa ser classificado entre os *rhēmata* (Lallot, 1992).

Não deixa de ser verdade que as definições ficam mais claras para Platão: no *Crátilo* (388b-c), o *onoma* é definido como *didaskalikon organon kai diakriticon tēs ousias* ("um instrumento que serve a instruir e que dá um acesso de qualidade à realidade") e Sócrates a esclarece por meio de uma comparação: "assim como a lançadeira o faz com o tecido".

Quando eles são opostos um ao outro, *rhēma* e *onoma* são – nós o vimos em *O sofista* (questão 15) – os elementos que manifestam respectivamente as ações e os agentes dessas ações.

Desde então, as definições desse par não cessam de se modificar e de se precisar. No capítulo xx da *Poética* (57a), Aristóteles não

Nascimento das problemáticas

retém o critério de *O sofista*: expressão das ações e daqueles que fazem suas ações. Ele propõe um critério fundado sobre o tempo: "O nome é uma voz composta de significante, que não indica o tempo, da qual nenhuma parte é por si mesma significante." [...] "O verbo é uma voz composta significante, que indica o tempo, da qual nenhuma parte é por ela mesma significante, como para os nomes." Para esse último, encontra-se outro critério, a função predicativa, no *Peri hermeneias* (16a): "O verbo indica sempre alguma coisa afirmada de qualquer outra coisa [...]. Ele é sempre o signo do que se diz de outra coisa, saber de coisas que pertencem a um sujeito ou contidas em um sujeito" (Aristóteles, 2004: 92-3).

Essa definição do verbo remete a um par que é preciso evocar, porque ele vai desempenhar um papel extremamente importante, se não na gramática antiga, ao menos na lógica: o par *hupokeimenon* ("sujeito")/ *kategorēma* ("predicado"; "variante": *kategoroumenon*, "predicado"). O segundo desses termos, que significa "o que é dito a propósito de", é para aproximar as célebres *categorias* de Aristóteles, porque não se deve esquecer que "o vocabulário da predicação e das categorias depende em grego da mesma raiz" (Aristóteles, 2002: 145). O primeiro significa literalmente "o que é colocado na base". Os modernos tenderam a interpretar os dois termos como aqueles que designam os dois membros de uma proposição, em uma ótica propriamente linguística, mas essa análise trai, ao menos em parte, o pensamento de Aristóteles: *hupokeimenon* designa, antes de tudo, uma realidade subjacente, uma "subsistência" um "substrato" (ibid.: 299-303), à qual se aplica uma qualidade que pertence, ela também, ao mundo extralinguístico. Desse esquecimento, ou dessa má compreensão dos textos originais, resultaram os mal-entendidos e as contradições nos textos linguísticos dos dois últimos séculos (Seuren, 1999).

Em todo caso, o que ficou estabelecido na tradição gramatical não é o par sujeito/predicado, mas a oposição verbo-nominal. Para os estoicos (Diógenes Laércio, 7, 58; Baratin, 1991: 197), ela toma uma forma tripartida: nome comum ("elemento do enunciado que significa uma característica comum a muitos seres", por exemplo, *homem*, *cavalo*), nome próprio ("elemento do enunciado que significa uma característica própria", por exemplo, *Diógenes*, *Sócrates*), verbo ("elemento do enunciado do qual o significado constitui um predicado independentemente de toda combinação" ou "elemento do enunciado, desprovido de caso, do qual o significado constitui uma combinação em que um ser ao menos se encontra concernido", por exemplo, *graphō* "eu escrevo", *legō* "eu leio") (trad. Baratin e Desbordes, 1981: 122).

Mas é a oposição, binária, entre nome e verbo que se impôs depois. Propomos algumas definições tomadas na continuação da tradição para mostrar a manutenção ou a inflexão das problemáticas.

Para Dionísio, o Trácio (século I a.C.), fundador da gramática escolar grega, "o nome é uma parte da frase com caso (*ptōtikon*) que designa um corpo ou uma ação (*sōma ē pragma*) [...] que se emprega com (valor) comum ou particular (*koinōs te kai idiōs*) [...]." Para Donato (século IV d.C.), o mais eminente representante da gramática escolar latina, "o nome é uma parte da frase com caso (*cum casu*) que designa um corpo ou uma coisa (*corpus aut rem*) [...] de modo particular ou comum (*proprie communiterue*) [...]." Ficamos impactados pela proximidade das duas definições das quais a segunda é, de fato, uma transcrição da primeira. Observaremos, no entanto, que o par de Dionísio "corpo ou ação" torna-se "corpo ou coisa" para Donato, o que é muito representativo das modificações da doutrina e que suscitará muitos comentários na Idade Média (Grondeux, 2003).

Para outro representante da tradição latina, Prisciano (século VI d.C.), encontra-se uma dupla definição muito diferente: "o próprio do nome é designar a substância e a qualidade"/"o nome é uma parte da frase que assinala a cada um dos corpos ou das coisas tomadas por objeto uma qualidade própria ou comum."

A primeira dessas definições que serve ao nome (significando substância e qualidade) e ao pronome (que significa apenas substância) vai modificar consideravelmente a descrição, levando, na Idade Média, à criação, no interior da classe nominal, de um par substantivo/adjetivo do qual as duas entidade vão se definir em termos de (de)nominação *versus* qualificação ou de substância e de acidente (Rosier-Catachi, 1992). Tomemos as definições dadas no século XVII para duas obras devidas aos monges de Port-Royal: 1) segundo a *Nouvelle méthode latine* (1653):

1. "O Nome é uma palavra que serve para nomear ou para qualificar alguma coisa. Assim, há dois tipos de nome: o Substantivo e o Adjetivo. O Substantivo é aquele que significa a coisa e subsiste a ele mesmo na oração [...]. O Adjetivo é aquele que significa de que modo é a coisa, isso porque ele supõe sempre um substantivo ao qual ele se reporta;

2. segundo a *Grammaire générale et raisonnée* (Arnauld e Lancelot, 1676: 31), os nomes são "as palavras que significam os objetos do pensamento" e, entre esses, "aqueles que significam as substâncias foram chamados *nomes substantivos*, e aqueles que significam os acidentes, marcando o sujeito ao qual seus acidentes convêm, *nomes adjetivos*."

A etapa ulterior será a divisão da categoria nominal em duas partes do discurso completamente independentes: assim, em uma obra que se torna o arquétipo da gramática escolar, aquela de Lhomond: "O *Nome* é uma palavra que serve para nomear uma pessoa ou uma coisa, como *Pedro, Paulo, Livro, Chapéu*" (1781: 1) [...]"O Adjetivo é uma palavra que juntamos ao nome para marcar a qualidade de uma pessoa ou de uma coisa, como *bom* pai, *boa* mãe, livro *bonito, bela* imagem" (ibid.: 11).

Que pretende mostrar essa muito breve e muito sumária história da categoria do nome? Simplesmente que a evolução pode-se fazer em termos de modificação (*sōma ē pragma/corpus aut rem*) ou de ruptura mais nítida, quando passamos da simples designação à designação de substância e qualidade, mas que é preciso muito tempo para introduzir uma mudança profunda nas classes de palavra: na tradição francesa, o adjetivo só se torna uma classe separada na gramática de Girard (1747), isto é, 12 séculos depois da introdução por Prisciano de substância e qualidade e 5 séculos depois da formalização medieval do par substantivo e adjetivo.

E o *logos*? O termo (similar ao verbo *legein*, "juntar, colher, dizer") conheceu a seguinte evolução semântica (Desbordes, 1989: 158-159): inicialmente, ele designa a fala concreta como um objeto ao mesmo tempo uno e composto; no fim do século VI a.C., ele designa o "discurso" em prosa (notadamente o discurso escrito); no século V a.C., ele se aplica a uma unidade de fala indeterminada, percebida como um

Uma história das ideias linguísticas

todo, sem limite superior (sem diferença entre frase e conjunto de frases). Somente para os gramáticos ele vai se opor a *lexis* (palavra) e "designa[r] a frase como conjunto de palavras semanticamente completo" (Dionísio, o Trácio, 1998: 120). O termo que corresponde ao latim *oratio* não vai conhecer a mesma polissemia, porque ele é fixado na expressão *pars orationis* para o que Prisciano dá uma definição que será constantemente retomada depois: "combinação de palavras coerentes que exprimem um sentido completo", *ordinatio dictionum congrua, sententiam perfectam demonstrans* (*Grammatici Latini* [doravante GL], 2: 53; Baratin, 1989a: 377).

E a *palavra*? Nós vimos que no início "palavra" e "nome" são confundidos no *onoma*. Depois da especialização desse último termo para designar o nome, o que ele é?

Os estoicos não utilizam a noção de palavra (Baratin, 1991: 203). Os gramáticos gregos utilizam *lexis*, que Dionísio definiu como "a menor parte da frase construída" (Dionísio, o Trácio, 1998: 50-1). Os gramáticos latinos traduzem o termo por *dictio*, explicado por Carísio (século IV) como "uma expressão (*locutio*) definida, formada a partir de sílabas, com uma significação determinada" (ed. Barwick: 14), por Diomedes (século IV d.C.) como "uma via articulada com uma significação qualquer a partir da qual se constrói o enunciado e na qual ele se identifica" (GL 1: 436), para Prisciano (século VI) como "a menor parte da frase construída, isto é, da frase disposta segundo uma ordem" (GL 2: 53). A partir do momento em que as palavras serão categorizadas em "partes do discurso", a noção de "palavra" perderá sua importância (cf. questão 18).

18

Como se desenvolveu o esquema das (outras) partes do discurso?

Segundo os textos de Platão (questão 15), *onomata* e *rhēmata* parecem suficientes para compor um enunciado. Conforme o *Crátilo*, entre a sílaba e o enunciado há os nomes e os verbos: *onomata* e *rhēmata*, que formam um *logos*. De acordo com *O sofista*,

96

Nascimento das problemáticas

é uma mistura de nomes e de verbos que criam o *logos*. Mas nada é dito sobre outras palavras.

Aristóteles vai mais longe em uma passagem da *Poética*, obra consagrada essencialmente ao estudo da expressão literária, mas que comporta também um curto capítulo (o capítulo xx) centrado sobre a análise dos constituintes do enunciado e de suas características morfossintáticas. Esse capítulo de duas páginas, sozinho, constitui um minitratado "completo" de gramática, sem dúvida o primeiro na tradição ocidental.

Muito técnico, esse capítulo xx (Aristóteles, 1980: 102-5) é consagrado ao recorte da *lexis*, quer dizer, a língua visualizada sob seu aspecto material (o que não é ainda o sentido especializado do qual nós falamos na questão 17), o que se pode denominar de significante. As unidades, as "partes" (*"merē"*) que compõem essa *lexis* são oito: elemento, sílaba, conjunção, articulação, nome, verbo, caso, enunciado. Elas são apresentadas de modo hierarquizado: Aristóteles parte dos elementos não significantes (*a-sēma*), os quatro primeiros, e acrescenta aos três elementos significantes, nomes, verbos e enunciados, o "caso", categoria à parte, que se insere entre verbos e enunciados.

Aristóteles começa pelo elemento (*stoikheion*), "voz indivisível, não importa qual, mas própria por natureza para formar uma voz inteligível". Ela compreende a vogal, a semivogal e a muda. Depois vem a sílaba, combinação de sons não significante (sobre essa parte, ver questão 23).

Em seguida vêm as categorias que apresentam algum problema: *sundesmos*, literalmente *"ligação"*, e *arthron*, "articulação". Esses termos serão traduzidos mais tarde por "conjunção" e "artigo". Mas isso é um pouco mais complicado no texto de Aristóteles, de um lado porque o texto é alterado e dificilmente interpretado pelos exegetas, de outro lado porque as unidades descritas não correspondem exatamente às unidades que reconhecemos hoje. Se Aristóteles dá como exemplos de "ligações" as partículas do tipo *"men... de"*, "de um lado... de outro lado", que podem corresponder às conjunções, para as articulações, ele propõe *amphi* e *peri*, que nós analisamos como preposições: os *arthra* seriam então as articulações de

97

segunda ordem, em relação às primeiras, que agiriam não no nível do enunciado, como as primeiras, mas no nível inferior, aquele do sintagma (ibid.: 327). Observa-se também que *arthron* é um termo da anatomia, mas "de qualquer modo que seja compreendida a metáfora, podemos pensar que *arthron*, para Aristóteles, recobre globalmente o que nós chamaríamos determinantes do nome, demonstrativos e artigo definido em particular, que 'articulam' o nome e o 'embreante' sobre o enunciado" (Lallot, 2003: 10, nota 1).

Retenhamos, sobretudo – esta é uma lição válida para todos os textos linguísticos antigos –, que é vão fazer uma análise moderna sobre um texto antigo que não se presta ainda ao que aparecerá em seguida como a norma a mais ordinária... e que é sempre difícil imaginar o que pôde ser pensado fora do quadro restritivo de esquemas que se tornaram tão habituais que nos parecem como naturais.

Nessa representação hierárquica, encontramos nomes e verbos dos quais nós já falamos (questão 17), a *ptōsis* (caso ou flexão) da qual falaremos (questão 19), e enfim o *logos*, o enunciado "portador de um significado único que resulta da combinação de muitos elementos que são em si portadores de um significado". O *logos* se complexifica: enunciado, mas enunciado que pode ser incompleto, o que chamaríamos um sintagma, como "a definição de homem", ou, ao contrário, mais longo, como uma obra inteira: por exemplo, a *Ilíada* é um único *logos*.

Essa apresentação analítica sob a forma de {termo + definição + exemplo} é importante para a instalação da tradição gramatical, pois ela realiza uma estrutura que será extremamente estável na sequência depois. Certamente, esse não é ainda o esquema das partes do discurso, no sentido de "classes de palavras", porque somente quatro (conjunção, articulação, nome, verbo) na lista estabelecida por Aristóteles podem pretender esse título. Mas as definições operam um conjunto de noções das quais algumas funcionam como os critérios que permitem delimitar as categorias. Assim, uma unidade pode: 1) ser provida ou não de sentido; 2) ser definida por seu lugar na cadeia (começo, meio ou fim); 3) ser composta ou não; 4) marcar ou não o tempo. "Nós temos aqui o dispositivo de base, em que forma, sentido, e posição constituem as três dimensões classificatórias, o que será explorado pelos filósofos e pelos gramáticos ulteriores como quadro explicativo do modelo de partes do discurso." (Swiggers, 1997: 24).

O esquema legado por Aristóteles é ampliado e completado pelos estoicos. Nenhum tratado foi conservado e sua "gramática" é conhecida por testemunhos indiretos (Diógenes Laércio, 5, 58). Mas o sistema das "partes do discurso" (no sentido restrito e então "moderno" do sintagma) está estabelecido com cinco elementos: além do *nome comum*, do *nome próprio* e do *verbo* já evocados (questão 17), há a *conjunção* que é "o elemento do enunciado, desprovido de caso, que junta os outros elementos entre eles", e o *artigo* que é "o elemento do enunciado que comporta os casos, que define o gênero e o número dos nomes (por exemplo, *o, a, os, as*)" (trad. Baratin e Desbordes, 1981: 122).

Na gramática escolar, o número das partes do discurso passa a ser oito, e esse número tende a adquirir um valor intangível: os latinos o mantiveram também, e os autores das primeiras gramáticas do francês tiveram alguma dificuldade para modificá-lo. Damos os termos gregos, latinos e franceses tais como os encontramos, por exemplo, para Dionísio, o Trácio (que traz o nome comum ["*prosēgoria*"], e também o nome próprio, no bojo do nome: "ele se classifica sob o nome, como uma de suas espécies", Dionísio, o Trácio, 1998: 51), Donato e Meigret (1550).

> *Onoma, rhēma, metokhē, arthron, autōnumia, prothesis, epirrhēma, sundesmos*
>
> *Nomen, pronomen, uerbum, aduerbium, participium, coniunctio, praepositio, interiectio*
>
> *Nom, Pronom, Vẹrbe, Partiçipe, Prepoziçíon, Auẹrbe, Cõjoncçíon, Interjecçíon*

O paralelismo é surpreendente, os latinos tinham substituído o artigo grego por uma "interjeição" que eles separaram do advérbio. Por outro lado, a ordem de exposição varia, e essa é uma questão que é debatida pelos gramáticos latinos (Holtz, 1981: 64-68) e que o será ainda por um Júlio-César Escalígero, em 1540. Quanto aos franceses, que têm necessidade do artigo, eles tiveram a escolha de "esquecê-lo" (Sylvius, 1531), de sacrificar em seu proveito a interjeição, quando quiseram manter o número "mágico" de oito partes do discurso, como o faz Pillot (1561), de resignar-se a passar a nove (Palsgrave, 1530; Estienne, 1557), ou tratar o artigo fora da numeração, como o faz Meigret: "Més aurant qe de vuyder rien dẹ' [= traiter des] huyt parties, nou' depęcherons lẹs articles" (Mas tendo de tratar das oito partes do discurso, nós dispensaremos os artigos) (1550:19r).

Certamente, alguns gramáticos tentaram renovar o modelo: Ramus (1560) tenta impor uma divisão das "palavras" (em latim *voces*), porque ele não quer ouvir falar de *partes orationis*, duas vezes duas: palavras de número se subdividem em nomes e verbos, palavras sem número se subdividem em advérbio (do qual a preposição é uma subparte) e conjunção. Sanctius (1587) julga preferível reter três partes do discurso essenciais, nomes, verbos e partículas, como na tradição árabe (ver Guillaume, 1988), mas no fim das contas exclui explicitamente somente os pronomes e interjeições. Todavia, o modelo restará muito forte para resistir longo tempo a essas proposições e sobretudo para impedir a emergência de novas categorias: uma vez estabilizada a divisão dos nomes em substantivos e adjetivos, a segunda etapa era de dar sua autonomia ao adjetivo: no entanto, o fenômeno se produz na França somente em meados do século XVIII (questão 17), o adjetivo ficando longo tempo também na classe nominal em inglês, enquanto sua invariabilidade em gênero o afastava ainda mais do nome:

> [...] parecia que a intuição primeira de fazer dele uma classe é de Wallis (1653), que ela seja desenvolvida de início nos sistemas universais (Lewis, 1670) e vernaculares (Lane, 1695-1700), antes de conseguir aparecer na gramática latina, no início (Johson, 1706 e Clarke, 1733) e, depois, somente nas obras gramaticais tradicionais do inglês (Priestley, 1761, e sobretudo Lowth, 1762 e Ash, 1763) (Monique Verrac, comunicação pessoal; ver também Michael, 1970: 220).

Em todo caso, o fato mais importante é que as palavras foram categorizadas muito cedo, e que é diretamente sobre essas palavras categorizadas (*merē tou logou, partes orationis, parties d'oraison, parties du discours*) que se constituiu a gramática. Isso terá consequências importantes, tanto sobre o plano da morfologia – temos tendência

Nascimento das problemáticas

a tratar das categorias (questão 19) no interior de cada parte do discurso – quanto sob o da sintaxe – trataremos da combinatória diretamente sobre as palavras categorizadas (cf. questão 24).

19
Como as categorias linguísticas foram criadas, desenvolvidas e nomeadas?

P ara designar uma categoria linguística, além das partes do discurso na tradição ocidental, o primeiro termo utilizado foi o de *ptōsis*, aparecido pela primeira vez com Aristóteles. Presente no *Peri hermeneias* e no capítulo xx da *Poética*, ele qualifica as modificações do nome e do verbo. Assim, o tempo gramatical no verbo (*Peri hermeneias*), as relações do gênero "pertencente a" ou "destinado a" (reconhecemos aqui as relações casuais), o número (*homens/ homem*), ou a modalidade, como a interrogação ("ele andou?") ou a injunção ("ande!"), por oposição à asserção ("ele anda") na *Poética*.

É a partir dos estoicos que os *ptōseis* serão reduzidos aos casos nominais. Mas, para eles,

> [...] o *ptōsis* parece exceder o simples sentido gramatical [...]. O *ptōsis* é a maneira pela qual *o* ou *os* corpos, dos quais a representação apresenta uma maneira de ser determinada, figuram no enunciado, não de uma maneira diretamente originada na percepção, mas de uma maneira indireta, pela mediação do conceito que permite nomeá-lo/los sob a forma de um apelativo (conceito genérico, *homem*, *cavalo*) ou de um nome (conceito singular, *Sócrates*). Os casos representam, então, as maneiras pelas quais o conceito do corpo "cai" no enunciado (Lallot, artigo inédito *"ptōsis"*, *Dictionnaire de la terminologie linguistique*).

O termo *ptōsis* significa "queda" e os comentadores propuseram relacionar a origem do conceito de caso, suas divisões em caso reto e oblíquo, com um jogo, cujas peças podem cair seja sobre uma face estável e ali se manter – o caso dito "reto" –, seja sobre três faces instáveis – os casos ditos "oblíquos".

O termo será traduzido em latim para *casus*, que tem exatamente o mesmo sentido de "queda" (*cadere*, "cair"), que também se especializará no sentido de caso nominal, mas que tem ainda para Varrão (*De Lingua Latina* [doravante ll], 9, 103) um emprego mais amplo: a primeira pessoa do singular do indicativo presente ativo é o *rectus casus* do verbo.

Paralelamente à especialização dos termos *ptōsis* e *casus*, apareceu uma noção essencial para subsumir tudo o que "acontece" às partes do discurso. O grego dispõe de dois termos, ou melhor, duas vezes dois termos para designar essa noção: *sumbainei, sumbebēkos* e *parepetai, parepomenon*.

Sumbainei, sumbebēkos (literalmente "ele(s) caminha(m) junto(s)" [verbo na terceira pessoa do indicativo presente], "o que caminha junto" [particípio perfeito]) são os termos utilizados por Aristóteles em contexto lógico e metafísico para indicar o que é acidental, a saber, o que se pode verificar (e nesse caso isso se torna uma propriedade, e também uma característica necessária), ou não. Os estoicos retomaram essas palavras, dando-lhes um valor técnico na terminologia gramatical (especialização do valor aristotélico). Para os gramáticos alexandrinos (Dionísio, o Trácio e Apolônio Díscolo), ao contrário, vemos aparecer *parepetai parepomenon* (com um sentido quase idêntico), que os escólios consideram sinônimo de *sumbebēkos*, mesmo se essa palavra não tem plano de fundo filosófico. Para a mesma noção, os latinos utilizam o verbo correspondente *accidere*, "ocorrer", na terceira pessoa do indicativo presente *accidere/accidunt*, "ele ocorre/ eles ocorrem", assim como seu particípio *accidens*, "o que ocorre"), aparecido em uma época tardia (Boécio, Prisciano, Marciano Capela). O fato que *accidens* traduza *sumbebēkos* é confirmado, por exemplo, pela gramática bilíngue de Dositeu (século iv), mas a situação desse último termo, em contexto retórico, já para Quintiliano (ca. 95 d.C), leva a pensar que essa equivalência tinha já sido estabelecida antes (Alessandro Garcea, comunicação pessoal).

Essa noção de acidente constitui um aporte decisivo, porque as categorias que ela abriga (o nome, o gênero, o caso, a diátese, o tempo) permitem descrever a variação morfológica das palavras e certos aspectos de seu comportamento sintático. A emergência dessas categorias é qualquer coisa de importante no processo de autonomização da gramática. Os fatos que elas permitem tratar dependem, com efeito, das manifestações da linguagem em sua materialidade. O comportamento da categoria do número tem, por exemplo, sem dúvida, uma relação com a pluralidade ou com a unicidade dos referentes, todavia ele é regido por regras. A mesma coisa para o gênero, que recobre apenas parcialmente a distinção dos sexos. Em outras palavras, esses fatos delimitam um território, um campo de fenômenos que dependem propriamente da língua, e contribuem para aí mesmo constituí-la em objeto possível de uma disciplina.

O "acidente" toma um lugar muito preciso no dispositivo das gramáticas da tradição gramatical greco-latina: para cada parte do discurso, dá-se sistematicamente sua definição, depois a lista dos acidentes que a afetam. Assim, para Dionísio, o Trácio: para o nome, *parepetai de tōi onomati pente: genē, eidē, skhēmata, arithmoi, ptōseis*, "há cinco acidentes do nome [literalmente, cinco "coisas" que acompanham o nome]: a espécie, a figura, o número, o caso"; para o verbo, *parepetai de tōi rhēmati oktō: egkliseis, diatheseis, yeidē, skhēmata, arithmoi, prosōpa, khronoi, suzugiai*, "há oito acidentes do verbo: o modo, a diátese, a espécie, a figura, o número, a pessoa, o tempo, a conjugação". O que se tornará respectivamente para Donato, com ligeiras variações: *Nomini accidunt sex* [literalmente, no nome recaem seis "coisas"], *qualitas, comparatio, genus, numerus, figura, casus*, e: *Verbo accidunt septem*: *qualitas, coniugatio, genus, numerus, figura, tempus, persona*.

Os "acidentes" são, em seguida, tratados uns depois dos outros, a construção piramidal (questão 21) que permite entrar mais ou menos em detalhe. A enumeração dos acidentes pode permitir apenas identificar as classes de palavras e lhe dar definição: Varrão (LL 6 *et passim*) apresenta já as categorias de palavras em termos do que a linguística de hoje chamaria de "traços": palavras com tempos e sem casos (nossos verbos); palavras com casos, mas sem tempos (nossos nomes); palavras com casos e tempos (nossos particípios); palavras sem casos nem tempos (nossos advérbios). Um procedimento retomado por Ramus tanto em sua gramática latina (1560) quanto em sua gramática francesa (1562), em uma sucessão de classificações binárias: palavras com número/sem número; palavras com número e gênero (o nome em francês) ou palavras com número, caso e gênero (o nome em latim); palavras com número, pessoa e tempo (o verbo) etc.

Pode-se concluir que a gramática faz preceder o estudo das classes de palavras por uma caracterização segundo seus acidentes: como Linacre (1527: 1r), ou mesmo por um estudo exaustivo desses acidentes: como no *Donat françois*, sem dúvida a primeira gramática francesa (1409), na qual são estudados sucessivamente a espécie, a figura, o nome, a pessoa, hoje gênero dos nomes, a qualidade, os casos, os graus de comparação, os *meufs* (modos) do verbo, os tempos, os gêneros dos verbos (o que corresponde um pouco à nossa voz verbal), antes mesmo do exame do nome, do pronome e do verbo.

Destacam-se alguns traços característicos desses acidentes (Colombat, 1999a/b: 1) a indeterminação inicial dos termos que designam as categorias: gênero (*genos/genus*), espécie (*eidos/species*), figura (*skhēmata/figura*), modo (*egklisis/modus*); 2) a polissemia sempre possível desses termos: se a *espécie* designar os fenômenos de derivação e a *figura* aqueles de composição, isso não impede essas palavras de manter seu sentido não especializado (diversas espécies de nome), ou de ganhar outro sentido especializado (poderemos falar da "figura" das letras, isto é, de sua representação gráfica); 3) os efeitos de paralelismo: como há cinco gêneros nominais (*masculinum, femininum, neutrum, epicoenon, commune*), procura-se encontrar cinco gêneros no verbo (*actiuum, neutrum, depoens, commune*).

Entre esses "acidentes", alguns são particularmente importantes. Assim, a *personne*, porque foi necessário tempo para passar da noção de pessoa que participa da situação de comunicação àquela de pessoa gramatical; pergunta-se, por exemplo, se a pessoa podia ser um acidente não somente do verbo ou do pronome, mas também do nome, o que sustenta Escalígero (1540). E uma análise sintática (a transitividade) repousa completamente sobre essa noção de pessoa, porque, ao menos nos seus começos, fez a pessoa desempenhar um papel nos enunciados (questão 25).

Ou ainda a diátese grega, conceito difícil que indica no início a "disposição" da alma e do corpo de uma pessoa envolvida em um enunciado. O termo *diathesis* foi em seguida transferido para o verbo para se tornar dele uma propriedade, a saber, "a capacidade que o verbo tem de refletir por sua morfologia, ativa ou passiva, a 'disposição' do actante sujeito", antes de "tender a designar, de maneira mais vaga, a ideia verbal em si" (Apolônio Díscolo, 1997, vol. 2: 62: nota 252). Ele foi traduzido em latim por *genus* ou *significatio verborum*, "gênero" ou "significação dos verbos", i.e., dos termos de conteúdo semântico ainda mais vago, antes de tornar-se um malabarismo sobre o qual nós voltaremos (cf. questão 28), a "voz verbal" em francês.

20

Como começa a gramática em Roma?

U ma anedota – como gostam os latinos – para começar (Suetônio, *De Rhetoribus 1*; Aulo Gélio, 15, 11; apud Desbordes, 1990: 35): data-se, tradicionalmente, a introdução da gramática em Roma a partir de uma viagem longa que para lá fez o sábio grego Crates de Malos. Vindo de Pérgamo em missão pelo Senado, em 159 a.C., ele quebrou sua perna em um esgoto e passou o tempo de sua convalescência fazendo conferências, que interessavam aos romanos, sobre a gramática.

A gramática em Roma é uma importação grega. O latim pôde ser descrito de maneira sistemática com ajuda das categorias feitas para o grego. Esse trabalho foi talvez empreendido pelos gregos, e aqueles que o prosseguiram eram frequentemente de origem grega. De fato, podemos falar da "internacional dos técnicos" (Paul Veyne, 1979, apud Desbordes, 1995: 125): "essa técnica gramatical 'funcionava' para o latim e os latinos a retomaram por sua conta" (Desbordes, ibid.).

Desde suas origens, o latim tem um vocabulário metalinguístico para falar das palavras, parafraseá-las (exemplo dos verbos que significam "dizer", "falar", dos substantivos que designam a fala ou as palavras), mas não há um estudo sistemático da língua.

Uma história das ideias linguísticas

De fato, há uma profunda inutilidade da ciência linguística: por que elaborar laboriosamente as regras que o espírito utiliza espontaneamente de maneira quase perfeita desde a idade de 3 ou 4 anos (cf. questão 9)? Além disso, os latinos são conscientes da deficiência dessas regras, e Quintiliano dizia: *"Aliud esse Grammatice, aliud Latine loqui"*, "Uma coisa é falar (o) gramático, uma outra é falar (o) latim" (1, 6, 27), o que quer dizer que, por excelente gramático que se possa ser, não se chega a reconstituir uma prática da língua sem conhecê-la por dentro. O que vem a confirmar a hipótese da subdeterminação gramatical (Auroux, 1994): as regras da gramática, por mais sofisticadas que sejam, não chegarão nunca a dar conta totalmente do funcionamento de uma língua.

Em verdade, o interesse da língua em si decorreu do confronto de dois objetos linguísticos. Funaioli colecionou, em 1907, em uma obra intitulada *Grammaticae Romanae Fragmenta*, tudo o que nos primeiros textos latinos concernia de perto ou de longe a uma atitude metalinguística. Que encontramos ali? Um interesse pelas "palavras" difíceis, para os especialistas (poetas, analistas, juristas, antiquários); a tradução de uma palavra de uma língua para outra; as equivalências, sob a forma de tradução em uma língua mais corrente; a técnica da diferenciação: distinção de sinônimos (não confundir *amor* e *cupido*, *properare* e *festinare*); as etimologias (assim, segundo o poeta Naevius citado por Varrão, "o termo *Aventim* [*Auentinus*, uma das sete colinas de Roma] vem de *aues*, 'pássaro', porque os pássaros se rendiam à colina desde o Tibre"). Mas é preciso notar o aspecto ocasional, passo a passo, dessas reflexões, suscitadas na ocasião de uma argumentação histórica ou jurídica, mas que não tem nada de sistemático.

Um conceito essencial é aquele de *utraque lingua*, "uma e outra língua". No fim do século II a.C., os romanos adotam a *grammatikē* grega, o que corresponde a uma naturalização da *grammatica* e do *grammaticus*. A gramática se insere, então, no contexto do ensino da leitura e da escrita já existente. Antes de tudo, trata-se de uma ciência de textos: como estabelecê-los e interpretá-los.

O *grammaticus* é um professor subalterno ligado a uma grande família ou a uma escola, escravo ou liberto, muitas vezes de origem estrangeira, e de língua grega, por isso o caráter, desde o início, bilíngue da gramática. Antes dele, um *litterator* ou *grammatistes* (literalmente "aquele que ensina as letras"), muito mal pago, ensinou a *literattura* (a grafia), as sílabas, a leitura e a escrita (caligrafia), o cálculo para as crianças de 7 a 11 anos em uma pérgula (*pergula*), muitas vezes sob os pórticos do fórum: um simples tecido (*uelum*) isola a escola da rua, as crianças sentam-se sobre bancos sem recosto e escrevem sobre seus joelhos; o mestre senta-se em uma cadeira (*cathedra*), elevada sobre um estrado. O *grammaticus* recolhe alunos de 12 a 16 anos e lhes ensina os grandes autores: Virgílio antes de tudo (Ennius para a época republicana), mas também Terêncio, Salústio (um historiador), Cícero (um orador). A gramática se divide em *methodice* (explicação da boa língua) e *historice* (explicação dos poetas clássicos): fazem-se exercícios de declinação (com o adjetivo demonstrativo *hic, haec, hoc*, promovidos à classe dos artigos) e da conjugação; estudam-se os idiotismos, as construções; listam-se os repertórios de erros (*uitia*) e de figuras (*schemata* ou *figurae*).

Sobretudo, estudam-se os autores segundo uma progressão muito fixa: 1) como em grego, leitura expressiva de um texto que foi corrigido (*emmendatio*, porque as cópias são de qualidade medíocre, muitas vezes erradas), no qual as palavras foram separadas e que recebeu uma pontuação (*distinctio*), com os signos especiais para marcar as palavras ligadas ou separadas, o acento, a quantidade, as pausas (*adnotatio*); 2) *praelectio*, leitura explicada (literalmente "leitura prévia"): primeiro, o mestre lê o texto, explicando-o, depois, é a vez do aluno; 3) em seguida, o texto é aprendido de cor e recitado; 4) explicação, *enarratio*, sob duas formas: comentário da forma (*uerborum interpretatio*), comentário sobre o conteúdo (*historiarum cognitio* [conhecimento de tudo o que conta o texto estudado]); 5) *explanatio*: explicar o ritmo do verso, as palavras raras ou difíceis (*glossemata*), os torneios poéticos com detalhes, o que nos parece fastidioso: as *Partitiones duodecim versuum Aeneidos principalium* de Prisciano (GL 3: 459-515) comportam 56 páginas de explicações para os 12 versos iniciais de cada canto da *Eneida*! (Marrou, 1981: 61, 64, 76, 81-3; Desbordes, 1990: 39). Esse método de explicação se manterá durante séculos: até o século XVII, nos colégios jesuítas da Europa, o *praelectio* permanece o exercício de referência.

Uma história das ideias linguísticas

Isso não impede o interesse teórico pelos textos: constantemente voltados para a comparação com grego, utilizando os mesmos instrumentos de análise, os gramáticos latinos procuram estudar as características da linguagem *em geral* pelo exemplo do latim, "em que se pode dizer que se os gramáticos gregos 'faziam' grego, os gramáticos latinos 'fazem' linguística" (Desbordes, 2000: 469).

Um magnífico exemplo de estudo teórico do latim é fornecido pelo trabalho de Varrão no seu *De Lingua Latina*. A obra, elaborada em 45 a.C., comportava 25 livros dos quais restam apenas 6 (v-x).

> Varrão se propôs a analisar a produção do sentido em latim. A etimologia permite colocar um enraizamento da língua no real e restitui a relação vertical das palavras com as coisas. A multiplicação das formas (*declinatio*, transformação) autorizada pela analogia permite dar conta da complexidade e variabilidade dos fenômenos naturais. O modo pelo qual se encadeiam as palavras (relação horizontal) restitui as relações entre as coisas (Desbordes, 1998: 35).

O empreendimento de Varrão (*LL* 7, 110 e 8, 1) é então triplo: 1) é necessário examinar "como as palavras foram atribuídas às coisas"; 2) "como essas palavras flexionam segundo os 'casos'" (um termo mais amplo que sua acepção corrente, ver questão 19); 3) "como eles são associados".

Disso resulta um tratamento em três partes: 1) a *impositio* (livros i a vii), que pode ser estudada pela etimologia (restam-nos os livros v a vii); 2) a *declinatio* (livros viii a xiii?), que concerne à analogia e reduz a variedade das formas a um número restrito de modelos regulares (restam-nos os livros viii a x); 3) a *coniunctio* (livros xiv a xxv), que consiste na ligação das palavras, parte da qual não se sabe nada, mas que corresponde, sem dúvida, ao que nós tratamos por sintaxe.

O *De Lingua Latina* ocupa um lugar à parte na produção gramatical: primeiro, porque Varrão não segue o procedimento pedagógico herdado dos gregos, que consiste em elaborar sua exposição com base nas partes do discurso; depois, porque a terminologia com a qual ele opera lhe é própria, ao mesmo tempo vaga, flutuante e perifrástica, em uma época em que (não nos esqueçamos) o vocabulário

108

especializado não existe ainda e em que Cícero tenta dar ao latim uma terminologia filosófica; enfim, porque a obra, sem dúvida por causa de sua originalidade, não deixava claro a que poderia servir *no quadro escolar*, não foi conservada em sua integralidade.

O que retemos é, sobretudo, "uma concepção germinatória do léxico" (Baratin e Desbordes, 1981: 41) na qual *derivatio* é sem dúvida mais importante que a *impositio*, porque é segundo a primeira que é preciso procurar a regularidade, a analogia, notadamente sob a forma da relação proporcional que faz comparar os termos por par:

> Comparar *amabam* (eu amava) e *legebam* (eu lia) não leva a nada, porque poderíamos colocar sob o mesmo plano *rosam* (a rosa, acusativo singular). Ao contrário, a relação proporcional *amabam - amabat* (eu amava - ele amava): *legebam - legebat* (eu lia - ele lia) permite determinar a identidade de um tipo de transformação (Baratin e Desbordes, 1981: 46, apoiando-se em Varrão LL 10, 37-8).

A *derivatio* é em si dupla, subdividindo-se em *d. uoluntaria* (morfologia derivacional) e em *d. naturalis* (morfologia flexional), as palavras em si podem ser fecundas (*lego → legi*, *legam* etc.) ou estéreis (*et* [e], *iam* [já], *vix* [apenas], *cras* [amanhã] etc.).

A importância de Varrão é inegável: ele começa um importante processo de "latinização" da gramática, descobre as declinações e as conjugações do latim (Taylor, 2000: 459) e seus sucessores lhe homenagearam muitas vezes, se não no sentido exato do termo (porque grande parte da obra é perdida), ao menos ao espírito do *De Lingua Latina*.

21

Sob que formas se apresentam as gramáticas mais antigas da tradição ocidental?

Quando examinamos textos que abarcam um longo período, podemos constatar que a tradição gramatical ocidental se construiu em torno de alguns textos fundamentais, e podemos até afirmar que há mais ou menos quatro textos fundamentais, que, como tantos "pilares", constituíram uma base sólida para tudo o que veio depois. Trata-se da *Tekhnē*, de Dionísio, o Trácio, do tratado sobre a sintaxe de Apolônio Díscolo, da *Ars Grammatica*, de Donato, e das *Institutiones Grammaticae*, de Prisciano.

Vale a pena descrevê-los um pouco e isolar o que é importante em cada um deles. A *Tekhnē*, de Dionísio, o Trácio, é uma obra bem pequena da qual a autenticidade, o conteúdo e a data de composição foram contestadas. Um colóquio em Cambridge, em 1993, foi consagrado à questão, para aprofundar o debate, mas não para resolvê-lo (Law e Sluiter, 1995: 11). E por uma razão evidente, já que o filólogo deve permanecer modesto: "o texto da *Tekhnē* com o qual trabalhamos hoje não era aquele (ou melhor: um daqueles) que utilizaram os gramáticos na Antiguidade", e mais geralmente "não há 'cópias' absolutas de textos gramaticais na Antiguidade: em todos encontramos mudanças, acréscimos ou supressões" (Swiggers, 1997: 58). É preciso, então, nos resignarmos à ideia de que não teremos *jamais* um texto "definitivo", e que o texto do qual nós dispomos é, ao menos em parte, uma reconstrução, cujo essencial pode ser datado do século I a. C. Essa obra não é uma arte de ler (nada nos é dito sobre o modo de pronunciar as letras), nem é um manual para aprender o grego: ela é muito breve para dar conta da morfologia rica do grego antigo e, aos olhos de um moderno, falta-lhe uma sintaxe. Então qual é a sua importância? O fato de fornecer uma nomenclatura técnica que dá todos os elementos necessários para analisar um texto literário. "O objetivo visado pelo tecnógrafo é [...] colocar à disposição de leitores que sabem o grego o léxico técnico indispensável para descrever gramaticalmente as palavras de um texto" (Dionísio, o Trácio, 1998: 18). Essa nomenclatura vai conhecer um enorme sucesso, porque será retomada e generalizada por todas as gramáticas ocidentais. Composta de 20 capítulos, dos quais alguns desconcertam o leitor moderno (como a definição da rapsódia: "parte de um poema que comporta um certo assunto"), a *Tekhnē* contém uma parte fonética ("o elemento", quer dizer a letra, a sílaba e suas variedades) e um tratamento da palavra (*lexis*) e as oito partes do discurso (ver a lista na questão 18), com, sucessivamente, uma definição, os "acidentes" (questão 19) e alguns exemplos. Essa obra muito curta que vai não somente fornecer matéria para comentário, durante oito a dez séculos, aos gramáticos gregos em si – os quais chamamos de *escólios*, muitas vezes anônimos e difíceis de datar –, mas também, e sobretudo, impor o quadro no qual a quase totalidade das gramáticas ocidentais vai ser redigida.

A segunda obra, a *Sintaxe*, de Apolônio Díscolo (começo do século II d.C), do qual essa não é a única produção: resta-nos também dele um tratado sobre o pronome (*Peri antōnumias*), um outro sobre os advérbios (*Peri epirhēmatōn*) e o último sobre as conjunções (*Peri sudesmōn*). Mas a *Sintaxe* é, sem dúvida, a mais importante, porque é, na tradição ocidental, o *primeiro* tratado sintático. Composto de quatro livros (1: generalidades introdutórias; construção do artigo; 2: construção dos pronomes; 3: teoria do solecismo; construção do verbo; 4: construção das preposições), trata-se propriamente de um tratado de "linguística" no sentido moderno, porque o autor vislumbra os fenômenos linguísticos no seu conjunto, e os analisa como um linguista de hoje pelo exame dos fatos, argumentação e exemplificação (Lallot, 2007). Nós nos perguntamos se se trata de uma "verdadeira" sintaxe, no sentido moderno do termo, na medida em que a frase não é examinada em seu conjunto, e em que o conceito de função não está ainda desenvolvido: "a sintaxe de Apolônio é fundamentalmente *uma sintaxe das partes da frase*", segundo Lallot (1997, I: 72) que fala ainda de sintaxe "virtual" ou "latente" (ver questão 24). Mas, para além dessa dificuldade a circunscrever o domínio sintático, entre morfologia e semântica, Apolônio Díscolo acrescenta muitas coisas: 1) as análises penetrantes, por exemplo, na análise da dêixis e da anáfora (artigo e pronome); 2) os conceitos operatórios associados a uma terminologia específica, como a *katallēlotēs* "conveniência mútua, congruência" (questão 25), da qual se faz um conceito sintático maior; 3) uma concepção da língua organizada "em torno de um núcleo de normalidade sobre o qual se insere certo número de anomalias regradas" (ibid.: 52). A forma material das palavras está sujeita a receber (*pathein*) os *acidentes* diversos, e há aí, então, uma "patologia" da linguagem; essas *pathē* (alterações) são justificáveis pelas figuras de quatro tipos: pleonasmo (acréscimo de uma palavra ou de um grupo de palavras semanticamente supérfluo); elipse (supressão de uma palavra da qual o significado permanece presente, apesar da ausência do significante); hipérbole (alteração por deslocamento); hipálage ou enálage (substituição de uma forma por uma outra). Um esquema que conhecerá um brilhante futuro (questão 25).

Trataremos agora dos dois outros "pilares" da tradição latina. Entre os autores maiores, já citamos Varrão (questão 20). É necessário mencionar Quintiliano, que, em seu primeiro livro, *Instituição oratória* (ca. 95 d.C.), dá o primeiro esquema atestado de uma *ars grammatica*, isto é, do que vai constituir o pingente latino da *tekhnē grammatikē*. Os outros exemplos de *artes* são mais tardios, datando do século III ou do IV.

Trata-se de textos muito homogêneos pelo conteúdo, mas organizados diferentemente, como o mostra o esquema seguinte que analisa alguns desses, livro (L) por livro.

Sacerdote (fim do séc. III)	Carísio (séc. IV)	Diomedes (fim do séc. IV)	Donato (séc. IV)
L1. Sobre os princípios das gramáticas (núcleo)	L1. Fonética e categorias linguísticas, morfologia	L1. Partes do discurso	*Ars minor.* As partes do discurso sob a forma de perguntas / respostas
L2. Sobre as regras gerais dos nomes e dos verbos (morfologia)	L2. Categorias de palavras	L2. Elementos de fonética e de estilística	*Ars maior.* L1. Fonética, métrica, acentuação, pontuação
L3. Sobre os metros	L3. Observações suplementares sobre o verbo	L3. Esquema de poética e de métrica	*Ars maior.* L2. As partes do discurso.
	L4. Defeitos e qualidades do enunciado		*Ars maior.* L3. Defeitos e qualidades do enunciado.
	L5. Torneios idiomáticos		

Nascimento das problemáticas

Relativamente ao conteúdo, as obras são muito próximas: todas contêm uma fonética, uma morfologia, um desenvolvimento consagrado aos defeitos e às qualidades do enunciado. As diferenças centram-se na organização da matéria. Para Sacerdote, o L1 constitui o núcleo da descrição gramatical original (partes do discurso, começando pelo pronome, o início do manuscrito único foi perdido; defeitos do enunciado, figuras e tropos), enquanto os dois outros livros trazem observações suplementares, mais especializadas. Para Carísio, que é sobretudo um compilador, os três primeiros livros correspondem ao que é sistemático, o L3 forma um tipo de anexo consagrado às observações suplementares sobre o verbo, os dois últimos ao que constitui um erro. Diomedes visa à progressividade, a ordem dos três livros que é levada a corresponder à idade dos leitores, indo do mais simples (aprendizagem dos paradigmas) ao mais complexo (métrica horaciana). Quanto a Donato, ele desdobra sua *Ars* em duas partes, ulteriormente chamadas *Ars minor* e *Ars maior*, a primeira resumindo, sob a forma de perguntas/respostas (*erotemata*), o L2 da segunda; a segunda associando um tratado de fonologia do latim e um tratamento das partes do discurso (sob forma "piramidal", isto é, por subclassificações sucessivas, que permitem aprofundar os pontos mais delicados); e um terceiro livro consagrado aos "vícios" e figuras do enunciado. É incontestavelmente o modelo de Donato que dominou, sem dúvida por sua clareza, por seu senso de síntese, e talvez também por seu desdobramento em tratado simplificado (que serviu de modelo para a maior parte das gramáticas vernáculas europeias, ver também questão 26) e tratado mais completo que permite dois níveis de utilização. Em todo caso, a *Ars* de Donato é *o* manual de referência durante toda a Alta Idade Média e até o Renascimento, apesar da concorrência progressiva de Prisciano.

Depois de Donato, o último "pilar" que nós reteremos é, de Prisciano (525), as *Institutiones Gammaticae*. A obra – que se chamava de fato *Ars Prisciani* – ocupa um volume considerável (18 livros), que não é nada comparável com os 100.000 signos de Donato (ele é aproximadamente 16 vezes mais grosso). É um tratado maciço, que associa aos 2 livros de fonética mais 14 livros consagrados às partes do discurso e 2 livros dedicados à sintaxe. São os dois últimos livros (XVII e XVIII,

113

chamados na Idade Média "Prisciano menor" por oposição aos 16 precedentes, chamados "Prisciano maior", pelo simples fato da diferença de tamanho) que tornam renomadas as *Instituições gramaticais*: trata-se da primeira obra gramatical *completa* do mundo ocidental, que associa uma fonética, uma morfologia e uma sintaxe. De fato, a obra conheceu um sucesso fenomenal (mais de 800 manuscritos). Outra particularidade é sua redação em meio helenófono, para o uso de funcionários imperiais que deviam aprender latim. Em consequência, sua perspectiva é sempre comparativa e a obsessão de seu autor é de reduzir a diferença entre as duas línguas (Desbordes, 1988; ver também Baratin, Colombat, Holtz, 2009).

O tratamento da morfologia latina nas *Instituições gramaticais* manifesta a exaustividade sem precedente e sem sequência. Tudo o que se fará depois é tentar dar-lhe uma ordem, colocando-as em verso e em regras. Isso durará tanto que se tentará ensinar morfologia latina por regras até o século XVII (questão 23). Quanto à sintaxe, a parte mais original (ainda que muito inspirada, talvez literalmente traduzida daquela de Apolônio Díscolo), porque completamente nova no universo latino, que se contentava, para evocar o conjunto de palavras, com um tratamento por defeitos e figuras, ela é construída sobre uma dupla gramaticalidade: sendo a primeira o conjunto das restrições impostas *a priori* pelos constituintes do enunciado, a segunda, o "sistema do sentido" que a projeta sobre a primeira, isto é, se um enunciado é inteligível, mesmo se não satisfaz as restrições da combinatória das palavras, ele é correto porque "a inteligibilidade prima sobre a gramaticalidade" (Baratin, 1989). Nem Apolônio Díscolo nem Prisciano utilizam a noção de função; nenhum deles utiliza os conceitos de sujeito e de predicado, o que faz pensar que se trata mais ainda de uma morfossintaxe do que de uma sintaxe "verdadeira". Esse texto, ignorado até o fim da Antiguidade (no século VI, Cassiodoro toma Prisciano por um autor grego e não vê a revolução que esse trazia [Holtz, 1999: 94], e que foi, mais tarde, descoberto pelos medievais: primeiro os Carolíngeos (Alcuin, o gramático de Carlos Magno), depois os gramáticos do século XII, vai ser o objeto de comentários, de tratados inteiros. No século XVIII, Prisciano é ainda considerado o interlocutor mais aceitável em matéria de gramática latina pelos gramáticos da *Enciclopédia*.

22

De que modo as gramáticas são objetos culturais singulares?

Vemos como, a partir do que foi dito antes, se constituiu empiricamente o objeto técnico que é o manual de gramática pelo qual os jovens gregos ou os jovens romanos aprenderam os rudimentos da análise de sua língua. A composição progressivamente estabilizada desse objeto vai influenciar de forma durável o desenvolvimento da análise das línguas no Ocidente, fornecendo-lhe o modelo pelo qual se vão conformar as gramáticas compostas nos séculos seguintes.

Esquematicamente podemos dar conta disso da seguinte maneira. As gramáticas, objetos culturais singulares, aparecidas aproximadamente no século III a.C., apresentam:

1. um conjunto de categorias e de subcategorias que permite segmentar a cadeia dos enunciados em unidades e descrever-lhes a morfologia. Esse dispositivo, no longo termo, pode sofrer modificações: acréscimo de novas categorias, modificação de sua hierarquia, da ordem de exposição, de sua definição. A estabilidade do dispositivo é, todavia, aqui, o fenômeno notável. O plano por parte do discurso é o plano canônico das gramáticas da tradição ocidental (questão 18);
2. os objetos discursivos, dos quais o discurso do gramático não pode (quase) nunca fazer economia: os exemplos e as regras.

Qual seria um exemplo? É a forma de discurso pela qual é dada uma representação da língua-objeto descrita, que mostra a língua, ou ao menos uma parte dela, porque os exemplos não podem representar toda a língua: a gramática não pode ser coextensiva com seu objeto. É preciso então operar duas escolhas. Entende-se isso de duas maneiras:

1. a representação da língua deve ser feita por economia: os exemplos são, os mais frequentes, de sequências prototípicas, a partir das quais se pode gerar uma série de enunciados

análogos. Eles *representam* as classes de enunciados. Mas, em certos casos, a representação completa dos enunciados implicados em uma regra é necessária, quando, por exemplo, os dados correspondem aos casos em que a regra não se aplica.

2. a necessidade da escolha pode ser também uma consequência da relação do gramático com os dados. Os gramáticos da Antiguidade, nas condições de emergência da gramática, como disciplina autônoma que nós descrevemos, puderam ter como projeto descrever a totalidade da língua tal como ela se oferecia no *corpus* dos "poetas e dos prosadores". Ao contrário, o gramático do século xvi, que descreve pela primeira vez uma língua da qual não existe ainda nenhuma gramática, não se encontra na mesma situação: a *língua*, esse objeto idealizado, não *está* nos dados. Os dados oferecem antes todos os tipos de fenômenos de variações diatópicas e diastráticas.

Escolher é, nesse caso, ao mesmo tempo, excluir e também instituir uma variedade da língua como referência. O gramático constrói seu objeto ao mesmo tempo em que ele o descreve, e esse gesto, em interação com aquele dos outros atores, contribui para instituir a língua comum. Voltaremos a esse ponto adiante.

Os exemplos nas gramáticas constituem, então, lugar de observação extremamente interessante para o historiador das gramáticas, dos quais o tipo e a função podem variar segundo o ponto de vista que caracteriza a obra considerada:

- os exemplos tendem a representar o que é atestado (na sua totalidade, inclusive os empregos raros), ou o que é atestável (a exaustividade não tem sentido nesse caso), segundo o que as gramáticas descrevem, um *corpus* fechado de textos clássicos, ou uma língua viva;
- os exemplos podem ser forjados ou citados, segundo o que o gramático assume ou delega (para as autoridades, os monumentos literários etc.) a responsabilidade de dizer a língua;
- as gramáticas podem ser também mais ou menos receptivas à consideração da diversidade do discurso;

- os exemplos podem ser herdados de uma tradição mais ou menos longa, ou ser "inventados", isto é, podem figurar pela primeira vez em uma obra considerada. Constata-se, então, na longa duração do tempo, a estabilidade do *corpus* de exemplos em uma tradição. Esse é, além disso, um dos fenômenos que permite definir o que se pode chamar uma tradição gramatical. O estoque dos exemplos de base que circula de um texto ao outro constitui empiricamente o núcleo da língua descrita, o paradigma dos dados tratados.

Sobre outro plano, a transmissão dos exemplos pode ser ligada a uma orientação teórica dada: retomamos o exemplo quando utilizamos a explicação teórica que a ele foi ligada inicialmente. Certos exemplos transportam a memória da doutrina gramatical da escola no quadro da qual eles foram produzidos ou "inventados". A forma prototípica da proposição *La terre est ronde* ["A terra é redonda"] simboliza, depois de sua aparição nos textos de Port-Royal, a representação da estrutura lógica da proposição desenvolvida pelos autores de gramáticas gerais; assim como as sequências sobre o modelo de *J'avais dînné quand il est entré* ["Eu tinha jantado quando ele entrou"] são utilizados sempre ao longo da mesma tradição para representar a localização de um evento em relação ao outro, mas desaparecem das gramáticas quando seus autores cessam de utilizar esse modelo de teoria do tempo, fundado sobre a dupla localização dos eventos (cf. questão 27).

Mas acontece também que os mesmos exemplos recebem tratamentos diferentes. Os mesmos dados podem ser interpretados como constituintes de fatos diferentes: a série de nomes *ouro, prata* e *chumbo* etc. foi também identificada, nas gramáticas dos séculos XVI e XVII, como aquela dos "nomes de metais" que, enquanto tais, "não têm plural". O fato observado é então um caso de alguma anomalia no funcionamento da categoria do plural, a qual os autores constatam empiricamente, que afeta uma categoria de nomes particulares. Outros autores (por exemplo, Maupas, 1607) tratam esses dados em referência à categoria dos nomes não contáveis e ao fenômeno da determinação partitiva. O problema não é, então, mais concebido como um caso de anomalia da morfologia de plural, mas concerne à distribuição das categorias de determinantes e à semântica nominal.

O que é uma regra? Partamos, aqui, ainda, de uma observação elementar: as gramáticas, que nós consideramos em sua materialidade, se apresentam como configurações de discurso, caracterizadas por certas constantes, como a existência de sequências, que nós definimos anteriormente como *exemplos*, e outras que podemos definir como regras. A pesquisa de *regras* corresponde à pesquisa da generalidade da economia na descrição. Auxiliado pela analogia, o gramático ou linguista vai tentar distinguir da grande diversidade dos fenômenos linguísticos os pontos que podem ser descritos do mesmo modo, isto é, as constantes que lhe permitem descrever esses fenômenos de modo "regular" e econômico. O exemplo e o paradigma (que não é outra coisa senão uma variedade de regra, ver questão 23) não têm outra função. A diferença é que, uma vez estabelecida e formulada em metalinguagem, a regularidade, ou a pseudorregularidade (porque as condições de sua descoberta não são facilmente analisáveis), tem uma tendência muito forte de pesar sobre os usos. E isso parece o preço a pagar pelo longo caminho que terminou em seu estabelecimento. Nós chamamos, então, *regra* à forma discursiva que toma, em uma gramática, a expressão de uma *norma*. Uma *norma* é um tipo de proposição que se pode parafrasear por uma frase introduzida por *dever*. Nesse sentido, o normativo se distingue do "constativo" [fr. "constatif"] ou do descritivo. O normativo enuncia um dever ser, enquanto o descritivo ou constatativo enuncia um estado de coisas. Uma proposição normativa não pode então ter valor de verdade. Apenas pode ter um valor de verdade uma proposição que enuncia o que é, ou o que não é. Um dos problemas maiores que se atribui à gramática (mais amplamente à ciência da linguagem), no curso de sua história, é devido à sua relação problemática com a verdade. Se, como vimos antes, a retórica, na sua origem, e a gramática foram concebidas como disciplinas normativas, a primeira concebida como a arte de agir eficazmente pela fala, a segunda como arte de bem falar, o projeto de edificar uma *gramática geral* das línguas pode ser visto (Auroux, 1998) como um rodeio e uma tentativa de eliminar a normatividade do estudo das línguas, ao mesmo tempo que a língua era definida como a soma dos usos (cf. o artigo *língua* da *Encyclopédie*) que podíamos consignar nas *Remarques*, como aquelas publicadas por Vaugelas em 1647. A dificuldade na qual se encontra a gramática desde meados do século XVII é, nesse esforço de eliminar a normatividade, articulado à afirmação do caráter convencional dos fatos linguísticos e de sua dependência da consideração dos fatos sociais.

As regras que as gramáticas comportam enunciam as normas, que podem, em inúmeros casos, receber duas interpretações distintas, como podemos também distinguir dois tipos de normas (Auroux, 1998: 221-89):

- as normas morais: aquelas que anunciam o que deve ser relativamente a um valor como bem ou mal falar, o bom ou o mau uso;
- as normas técnicas: aquelas às quais devemos nos conformar para realizar uma tarefa, como pegar o metrô e introduzir o tíquete na catraca eletrônica, o que permite sua abertura. Em certos casos, à diferença do exemplo que acabamos de dar, as normas técnicas não podem ser distinguidas do objetivo perseguido: o jogo de xadrez pode ser definido por um conjunto de prescrições, o que Searle chama *regras constitutivas* (Searle, 1969: 25, apud Auroux, 1998: 230), tais como "jogar xadrez", *é* conformar-se a essas prescrições. Se nós não nos conformarmos a isso, paramos de jogar xadrez. Nós podemos muito bem, por exemplo, utilizar as peças do jogo de xadrez e seguir as regras do jogo de damas... Além disso, é claro que a prática do jogo de xadrez pode ser submetida às normas do primeiro tipo: podemos jogar bem ou mal (de modo criativo ou rotineiro, elegante ou laborioso, audacioso ou medroso...) (Auroux, 1998: 230-1).

Essa distinção pode ser útil para se tentar compreender o suporte cognitivo das regras que figuram nas gramáticas. Mas isso não é sempre fácil de ser estabelecido. O enunciado de uma regra como aquela que concerne ao emprego do passado simples e do passado composto revela uma norma técnica ou uma norma moral? Podemos encontrar índices a favor da segunda hipótese na condenação das confusões cometidas pelos espanhóis e pelos italianos encontradas na *Grammaire générale et raisonée* (doravante GGR), por exemplo (GGR, 1676: 138). Mas, o fato mesmo de a regra receber ao longo do tempo conteúdos diferentes (critério do dia passado, em Port-Royal, ou de um período de referência de amplitude variável, que contém, ou não, o instante da fala para Régnier-Desmarais, ou Girard, como a semana, o mês, o ano nos quais nos encontramos) convida a pensar que os autores procuram descrever um funcionamento, isto é, a identificar as regras constitutivas as quais os franceses se conformam quando falam como eles falam (Fournier, 1994).

Mais radicalmente, a enunciação de uma regra significa ao mesmo tempo duas coisas:

1. ela corresponde à enunciação de uma norma. Nesse caso, como dissemos antes, ela não pode receber o valor de verdade. Funciona como um convite a nos conformarmos a certa instrução, por exemplo, a não utilizar o passado simples em francês para descrever um evento datado de menos de vinte e quatro horas. A única resposta possível é nos conformarmos à regra (se for locutor estrangeiro e queira aprender como *bem* falar o francês), ou eventualmente transgredir a regra (nesse caso, falar *mal*, ou não se fazer compreender);

2. mas o mesmo enunciado afirma igualmente a *existência* da norma enunciada. É o que faz que possamos contestar a regra, dizendo, por exemplo, que ela não está conforme os fatos, que muitos exemplos a contradizem, que é preciso formulá-la de outro modo. É, de modo geral, o que fazem Régnier-Desmarais e Girard a partir da regra das vinte e quatro horas dadas por Port-Royal. Sob esse ângulo, a regra possui um valor de verdade que depende da conformidade da norma que ela enuncia com os fatos.

Nascimento das problemáticas

23
Como analisar, aprender e ensinar o material da língua (fonética e morfologia)?

Sabe-se que na época de Platão (*Crátilo*, 424c) já existiam "especialistas" dos sons, ou mais exatamente dos "elementos" (*stoikheia*), ou de "letras" (*grammata*), que são os *stoikheia* quando são escritos na ordem alfabética (Dionísio, o Trácio, 1998: 98). No *Crátilo* (424 c-d), Platão evoca uma tripartição desses elementos: vogais, elementos sem som nem ruído vocal e elementos que, sem serem vogais, produzem, no entanto um ruído vocal (chamados *mesa* "intermediários" no *Filebo*). Encontramos essa tripartição na *Poética* de Aristóteles, que distingue – sobre a base do critério combinado do modo de articulação (aproximação ou não dos órgãos) e de audibilidade (*akoustos*) – as vogais (*phoneenta*), a semivogais (*hemiphōna*) e as mudas (*aphōna*). É interessante, graças aos exemplos dados, ver o que se esconde atrás desses dois últimos termos: como exemplos de semivogais, Aristóteles dá *s* e *r*; como exemplos de mudas, ele propõe *g* e *d*, isto é, respectivamente, as "constritivas" e as "oclusivas" (Baratin e Desbordes, 1981: 101). Em verdade, não estamos seguros nem completamente inseguros de poder modelar exatamente a análise moderna sobre o texto de Aristóteles, mas o que é notável é que a teoria fonética *existe* na época de Aristóteles; resta-lhe ser aperfeiçoada: esse será o trabalho "dos gramáticos de Alexandria [...], depois dos foneticistas modernos [...]". O que chama a atenção aqui é a continuidade: falamos da mesma coisa, e muitas vezes na mesma linguagem, na mesma passagem fonética da *Poética* (Aristóteles, 1980: 320) e em um manual moderno.

A sílaba é definida por Aristóteles como "uma voz não significante composta de uma parte muda e de uma parte vocálica: de fato, *gr* sem *a* é uma sílaba, e também com *a*" (ibid.: 103). Nova dificuldade: para um moderno, *gr*, sem apoio vocálico, não pode constituir uma sílaba, mas a definição não exclui a semivogal que é definida como "audível" e *r* (que favoreceu o nascimento, na gênese do grego, de uma vogal de apoio *ra* ou *ar*) foi percebida pelos antigos como particularmente sonora e próxima de uma vogal (ibid.: 321). Além disso, o termo *sílaba* (*syllabē*, do verbo *sullambanein*, "formar conjunto") colocará um problema persistente de definição, porque encontraremos rastro disso ainda no século XVIII na *Encyclopédie* (s.v. *sílaba*: "Essa pluralidade de letras não é nada essencial à natureza das sílabas, porque a palavra *a-mi* [*amigo*] tem de fato duas sílabas igualmente necessárias para a integridade da palavra, embora a primeira seja somente uma letra"), porque se supõe serem necessários dois elementos para fazer uma sílaba: agora uma sílaba pode se reduzir a uma vogal, o que já observa Dionísio, o Trácio: "falamos também de uma sílaba, mas por extensão, quando ela consiste em uma única vogal, por exemplo, *a, ē*" (Dionísio, o Trácio, 1998: 47).

O esquema tripartite vogal/semivogal/muda se aperfeiçoa com os gramáticos ulteriores. O mesmo Dionísio o Trácio propõe uma lista de 24 letras do alfabeto, com 7 vogais e 17 consoantes (*sumphōna*), assim chamadas "porque, ainda que elas não tenham nenhum som vocal por si mesmas, em *con*-strução (sun-*tassomena*) com as vogais, elas dão um *som* vocal (*phōnē*)" (ibid.: 44-5). Nessa categoria, Dionísio encontra semivogais que correspondem às nossas contínuas, que são de fato pronunciáveis sem apoio vocálico (líquidas *l* e *r*, nasais *m, n*, sibilantes *s* e consoantes duplas que contêm a sibilante: *zd, x, ps*) e as mudas. Entre essas, que correspondem às nossas momentâneas ou às nossas oclusivas (segundo o que retivermos como critério de definição, a duração do som produzido ou o modo de articulação), Dionísio distingue as "simples" (*psila*), das "roucas" (*dasea*) e as "intermediárias" (*mesa*) aqui onde nós vemos as surdas simples (*k, p, t*), as surdas aspiradas (*th, ph, kh*) e as sonoras (*b, g, d*). Ou seja, as três séries que nós reconhecemos estão já bem isoladas, mas o traço de sonoridade (sonoras/surdas) não está, o que ocorrerá bem mais tarde, com a descoberta das cordas vocais (Ferrein, 1741). Em seu lugar, Dionísio supõe uma pretendida gradação fundada, segundo um escólio (1998: 103), sobre a quantidade de ar colocado para a emissão de cada uma dessas categorias. Se o argumento não se sustenta mais hoje, é impressionante constatar,

Nascimento das problemáticas

na construção das séries, as semelhanças que nos mostram que as intuições iniciais estavam longe de ser aberrantes.

A morfologia exigia também discernir, sobre a base da "analogia", as regularidades. E isso não é fácil, porque a morfologia grega, densa e complexa, não permitia encontrar um número reduzido de modelos de declinação e de conjugação. Todavia, isso não impediu os gramáticos de procurarem essas irregularidades, e uma das primeiras empreitadas desse gênero foi a elaboração dos *Canons* de Teodósio de Alexandria (século IV ou V d.C.), que são um tipo de "Bescherelle" da língua grega, mas um Bescherelle estendido para a morfologia nominal, em razão da extrema diversificação dessa última. Assim, para o nome, os *Canons* de Teodósio propõem 35 paradigmas masculinos, 12 femininos e 9 neutros. Hoje, nós retemos apenas 3 declinações em grego antigo (os bizantinos retinham 10), mas como nós somos forçados a integrar em cada uma vários modelos, nós, apenas, somos mais econômicos em esforço de memorização, porque é bem aí que reside o núcleo do problema: dar sob a forma mais econômica possível os principais modelos de declinação de conjugação. É o que chamamos um "paradigma". O paradigma é intermediário entre o exemplo e a regra (ver questão 22). É um fato de língua selecionado por sua exemplaridade e sua eficácia, ou seja, é um construto: para um nome, supõe-se, por exemplo, não somente isolar todas as formas segundo a flexão em número, gênero e caso, mas escolher o item o mais representativo possível. Suponhamos que eu queira encontrar um nome representativo da primeira declinação latina: eu teria interesse de escolher usar *musa* mais que *familia* ou que *filia*, porque o primeiro dará *musae* no genitivo singular e *musis* no dativo-ablativo plural, sejam as formas dominantes (para uma ampla maioria), e não as formas correspondentes marginais produzidas pelos dois outros itens: *familias* (em *paterfamilias*) e *filiabus* (que permite distinguir *filiis filiabusque* "os filhos e as filhas").

A construção desses paradigmas levou tempo: em uma língua muito mais simples e regular – morfologicamente falando – que o grego, a saber, o latim, os paradigmas foram distinguidos somente progressivamente (Taylor, 1991): Varrão já distingue certamente cinco declinações nominais, mas sua classificação comporta duas variantes de "nossa" terceira declinação, e sem exemplo de "nossa" quinta declinação; do lado do verbo, passamos de três conjugações (para Varrão) para quatro, antes de provar a necessidade de encontrar uma quinta, que chamamos "terceira mista" ou "quarta bis" segundo o lugar onde ocorre e a qual isolamos somente muito tarde.

Isolar os paradigmas não basta, se a ambição é de descrever e ensinar *toda* a língua. Tal era o objetivo de Teodósio de Alexandria para o grego, como parece também ser o de Prisciano para o latim. Nas suas *Institutiones grammaticae*, ele vislumbra todas as formas atestadas da língua, o que o conduz a um desenvolvimento infinitamente rico e complexo, fundado sob o método seguinte: pegamos uma forma existente (e não uma base reduzida como se faz hoje) e tentamos, modificando-lhe a desinência, ver que outra forma ela pode engendrar, reunindo todas das palavras que apresentam as mesmas características flexionais. O método é extremamente dispendioso de energia e tempo, mas tem o mérito de não deixar passar nenhum termo "anormal", isto é, do qual a formação não é generalizável (Colombat, Lallot e Rosier-Catachi, 1999: 298, 313 e 341 *sq*.).

O método utilizado explica a enorme massa das *Institutiones grammaticae* que pareceu indigesta aos gramáticos medievais. Ela lhes pareceu, sobretudo, confusa, e a única forma de reduzir essa confusão pareceu-lhes ser tentar colocá-la em verso:

> o objetivo de um texto versificado, quando ele é destinado ao ensino, é ser um instrumento de memorização, não em si mesmo, mas no plano de fundo mais largo que serviu a produzi-lo [...]. O fato de ser em verso, para um texto, favorece sua memorização, mas ele impõe também ao conteúdo reduzir-se a um espaço mais compacto e mais formalizado. A expressão deverá ser mais concisa, e mesmo elíptica (Grondeux, 2000a: 36).

Observa-se que tal foi a forma das duas gramáticas pedagógicas medievais mais difundidas, a *Doctrinale* de Alexandre de Villedieu (mais de 400 manuscritos existentes, e mais de 260 edições entre 1470 e 1520), e *Grecisme* de Évrard de Béthune (231 manuscritos,

17 edições incunábulos), enquanto a gramática latina mais utilizada na França nos séculos XVI e XVII, aquela de Despautério, é, do mesmo modo, parcialmente em verso. Essa transformação não era, contudo, livre: o verso latino utilizado, o hexâmetro dactílico, que repousa sob uma alternância regulada de sílabas longas e breves e que permite apenas a integração de 90% do vocabulário latino, o gramático versificador deve ter manejado com o vocabulário gramatical e também com a apresentação dos exemplos. Eis aqui algumas das soluções utilizadas no *Doctrinale* para modificar a metalinguagem e evitar o crético (longa-breve-longa) ou o tríbraco (três breves na sequência) impossíveis no hexâmetro: *participium* (particípio) é substituído por *participans* (participante), *praepositio* (preposição) por *uox* ou *pars praepositua* (palavra ou parte "do discurso" prepositiva). *Nominatiuus* (nominativo) o é por *rectus casus* (caso reto). No capítulo 4, que trata do gênero dos nomes, *masculinum* e *femininum* são regularmente substituídos por *mas, maris* (macho) e *(genus) muliebre* (gênero feminino). *Comparatiuus* torna-se *quod comparat* (o que comparar) ou *medius gradus* (grau intermediário "entre o positivo e o superlativo"). No capítulo dos modos, *imperatiuus* (imperativo) é substituído por *imperium* (ordem), *modus imperialis* (modo "imperial"), *imperialis* só por "*modus*" *secundus* (modo "segundo") etc.

Um modelo, uma vez constituído, não é fácil ser colocado em questão. Quando Lancelot escreve *Nouvelle méthode latine* (1644), ele tem a ideia de redigi-la em francês, o latim lhe parecendo, daí em diante, muito difícil para os jovens alunos de sua época, mas ele mantém o princípio das regras em verso, único meio, segundo ele, de fazer adquirir um conhecimento exato.

Os paradigmas em si não somente se mantêm, mas também são transpostos de uma língua para outra. Assim, nas primeiras gramáticas francesas, as quatro conjugações latinas (em *-āre*, em *-ēre*, em *–ere* e em *-īre*) lhes dão, no início, também quatro conjugações em francês, em *-er*, em *-oir*, em *-re* e em *-ir* (também na gramática "latino francesa" de Sylvius, 1531), embora haja inadaptação de um modelo que os gramáticos levarão anos para modificar (Pillot [1561], Colombat, 1993: LIV-LX e XCVII-CII).

24

Houve uma sintaxe na Antiguidade greco-latina?

Voltemos à constituição do enunciado. Para Platão, o enunciado não é a associação de um *hypokeinenon* e de um *kategorēma*, de um sujeito e de um predicado, mas aquela de um nome e de um verbo, que representa um agente e uma ação. Sobre essa base, nome e verbo, o enunciado é fundado. Ou seja, a análise não é lógica, mas semântico-referencial: nome e verbo remetem diretamente à realidade e, como nela reconhecemos certo número de características tanto referenciais quanto morfológicas (referência ao gênero e ao número, à pessoa, ao tempo), pudemos durante longo tempo nos sujeitar a essa combinação, um esquema que chamamos de "morfológico-semântico", e isso ainda mais nas línguas clássicas que eram ricas de indicadores morfológicos.

Nós pudemos mesmo nos sujeitar a uma combinatória de marcas: um enunciado pode mesmo ser não um nome e um verbo, mas um nominativo e um verbo. Isso começou muito cedo: "os estoicos admitem o sujeito como categoria do ser, com a *qualidade*, a *maneira de ser* e a *maneira de ser relativa*, mas não como categoria de enunciado: no quadro do enunciado, os estoicos falam apenas de *nominativo* ou de *nome*, limitando-se aos critérios formais" (Baratin, 1991: 209).

As categorias de predicados são apresentadas pelos estoicos em termos de combinatória do verbo com um caso (ibid.: 200):

1. Predicados que, combinados com um nome no nominativo, constituem um enunciado completo (*Sōkratēs peripatei*, "Sócrates caminha").
2. Predicados que, combinados com um nome em um caso oblíquo, constituem um enunciado completo (*Sōkratei* [dativo] *metamelei*, "Deve ter havido arrependimento de Sócrates" = "Sócrates arrepende-se").
3. Predicados que, combinados com um nome no nominativo, constituem somente um enunciado incompleto (*Platōn philei*,

"Platão ama"); é preciso acrescentar-lhe um nome em um caso oblíquo para que o enunciado seja completo (*Platōn philei Diōna* [acusativo], "Platão ama Dion").

4. Predicados que, combinados com um nome em um caso oblíquo, constituem somente um enunciado incompleto (*Sōkratei* [dativo] *melei*, "Há interesse de Sócrates" = "Sócrates se interessa"); é preciso acrescentar-lhe outro nome em um caso oblíquo para que o enunciado seja completo (*Sōkratei Alkibiadou* [genitivo] *melei*, "Sócrates se interessa por Alcebíades").

Daí, muito provavelmente, toma-se o hábito de apresentar a relação entre uma simples combinação de marcas (os casos) com o verbo. Isso pode explicar a ausência da noção de função, notável nas primeiras sintaxes ocidentais: tanto para Apolônio Díscolo quanto para Prisciano, a sintaxe é constituída pela combinatória das partes do discurso entre elas segundo suas marcas. Isso é o que conduziu os comentadores a se questionar sobre a existência mesma de uma sintaxe na antiguidade (Swiggers e Wouters, 2003).

Essa limitação para uma morfossintaxe vai permanecer constante nas gramáticas pedagógicas, como em uma gramática humanista que diz que "o verbo ativo quer diante dele o nominativo de uma pessoa que age e depois dele o acusativo de uma pessoa que sofre" (Guarinus Veronensis, ca. 1418). Igualmente, na *Grammaire générale et raisonné*: mesmo quando Port-Royal introduz, ou reintroduz, a noção de *sujeito*, o termo *nominativo* permanece constantemente utilizado, e mesmo para descrever as construções do francês, enquanto os Messieurs admitem que não há caso nessa língua: por exemplo, *on* ocupa lugar de "*nominativo* do verbo" (GGR, 1676: 128); em *il grêle*, "*ele* está aí pelo *nominativo do verbo*" (ibid.: 129); em *cette femme est allée à Paris*, "le participe s'accorde en nombre & en genre avec le *nominatif* du verbe" ["o particípio concorda em número & gênero com o *nominativo* do verbo"] (ibid.: 150). E os termos *nominativo* e *sujeito* podem ser empregados exatamente um pelo outro, como nessa frase de um capítulo consagrado à sintaxe: "il n'y a point aussi de verbe qui n'ait son *Nominatif* exprimé ou sous-entendu: parce que le propre du Verbe estant d'affirmer, il faut qu'il y ait quelque chose dont on affirme, ce qui est le sujet ou le Nominatif du verbe" ["não há verbo que não tenha seu Nominativo expresso ou subentendido: porque o próprio do Verbo, sendo afirmar, é necessário que ele tenha algo do que se afirma, o que é o sujeito ou o Nominativo do Verbo"] (ibid.: 155-6). Em 1781, o abade Lhomond, para quem "le mot de *sujet* ne présent qu'une idée abstraire" ["a palavra *sujeito* apresenta somente uma ideia abstrata"], prefere a expressão *nominativo do verbo*, estendendo-o mesmo àquela de *nominativo francês*, porque "le rapport particulier dont le nominatif est le signe est commun à toutes les langues" ["a relação particular da qual o nominativo é o signo é comum a todas as línguas"] (Lhomond, 1781: viii).

25

Como os modelos sintáticos foram desenvolvidos?

A análise proposicional da qual Aristóteles já fornecia os elementos (questão 17) permaneceu muito tempo como o apanágio dos lógicos. Enquanto os filósofos gregos analisavam a proposição em *hupokeimenon/kategorēma* e os lógicos em *subjectum/praedicatum*, os gramáticos latinos não tinham termos equivalentes (Baratin, 1978). Na Idade Média se instala uma dupla paralela, própria dos gramáticos, aquela de *suppositum/appositum*. Pensamos que o primeiro desses termos saiu da expressão *supponere verbo* ("ser sujeito para o verbo"), abreviação para *supponere personam verbo* ("colocar uma pessoa [ainda uma prova da importância e da onipresença dessa noção] sob o verbo"). O termo *suppositum* é atestado por Prisciano, mas no sentido de referente, notadamente do pronome. Foi preciso que ele passasse de uma função referencial para uma função sintática. O *suppositum* medieval se opõe a um *appositum*, que designa apenas o verbo que seja transitivo ou intransitivo e que pode ele mesmo ser seguido de um oblíquo. Os modernos poderiam ser tentados a ver nisso a prefiguração do esquema de três termos sujeito-verbo-complemento, mas seria um erro de perspectiva. O princípio é de analisá-lo por binômio: não há análise global da frase (Rosier-Catach, 1983: 166). Esse par funcional teria parecido extremamente cômodo na sequência da tradição: ora, os humanistas utilizaram-no somente de modo esporádico (Colombat, 1999a: 394-6), sem dúvida porque ele estava conotado como medieval, e talvez em sentidos diferentes: assim, para Scioppius (1662 apud Lecointre, 1993: 866), *suppositum* e *appositum* são utilizados inicialmente para designar o nominativo que precede o verbo e o nominativo que segue o verbo, depois, mais geralmente, para designar o termo que precede um elemento dado e o termo que o segue. As primeiras gramáticas francesas conhecem também os termos *suppost*, mas de modo igualmente esporádico (Demaizière, 1993), e será preciso esperar de fato a análise de Port-Royal em sujeito/cópula/atributo para que se instale uma análise "lógica" da proposição (questão 25).

Uma noção essencial do tratado *De la construction* de Apolônio Díscolo é a noção de "disposição" (*diathesis*) da pessoa. Noção difícil, porque polissêmica. A diátese afeta, na verdade, a pessoa tal como ela é engajada em um processo expresso no verbo; é então a construção que exprime a diátese, mas essa é visível nas formas mesmas do verbo (segundo que ele seja ativo, médio ou passivo, em grego, ou ainda, ativo, passivo ou depoente em latim).

De início, há diátese e então construção *transitiva* quando, pelo viés da ação expressa pelo verbo, a passagem de pessoa a pessoa, e construção intransitiva quando não há passagem de pessoa a pessoa, seja porque não tenha ação propriamente dita, seja porque a ação expressa pelo verbo repassa sobre a pessoa a que chamaríamos o "sujeito". Lembremo-nos (questão 15) que, em *O sofista* de Platão, um dos primeiros exemplos de enunciado é "o homem aprende" (e não "a terra roda", como na *Grammaire générale et raisonnée* de Port-Royal). Os exemplos de construção dos verbos de Apolônio Díscolo fazem muitas vezes intervir as "pessoas", quer dizer, os *actantes animados*, e a concepção da transitividade está então bem longe daquela de um moderno. Assim, ele nos diz, "há verbos que significam uma diátese ativa, mas que não têm forma passiva correspondente ao fato que

Uma história das ideias linguísticas

os [objetos] que sofrem a diátese, sendo inanimados, não poderiam atestar sua passividade, a menos que alguém assuma dispor de seu discurso" (Apolônio Díscolo, III § 152, 1997, vol. I: 256). Frase difícil, sobretudo em seu último sintagma, pelo qual o comentador explica assim: "eu entendo por isso [...] que um enunciador competente ("animado", de fato humano, então capaz de *logos*) vai se encarregar da enunciação passiva dizendo para a terceira pessoa o que não pode ser dito a uma das duas primeiras" (ibid., vol. II: 247, nota 363). Em outras palavras, somente há transitividade quando a passagem se faz de um ser animado a outro ser animado, que pode atestar que ele sofreu a ação; nós encontramos esse mesmo princípio em Prisciano, que distingue bem "a transição nos seres humanos" (que concerne aos verbos ativos) e "a transição em não importa o que" (que concerne apenas aos verbos neutros) e essa ideia persiste até Meigret (1550), que faz certamente do verbo *labourer* ["cultivar"] um ativo, mas com a seguinte restrição: "*Labourer* é verdadeiramente um verbo ativo e que forma o particípio passivo *labourée* ["cultivada"], do qual a ação se efetiva propriamente na terra; mas como a terra não é provida de fala nem de audição não poderá dizer *je suis labourée* ["eu sou cultivada"]: nós não lhe diremos também *tus es labourée* ["tu és cultivada"]: senão de modo figurado do qual muitas vezes usam os poetas em todas as línguas e algumas vezes também os oradores: assim também como frequentemente falamos aos ausentes ou aos mortos como se eles estivessem presentes" (Meigret, 1980, 23.4: 66).

Restrição de um lado – uma vez que os "verdadeiros" verbos ativos são aqueles que exprimem uma transição sobre uma pessoa –, extensão de outro: a transitividade escapa apenas ao verbo, visto que nós a encontramos, por exemplo, nos pronomes, os possessivos, sendo eminentemente e sempre transitivos, já que duas pessoas são necessariamente implicadas, como em *meus pater*, "meu pai", que faz intervir "*moi*/eu" e "*le père de moi*/o pai de mim". De *meus pater*/"meu pai", passamos facilmente a *Petri pater*, "o pai de Pedro" (dois animados), depois a *liber Petri*, "o livro de Pedro" (um só animado), depois, a *liber scholae*, "o livro da escola" (dois inanimados), e os medievais falam habitualmente de "transição

130

das pessoas", reservando a noção de "transição dos atos" às construções que fazem intervir um verbo. Nesse caso, há transitividade
simplesmente quando há mudança de referente (Libera e Rosier-
Catach, 1992: 161). Uma preposição também pode ser transitiva:

> A supor que eu diga *coram Cicerone dixit Catilina* ("Catilina fa-
> lou em presença de Cícero") ou *absque consule egit praetor* ("o
> magistrado agiu sem o cônsul"), eu faço sem nenhuma dúvida
> uma transição de pessoas diferentes (*transitionem sine dubio factio
> diuersarum personarum*), isto é, que eu passo de uma pessoa a
> outra pessoa (*ab alia in aliam personam transeo*), o que é o próprio
> da preposição (*quod suum est praepositionis*). (Prisciano, GL 3: 45)

Depois, assistimos a uma dessematização da noção de pessoa
(mas o termo é sempre utilizado: em muitas gramáticas humanistas,
librum, em *lego librum*, "eu leio o livro", é analisada como "acusativo
da *pessoa* que sofre") e da noção de transitividade: o verbo transitivo torna-se o verbo que se constrói com o acusativo, isolando toda
consideração semântica. Distinguimos as noções de transição *fraca*,
média, *forte* ligadas ao emprego de quaisquer casos, mas aí também
as análises podem divergir: alguns centram-na apenas sobre o acusativo (ac. do objeto interno, simples ac., duplo ac.), outros o integram ao conjunto dos casos (casos outros além do ac., simples ac.,
duplo ac.) (Colombat, 2003).

Outro modelo se impôs durante um período muito longo: da regência ou do regime. Ele corresponde à ideia de que, na relação que
une dois elementos do enunciado, um exerce ação sobre o outro, porque eles não estão em igualdade. Na gramática antiga, encontramos
essa ideia, por exemplo, na análise segundo a qual a preposição "está
a serviço" (*seruit*) de um caso. Ao contrário, não encontramos, ou
não encontramos absolutamente, a ideia de regência de um elemento
pelo outro: o termo *regere* não é utilizado por Prisciano, que usa de
exigere desiderare tal ou tal caso, ou ainda de *sequi*, "seguir", tal ou tal
caso. Mas encontramos em Guillaume de Conches (século XII): "Régir
un mot c'est lui conférer d'être mis à tel ou tel cas" [Reger uma palavra é lhe permitir ser colocada em tal ou tal caso]. A causa do regime

é relacionada a uma força (*uis*) particular da palavra de ordem sintática: por exemplo, o acusativo é regido pelo verbo em virtude de sua transitividade (*ex ui transitionis*). No fim do século XII, estabeleceu-se uma distinção entre *reger* e *determinar*. Segundo uma definição morfossintática, *reger* é permitir a uma palavra ser colocada em tal ou tal caso, enquanto *determinar* é restringir a significação (*homo albus*). A ação da regência e a da determinação podem ir em sentido inverso: o "verbo substantivo" (o verbo *ser*) rege o atributo (no nominativo), mas é determinado por ele (Libera e Rosier-Catach, 1992: 164-6).

No Humanismo e na Idade Clássica, a noção de regime se estende consideravelmente tanto se partirmos do elemento regente (o verbo, mas também a preposição que acede a essa função), quanto do elemento regido (o caso). A terminologia, muito flutuante no começo – por exemplo, ao lado de *regere* encontramos *uelle* ("querer"), em *accipere* ("receber"), *coniungi* ("estar junto a/de"), *exigere* ("exigir"), *expetere* ("desejar muito"), *flagitare* ("pedir com insistência"), *gaudere* ("se regozijar de"), *iungi* ("estar junto a"), *postulare* ("reclamar"), *quaerere* ("demandar"), *requirere* ("procurar"), *suscipere* ("se encarregar de") para Sulpitius (Colombat, 1999a: 429) – se fixa e o regime, doravante, faz par, canonicamente, com a concordância.

Essa noção de concordância, que corresponde a nosso moderno *acordo*, tem os antecedentes longínquos, que convém considerar, mesmo rapidamente (Baratin, Colombat, Lallot, Rosier-Catach, 1999), apenas para mostrar que os termos sucessivamente utilizados podem corresponder a realidades diferentes. Um conceito sintático maior para Apolônio Díscolo é aquele de *katallēlotēs*, termo derivado do adjetivo *katallēlos* (adaptado [*kat-*] um ao outro [*-allēlos*] e que designa muito precisamente o fato de que os elementos vão bem "uns com os outros" (*kat'allēllōn*). A *katallēlotēs* para a qual Lallot (*ibid.*) propõe a tradução por "congruência", é um conceito (sem descendente terminológico) extremamente geral de natureza profundamente semântica: trata-se da "instância única e soberana que define as condições de aceitabilidade para o conjunto do domínio sintático" (ibid.: 155). Prisciano usa um termo de etimologia diferente, *consequentia*, "encadeamento" (*consequi*, "ser a consequên-

Nascimento das problemáticas

cia de") para designar as sequências que fazem a série, sendo esse termo muitas vezes associado ao termo *ordinatio* no sintagma *consequentia ordinationis*, "o encadeamento da construção", se bem que as duas palavras tornam-se, às vezes, sinônimas (ibid.: 154-5). Os medievais utilizam o termo *congruitas* (correção), recobrindo tanto a estrita correção gramatical quanto o que é semanticamente correto (*congruitas sensu*), com um debate sobre a preeminência de um ou de outro (ibid.: 151-2). A *concordantia* humanista restringe a noção a alguns acordos, estabilizados, uma vez que são reconhecidos ainda hoje, entre o nominativo e o verbo, entre o adjetivo e o substantivo, entre o relativo e seu antecedente. Nessa evolução, fomos do geral ao particular, do semântico ao morfossintático. Mas o acordo, reduzido a algumas regras simples, estabiliza-se somente quando o sistema das figuras de construção (que serviu à codificação dos acordos complexos) fragmenta-se. Ele é disso o esboço, uma vez que a noção se estabilizou e que pôde ser elaborada sob a forma de algumas regras simples. Para isso, foi preciso passá-la para outro modelo, aquele no qual a *variatio* de Prisciano, o elemento perturbador da *consequentia*, foi formalizado na Idade Média por um conjunto de figuras de construção que serviu para pôr ordem na variedade dos fatos, a aparente heterogeneidade dos fenômenos. O sistema das figuras de construção se estabilizou (em 1500, reconhecem-se oito delas, sempre as mesmas), foi formalizado na divisão entre sintaxe direita e a sintaxe figurada (para Linacre e Sanctius), antes de fragmentar-se, quando os acordos mais regulares foram estabelecidos (Colombat, 1993).

IV
A DESCRIÇÃO
DAS LÍNGUAS DO MUNDO

26

**Como a tradução/adaptação de Donato
(gramático latino do século IV) veio a constituir o ateliê
(a fábrica) das primeiras gramáticas dos vernáculos?**

Entre os manuais que foram elaborados pelos gramáticos latinos, o de Donato (Aelius Donatus), que ensinava a gramática em Roma na segunda metade do século IV d.C. (questão 21), teve um sucesso considerável. Sua gramática constitui um dos fundamentos da tradição ocidental de reflexão sobre a língua, uma das fontes tanto de conceitos quanto de método, nós poderíamos dizer linguísticos, e um dos vetores pelos quais se transmitiram o conhecimento e a pedagogia do latim depois da decadência das instituições romanas (entre elas, a escola) e da cultura antiga.

Ela pertence em si mesma a uma tradição de tratados técnicos, que chamamos *ars* em latim (*artes* no plural), *tekhnē* (*tekhnai*) em grego, cuja origem é muito antiga, e que apresentam sob uma forma concentrada a exposição metódica dos conhecimentos disponíveis em um domínio. O sucesso do manual de Donato (*ars Donati*) e o fato de ele ter sido objeto de comentários desde os séculos V e VI, pois se torna, no começo do século VI, o manual de base do ensino gramatical em Roma e em todos os lugares no Império, deve-se sem dúvida ao prestígio de seu autor (Jerônimo, o tradutor da Bíblia em latim, foi seu aluno e evoca seu ensinamento com admiração), mas também às qualidades objetivas que assegurarão sua transmissão durante muitos séculos e serão a origem de comentários e de glosas abundantes (Holtz, 1981). No primeiro nível dessas qualidades

A descrição das línguas do mundo

figura sua perfeição formal. Todas as palavras são consideradas, nada é deixado ao acaso, e as definições concentram, sob uma forma concisa, mais completa e mais sintética do que aquelas dos manuais anteriores, formulas saídas de uma reflexão secular (ibid.).

A circulação desse texto, de suas diversas variantes e do *corpus* de comentários que o cerca é exemplar do processo complexo pelo qual pequenas partes da cultura antiga atravessaram as turbulências do período das grandes invasões a partir do século V. No caso de Donato, o papel dos sábios irlandeses foi determinante. Diferentemente do restante do mundo romano, onde o latim permanecia a língua materna, mesmo que um latim cada vez mais modificado, esses últimos aprendiam o latim como uma língua estrangeira, justamente graças a essas *artes*, cuja função mudava necessariamente: os instrumentos filológicos servem à exploração dos grandes textos literários, elas tornam-se manuais de língua estrangeira. Além disso, os monastérios insulares, irlandeses e anglo-saxônios, distantes dos desastres que se abatiam sobre o continente, desempenharam um papel de conservação essencial que se explica também pelo entusiasmo, o fervor com os quais as gentes das terras, celtas e anglo-saxônios, uma vez convertidas, acolheram os monumentos da latinidade. Essa é também uma das condições que tornaram possível o renascimento dos estudos latinos no continente na época carolíngia.

Mas é também na ocasião dessa passagem dos aborígines pelas terras que não tinham sido latinizadas que aparecem as primeiras glosas em língua vernácula (as mais antigas são as glosas marginais em irlandês antigo, anteriores ao século VIII), os comentários (como aqueles de Bède, o Venerável) e as primeiras traduções do velho manual.

A tradução é de início uma técnica pedagógica. Alguns *codex* medievais conservados (recolhas dos textos manuscritos), que permitem ter-se uma ideia do *curriculum* segundo o qual se aprendia o latim na Idade Média, continham as versões do Donato em latim e as versões traduzidas em vernáculo. A que se acrescentam em seguida os tratados mais especializados nas duas línguas, e os textos. A aprendizagem do latim no nível elementar se fazia assim em contexto bilíngue (Lusignan, 1986, 1987; Merrilees, 1986, 1990).

137

Uma história das ideias linguísticas

Outro dos efeitos da tradução, desde que ela se apoia na terminologia e nos exemplos, é produzir um começo de gramatização do vernáculo. Podemos mostrar esse fenômeno tomando os exemplos do que se passou no francês. Os textos dados como exemplo em seguida são mais tardios, mas o mecanismo em causa é fundamentalmente o mesmo. Eis aqui então uma passagem tirada de uma tradução em francês do Donato, datada do século xv. O texto visa sempre ao latim (que chamamos a língua objeto) e o francês constitui a metalíngua (a língua na qual é redigida a descrição do latim). Todavia, por questão de clareza e de eficácia pedagógica, os exemplos são assim traduzidos:

> Quant cas de nom sont? Seix. Lesquelz seix? Li nominatif, si come hic magister "li maistre", li genitif, si come huius magistri "du maistre", li datif, si come huic magistro "au maistre", li accusatif, si come hunc magistrum "le maistre", li vocatif, si come le o magister "o tu maistre", et li ablatif, si come ab hoc magistro "du maistre, de par le maistre, ensemble le maistre, avec le maistre"etc. (Ars Minor, Donat, ms 44, Bibliothèque municipale de Salins, éd. T. Städtler, 1988: 127)

> Quantos casos de nome são? Seis. Quais seis? O nominativo, se como *hic magister* "o mestre", o genitivo, se como *huius magistri* "do mestre", o dativo, se como *huic magistro* "ao mestre", o acusativo, se como *hunc magistrum* "o mestre", o vocativo, se como *o magister* "ó tu mestre", e o ablativo, se como *ab hoc magistro* "do mestre, ao lado do mestre, junto do o mestre, com o mestre" etc. (Ars Minor, Donat, ms 44, Bibliothèque municipale de Salins, éd. T. Städtler, 1988: 127)

Nós podíamos nos abster dos exemplos latinos e conservar somente sua tradução, se o objetivo visado fosse preferentemente a transmissão de um saber propriamente gramatical relativo à noção de caso em si. Em vez de uma definição abstrata de cada uma das noções casuais descritas teríamos, então, sob uma forma apreensível, um tipo de equivalente em francês da forma latina. É exatamente assim que procede este outro exemplo do Donato, igualmente traduzido, mas no qual os exemplos latinos não foram conservados:

138

> Quantz nombres de noms sont? Deux. Quelz? Le singulier sicome hic magister, le plurier sicome hi magistri. [...] Quantz cases sont? Six. Quelz? Le nominatif le maistre, le genitf du maistre, le datif au maistre, l'accusatif le maistre, le vocatif o tu Maistre et l'ablatif au maistre, par le maistre, avec le maistre. (*Ars Minor*, incunable de la Bibliothèque Méjanes, Aix-en-Provence, fin du XVe siècle, éd. Maria Colombo Timelli, 1986: 226)

> Quantos números de nomes são? Dois. Quais? O singular como *hic magister*, o plural como *hi magistri*. [...] Quantos casos são? Seis. Quais? O nominativo o mestre, o genitivo do mestre, o dativo ao mestre, o acusativo o mestre, o vocativo ó tu Mestre e o ablativo ao mestre, para o mestre, com o mestre. (*Ars Minor*, incunábulo da Bibliothèque Méjanes, Aix-en-Provence, final do século XV, ed. Maria Colombo Timelli, 1986: 226)

Um dos resultados manifestos dessas diferentes transformações às quais o texto é submetido, guiadas inicialmente pela preocupação da eficácia didática, é que a partir de então o texto pode muito bem funcionar como uma descrição gramatical do francês. Podemos nos convencer disso facilmente comparando os dois extratos que acabamos de citar com aquele do primeiro texto gramatical relativo ao francês. Trata-se ainda de um Donato, o *Donait françois*, dito de Barton (ca. 1409), redigido em francês como os textos precedentes, mas no qual dessa vez a língua objeto é igualmente o francês. Estamos um pouco adiante de uma simples tradução. Mas essa adaptação do modelo antigo se articula estreitamente com esses outros estados do texto que nós citamos. As formas do artigo que aparecem nos diferentes "casos" são, a partir daí, interpretados como marcas de flexão casual.

> Quantos casos são? - Seis. - Quais? - Nominativo, genitivo, dativo, acusativo, vocativo, ablativo, e eles são conhecidos por seus sinais. - Quais são eles? - Estes três: "o", "do", "ao": "o" é o signo do nominativo ou do acusativo; "do" é o signo do genitivo ou do ablativo e "ao" é o signo do dativo... (*Donait françois*, edição de Pierre Swiggers, 1985: 244)

Esse exemplo permite compreender com ajuda de quais mecanismos de transmissão, de quais operações técnicas, o modelo das gramáticas elaboradas durante o período antigo constituiu-se em modelo de referência a partir do qual se podia proceder à descrição de outras línguas. As gramáticas dos vernáculos foram assim elaboradas a partir de uma operação de *transferência* do modelo da gramática latina e de suas categorias, o que podemos chamar "gramática latina estendida": sob essa expressão, Auroux (1994a: 82-5) designa um quadro descritivo que foi estendido para as línguas às vezes próximas (como as línguas românicas), às vezes muito distantes, por meio de adaptações locais, mas também por certo enviesamento das descrições. Vemos, em nosso exemplo, que isso pode conduzir à implementação de categorias que não são necessariamente adaptadas à língua objeto. Os artigos em francês se deixam objetiva e dificilmente reduzir às marcas casuais, simplesmente porque sua função é outra. Ela é, com efeito, semântica e concerne à construção da referência (questão 36). Todavia, os gramáticos são convidados a pensar nos artigos como marcas dos casos, sob a influência do modelo conceptual do qual eles dispõem, e com base em toda sua formação intelectual. Serão necessários alguns séculos para que os gramáticos franceses se libertem da ideia de que existem declinações em francês e para que eles desistam de ver nas preposições *de* e *a* "artigos" indicadores dos casos, respectivamente genitivo e dativo.

O processo do qual nós fizemos um panorama para o francês no século xv começou, como observamos anteriormente, muito mais cedo. Os irlandeses foram os primeiros a ter a ideia de se servir do Donato para descrever sua língua. A primeira gramática de um vernáculo, originária dessa tradição, intitula-se *Auraicept na n-Éces* (Ahlqvist, 1983; Lambert, 1987). Ela data do início do século vii, e visa à codificação da língua literária. Conservou-se igualmente um texto um pouco mais tardio, tirado de uma recolha de estratos de Prisciano, os *Excerptiones de arte grammatica anglice*, de Aelfric (Law, 1987), compostas em vernáculo anglo-saxão do século x, que apresenta uma metalinguagem em vernáculo. A atividade gramatical no mundo celta permanece vivaz durante toda a Idade Média, como o testemunham outras traduções mais tardias em gaulês (*Dwen*), ou em médio bretão (*Donoat*). Observa-se igualmente um testemunho semelhante na Islândia (*Fyrsta Malfroediritgerdin* ["*Primeiro tratado gramatical*"], segundo terço do século XII)... O objetivo perseguido pelo gramático é nesse caso uma descrição de sons do antigo nórdico que vai gerar as proposições de adaptação de alfabeto para essa língua. No mundo romano, o primeiro exemplo de aplicação do modelo vem mais tarde. São as *Razos de trobar* de Raimon Vidal (ca. 1200), depois o *Donatz proensals* de *Uc Faidit*, composto entre 1240 e 1245.

A gramatização dos vernáculos conhece um ponto de inflexão no Renascimento (Auroux, 1992, 1994a). O número de gramáticas e de línguas descritas aumenta, então, bruscamente (questões 29-31). Todavia, foi nas ilhas ocidentais da Europa, desde os primeiros séculos da Idade Média, que o fenômeno começou. Ele está intimamente ligado ao modo de circulação e de difusão dessa obra gramatical do século IV que se tornou emblemática do saber gramatical em si, antes da descoberta de Prisciano. O Donato aparece, então, tanto como o vetor para o qual se pode manter o conhecimento quanto para a pedagogia do latim (Holtz, 1981: 315, 323 sq.; Law, 2003) entre a queda do Império Romano e a renascença carolíngea, e o núcleo a partir do qual se constitui o modelo da descrição das línguas do mundo, por ajuntamento de elementos de origens diversas (Prisciano muitas vezes, ou diferentes comentários antigos ou medievais), p. ex., tradução etc.

A projeção de um modelo de análise, concebido inicialmente para o latim, sobre um conjunto de línguas cada vez mais estendido, de fatos cada vez mais variados criou, assim, as condições de aparição de categorias e de conceitos novos. Onde o modelo inicial se adapta problematicamente, é preciso tentar eliminar essa dificuldade adaptando a ele o modelo ou a noção. A história do tratamento da categoria do artigo nas gramáticas francesas pode ser vista sob este ângulo: partimos do artigo como marca do caso nas gramáticas mais antigas, para o desenvolvimento progressivo de uma teoria semântica da determinação nos séculos XVII e XVIII.

De modo geral, esse modelo constituído a partir da tradição de arte gráfica latina pode ser resumido por algumas características simples:

1. ele é constituído de uma aparelhagem conceptual fundada notadamente sobre o sistema das partes do discurso e de seus *acidentes*;
2. ele é associado a um projeto: as gramáticas descrevem as propriedades das classes de palavras. O objeto do gramático é a palavra, mais do que o enunciado, suas propriedades categoriais e morfológicas, mais do que os princípios que regem seu agenciamento com outras palavras nos conjuntos mais vastos. A morfologia, então, mais do que a sintaxe.

Quanto ao plano da materialidade discursiva mesma, encontramos de modo muito durável uma organização da exposição por divisões sucessivas e hierarquizadas, características das obras técnicas desde a Antiguidade, ou de modo menos sistemático a organização em pergunta/resposta nas obras didáticas (Restaut, 1730, até o princípio desta obra).

27

Como os gramáticos adaptaram os conceitos da tradição greco-latina?

As primeiras descrições dos vernáculos foram elaboradas a partir de um fenômeno de transferência dos conceitos e métodos de análises preparados pela tradição greco-latina, dos quais seus autores estavam impregnados. O resultado ao qual eles chegaram depende em larga medida dos dados linguísticos aos quais as noções emprestadas foram confrontadas. Nós encontramos aqui, então, o registro da bricolagem que não exclui contraditoriamente nem a inovação, nem mesmo a invenção, tornadas necessárias, ou mesmo inevitáveis, para as realidades novas, nem a reprodução piamente respeitosa.

Sobre um certo número de questões, os gramáticos dispõem de uma memória que não se limita aos tratados dos quais anteriormente descrevemos os modelos (questões 21 e 26) e dos quais a orientação é essencialmente técnica e pedagógica. Eles podem, de fato, extrair conceitos de grandes compilações teóricas, como das *Institutions grammaticales* de Prisciano de Cesáreia, redigidas no começo do sexto século, que alimentaram a reflexão gramatical durante toda a Idade Média e deram origem a um número considerável de *comentários*.

Podemos ver isso com um exemplo preciso e emblemático como o da descrição dos tempos verbais. O edifício teórico que os autores das gramáticas francesas elaboraram a partir do século XVI empresta sua organização conceptual do capítulo que Prisciano consagra ao tempo (Prisciano, livro VIII, GL 2: 405.8-14 e 406.1-6).

A análise do tempo linguístico para esse último corresponde a uma classificação das formas verbais articulada em gêneros e espécies, que distingue dois níveis de categoria. Ao primeiro compreendem três tempos fundamentais: o presente, o pretérito e o futuro. O segundo identifica três outras categorias consideradas como as espécies do pretérito: o pretérito imperfeito, o pretérito perfeito e o pretérito mais-que-perfeito. O conjunto comporta, então, no total, cinco tempos. Se olharmos de perto as definições das três espécies de pretérito, perceberemos que elas tendem a utilizar um critério único, senão simples. Assim, o *preteritum imperfectum* é definido como o tempo "no qual uma coisa começa a ser feita e não está, no entanto, acabada (*perfecta*)"; o *preteritum perfectum* significa um tempo "no qual a coisa é mostrada como acabada", e o *preteritum plus quam perfectum* um tempo "no qual uma coisa é mostrada como acabada há muito tempo". Vê-se que o termo central é aquele de *perfectum*, a partir do qual são formados os derivados e compostos *imperfectum* e *plus quam perfectum*. Essa terminologia repousa então sobre o que nós poderíamos chamar a "perfeição da ação", que os tempos descritos realizam diversamente (negativamente, positivamente, ou segundo o alto grau). Assim, se considerarmos o conjunto, as categorias estão em uma relação de gênero para a espécie, umas frente às outras, isto é, em uma relação de inclusão, e elas se distinguem umas das outras por critérios simples e bem identificados (o que chamamos diferenças específicas).

A classificação de Prisciano é tomada como um ponto de partida nas primeiras descrições do francês. Assim, Jean Pillot, autor de uma das primeiras gramáticas do francês – mas redigida em latim – publicada em 1550 e intitulada sobre o modelo de seu ilustre predecessor *Institutio linguae Gallicae* (*Institution de la langue "gauloise"*, isto é, francesa), nota que, se o latim tem cinco tempos verbais, o francês se distingue dele pelo fato que tem dois *preterita perfecta*: aqueles que nós chamamos, seguindo nossa terminologia moderna, o "passado simples" e o "passado composto". A maior parte dos autores desse tempo nota essa particularidade do francês, que eles apreendem na comparação com o latim. É preciso, então, completar a classificação de Prisciano, introduzindo-lhe uma distinção suplementar, e considerar o *preteritum* em francês como um gênero sob o qual se organizam duas espécies. É dessa forma que se cristaliza um problema linguístico do qual a tradição francesa se ocupará durante um período muito longo, e que não é, além disso, sem interesse para os linguistas contemporâneos: compreender as regras em jogo na concorrência do passado composto e do passado simples e identificar a diferença específica desses dois tempos.

Pillot os denomina, respectivamente, *preteritum perfectum indefinitum* e *preteritum perfectum definitum*. Ele concebe a diferença específica que os distingue em termos de definitude. Mais precisamente, o perfeito *indefinido* significa um tempo indeterminado (*tempus indeterminatum significat*); mas o perfeito *definido* nota um tempo "mais determinado" (*magis determinatum*), e não passado há muito tempo (*non adeo dudum praeteritum*). O critério é, então, nós diríamos, temporal (isto é, que implica a posição dos eventos uns em relação aos outros), e não aspectual (isto é, que implica sua duração, a presença ou não de limites para essa duração, seu término ou não etc.). Os exemplos que ele dá na edição de 1550 (f. 20r) de sua obra permitem compreender melhor seu pensamento. Pode-se dizer, segundo ele *J'ay leu aujourdhuy l'Evangile, je leuz hyer l'epistre* ["Eu li hoje o Evangelho, eu li ontem a epístola"], mas não *j'ay leu hier, je leuz aujourdhuy* ["eu leio ontem, eu li hoje"].Trata-se da primeira menção de fatos relativos ao que a tradição denominará em seguida a regra das 24 horas (ver sobre esse ponto Weinrich, 1973; Gallet, 1977), e da qual encontramos uma menção sob uma forma ou sob outra na maior parte dos autores do século XVI, e depois dos séculos XVII e XVIII. Todos, contudo, não enunciam isso nos mesmos termos, e aí está um bom exemplo de debate gramatical na sua forma clássica, isto é, de confrontação de diversas formulações, em que o mesmo e o diferente se misturam em proporções variáveis, o que não exclui a inovação e, no fim das contas, o progresso.

Assim Meigret (1550), um autor contemporâneo de Pillot, retoma a ideia segundo a qual a análise dos tempos e sua classificação dependem de um procedimento de divisão de categorias, o que é equivalente a mostrar as relações de inclusões entre espécies e gêneros. Mas ele explora uma outra via, que poderíamos dizer sintática:

- o primeiro de nossos pretéritos denota uma ação "um pouco mais perfeita, do qual, todavia, o tempo não está bem determinado, de sorte que ele depende de qualquer outro como *je vis le Roę [Roi] lors q'il fut coroné*" ["eu vi o Rei quando ele foi coroado"] (Meigret, 1980: 69). Trata-se ainda de *determinação* do tempo. Mas aqui o passado simples é um tempo determinado porque ele não é autônomo sintática e referencialmente; sua referência temporal se constrói sempre em relação com uma outra marca temporal, verbal, como no exemplo, ou outra;
- o segundo, de criação francesa, responde à necessidade de que temos às vezes de falar do passado de modo absoluto, e "sem sequência" (ibid.). Trata-se de nosso passado composto.

Dois exemplos para o século XVII completarão essa rápida volta por esse horizonte: O *Exact acheminement à la langue française* de Jean Masset (1606), e a *Grammaire et syntaxe française* de Charles Maupas (1607).

A obra de Jean Masset ocupa um volume bem fino que aparece acompanhando o dicionário de Jean Nicot (1606). A classificação é de um tipo idêntico àquela que já vimos: três tempos simples, e muitas espécies incluídas no passado. Mas as formas levadas em conta são mais numerosas e ligadas por uma rede de relações muito diferentes.

O passado comporta, com efeito, quatro tempos: o *imperfeito*, o *aoristo simples* (*je courus*) ["eu corri"], o *perfeito* (*j'ai courus* ["eu corri"]) e o *mais-que-perfeito*. A terminologia indica que a organização do sistema é pensada em termos diferentes. O passado simples e o passado composto estão no mesmo plano, mas um e outro são associados a um tempo composto: ao *aoristo simples* (*je courus*), corresponde um *aoristo composto* (*j'eus couru*) ["eu corri"] e para o *perfeito* (*j'ai couru*) ["eu corri"] corresponde um *perfeito muito perfeito* (*j'ai eu couru*) ["eu tinha corrido"]. Mas, se olharmos de perto as definições, somos tocados pelo fato de que elas são claramente originadas daquelas de Meigret: o aoristo simples depende "de um discurso precedente narrativo do que seria passado naquele tempo"; e "nós usamos o aoristo simples [...] em oração limitada por advérbios de tempo passado, ou outra circunscrição que seja de tempo, pela qual nós definiríamos a ação indefinida, para um certo tempo determinado" (Masset, 1606: 11). Essas observações são completadas por uma variante da regra de 24 horas cuja evocação é útil a nosso propósito: "Observe que nós não usamos nunca (do aoristo simples) para uma ação do dia em que nós estamos, nem da noite precedente, nem mesmo com os advérbios do tempo presente *hoje, agora* e *nesta hora*" (ibid.).

O texto apresenta, então, um tipo de síntese das diferentes formas adotadas até ali pelas definições. Nele figuram o critério referencial do distanciamento do evento quantificado de modo formal por 24 horas e o critério contextual formulado por Megret, segundo o qual o passado simples é um tempo não autônomo no discurso, e do qual a referência se constrói por uma outra marca temporal. Nós encontramos nisso, enfim, uma reinterpretação do valor indeterminado do passado simples (de onde o uso do termo de tempo *indefinido*) dado como a causa e sua dependência de uma determinação contextual.

Em uma obra publicada apenas um ano mais tarde, em 1607, Maupas retoma de Masset a ideia de que os pretéritos funcionam por dois com suas "duplas" ["*redoublés*"], isto é, a forma simples com a composta, ou sobrecomposta. Nós temos, então, duas séries: os pretéritos definidos (passado simples e anterior), e os pretéritos indefinidos (passado composto e sobrecomposto). As definições emprestam aí também uma parte de seu material da tradição. Mas o autor introduz uma inovação considerável no tratamento do problema de que nos ocupamos. O critério referencial que serve de pivô para a regra das 24 horas não é mais para ele um ponto, mas um intervalo de referências, e é sua posição em relação ao instante da fala que distingue as duas categorias de pretérito.

Assim, os tempos definidos

> infèrent toujoujours un temp piéça passé, et si bien accompli qu'il n'en reste aucune partie à passer. Et à cette cause requièrent toujours une préfixion et prénotation de temps auquel la chose dont on parle est advenuë, & c'est la raison pour quoi je les appelle *définis*

> [inferem sempre um tempo passado há muito tempo, e tão bem acabado que não resta nenhuma parte a passar. E para essa causa requerem sempre uma prefixação e prenotação de tempo para o qual a coisa de que se fala aconteceu, & é a razão por que eu os chamo *definidos*]. (Maupas, 1607: 273)

Tanto que os indefinidos

> signifient bien un acte du tout fait et passé, mais le temps non encore si éloigné qu'il n'en reste encore quelque portion à passer

> [significam bem um ato completamente terminado e passado, mas o tempo não ainda tão longínquo que ainda resta dele alguma porção a passar] (ibid.).

Nos dois casos, o tempo do qual permanece ou não *uma porção a passar* não é aquele do evento, sempre inteiramente passado e acabado, mas aquele de um tempo, provido de uma certa extensão, e que serve aqui de referência para a construção da imagem temporal.

Essas formulações serão retomadas parcialmente pela maior parte dos autores dos séculos XVII e XVIII, e elas resultarão na noção de "período" de referência formalizada pelos autores de gramáticas gerais. Elas correspondem a uma análise em termos de aspecto-enunciativos de valores do passado simples e do passado composto: o passado simples representa um evento passado, incluído em um intervalo de referência do aspecto global, o instante da fala que está, ele mesmo, fora desse intervalo. O passado composto representa um evento passado, incluído em um intervalo de referência de aspecto transversal, melhor dizendo, que compreende o instante da fala.

Vemos, então, como a transferência do modelo de Prisciano serve de ponto de partida para a análise dos tempos do francês e para sua classificação. O conjunto da discussão da qual retraçamos os contornos sustenta-se, no fundo, sobre a identificação do critério com base no qual repousa a diferença específica do passado simples e do passado composto: em que consiste o caráter definido ou indefinido desses dois tempos? O problema em si tem seu sentido no quadro de uma classificação na qual nós os visualizamos como duas espécies de um mesmo gênero. É precisamente esse quadro que é herdado de Prisciano, isto é, não somente certos conceitos (pretérito, imperfeito etc.), mas também a forma sob a qual o problema é concebido.

Evocaremos rapidamente dois outros exemplos de adaptação da herança greco-latina para a gramática francesa, aquele dos conceitos de "modo" e de "voz" verbal (detalhes em Colombat, 2006, 2007). Primeiro, os modos. A primeira gramática francesa enumera, além de um indicativo e de um imperativo, um subjuntivo ou conjuntivo e um optativo. O leitor moderno se surpreende com a presença desse último, que não corresponde a nenhuma forma particular. Com efeito, o optativo, modo do desejo, é marcado morfologicamente somente em grego, mas ele foi transferido para o latim, em que designa as formas do subjuntivo no qual o emprego corresponde àquela do optativo grego, e aí ele é passado – bem naturalmente, poderíamos dizer – ao francês, em que ele designa as formas do tipo *Dieu veuille que I'aye*, *Pleust à Dieu que I'eusse* ["Deus queira que o tenha", "Implore a Deus que o tivesse"] (Pillot, 1561) ou ainda *O que volontiers I'auroye* ["O que de bom grado o teria"] (Estienne, 1557), isto é, as formas que, efetivamente, correspondem a um desejo, mas que nós analisamos hoje como pertencentes ao subjuntivo ou ao condicional. Quanto conj-/sub-juntivo, os gramáticos franceses permaneceram sob a dependência da definição dos gramáticos latinos, por exemplo, Prisciano: "o quarto modo é o subjuntivo que tem necessidade não somente de um advérbio ou de uma conjunção, mas ainda de um segundo verbo para significar um sentido acabado" (livro VIII, GL, 2: 242). Isso impunha analisar o subjuntivo não morfologicamente a partir de formas particulares, mas sintaticamente, como dependendo de um advérbio, de uma conjunção ou de outro verbo, o que conduz um gramático como Pillot, já citado, a dar em seus paradigmas três formas precedidas de uma conjunção para o "conjuntivo" imperfeito: *Quand i'aurois* ou *Vu que i'avois* ou *Combien que i'eusse* ["Quando eu teria" ou "Visto que eu tivesse" ou "Quanto eu tivesse"]. No começo do século XVII, um gramático como Maupas considera ainda que, exceto o "futuro do conjuntivo" (nosso futuro anterior do indicativo), "o conjuntivo é em tudo parecido com o optativo" (1618: 93r). Seria preciso ainda tempo para que o optativo desaparecesse da gramática francesa para que o subjuntivo fosse analisado sobre uma base morfológica e para que se reconhecesse na forma em *-rais* (aqui acima *-roye* e *-rois*) um condicional do qual o estatuto como modo é hoje contestado.

Quanto à "voz" verbal, sua "invenção", ou melhor, a utilização desse termo é igualmente surpreendente. Nós vimos (questão 19) que os gregos falavam de "diátese" (*diathesis*) e os latinos de "gênero ou significação dos verbos" (*genus uel significatio verborum*). Nas primeiras gramáticas francesas, é bem o termo "gênero" dos verbos que é utilizado, mas ele será progressivamente substituído por aquele de "voz". Como foi inventada a "voz" verbal? "Voz", quer dizer "forma", foi criada inicialmente para tratar do impessoal: nas primeiras gramáticas francesas, precisava-se distinguir os verbos impessoais da forma *on court* ["corre-se"] dos verbos impessoais da forma *il pleut* ["chove"]. Com efeito, não é *on* que é analisado, mas toda a forma *on court*, porque em latim as formas correspondentes são respectivamente *curritur* e *pluit*: decidiu-se então que *on court* seria o impessoal de voz passiva porque ele corresponde à forma latina *curritur*, e *il pleut* o impessoal de voz ativa porque ele corresponde à forma latina ativa *pluit*. Em seguida, estendeu-se o termo *voz* para a diátese, isto é, a disposição da pessoa no verbo, e falou-se de "voz passiva" para as formas com *être* + particípio passado. O que constituiu propriamente um duplo mal-entendido porque, na voz passiva francesa, de um lado, não há que se falar propriamente de "voz", isto é, de "forma" passiva, o que certos gramáticos do século XVI afirmam, dizendo precisamente que "os franceses não têm verbos passivos" (Garnier, 1558: 45), e de outro lado, o particípio passado não é reservado ao passivo. A gênese da terminologia linguística não é, então, nem sempre – como nós podemos crer, ou ao menos esperar – o produto racional de reflexões teóricas. Ela pode ser também ser o fruto de uma incompreensão e, por extensão de reorientação progressiva.

28

Quais problemas de descrição os gramáticos encontraram na realização deste material conceitual?

Nós vimos como (questão 26) a tradução do Donato levava a utilizar a noção de caso para descrever o francês apoiando-se sobre os *signos dos casos* que podem ser constituídos das preposições e dos artigos. É um bom ponto de partida para colocar o problema da adequação das descrições dos vernáculos conduzidas a partir do modelo do latim. Os gramáticos antigos viam declinações em tudo? Eles eram inclinados a generalizar abusivamente a presença das categorias? Tentemos compreender como o problema podia colocar-se a partir de um exemplo preciso como o do artigo.

É possível que seu tratamento como marca da flexão do nome, ou como categoria flexiva, tenha sido favorecido e se tenha instalado em seguida de modo durável, por causa dos fenômenos de ênclise do artigo e das preposições *a* e *de* (*ao[s]*, *do*, *das/dos*). Eles podiam dar o sentimento de uma variação morfológica, de uma verdadeira flexão de fato, e justificar a ideia de que o nome em francês se declina pelo artigo, como escreviam os gramáticos do século XVI. Considerou-se durante muito tempo que os nomes apelativos (comuns) tinham uma declinação de três formas do tipo:

nominativo/acusativo	*o mestre*
genitivo/ablativo	*do mestre*
dativo	*ao mestre*

e se estendeu essa declinação aos nomes próprios: nominativo/acusativo: *Pedro*; genitivo/ablativo: *de Pedro*; dativo: *a Pedro*.

A leitura do *corpus* das gramáticas francesas mostra que essa situação retardou manifestamente a análise dos diferentes valores semânticos do artigo e a identificação de suas diferentes formas (Demaizière, 1988; Swiggers, 1985; Joly, 1980; Fournier, 2004).

Vemos isso, por exemplo, no tratamento de um problema limitado como o do artigo partitivo que se emprega em francês com os nomes de massa como *du pain* ["do pão"] (Fournier, 2004). As diferenças como *je vois le mouton* e *je mange du mouton* ["*eu vejo o carneiro*" e "*eu como do carneiro*"] são muito cedo identificadas (Estienne, 1557: 23), mas os gramáticos são confusos para dar conta disso. A solução adotada, coerente com o modelo da declinação, consiste em dizer que se trata do emprego do genitivo do artigo (*du*), mas com um valor de acusativo. É por exemplo o que escreve Pierre Restaut, um dos primeiros, no entanto, a utilizar o termo partitivo: "<os partitivos>" são os genitivos definidos e indefinidos quando eles se *tornam* nominativos ou acusativos, e dos quais fazemos uma classe separada" (Restaut, 1730: 76, grifo nosso). Uma análise semântica adequada dessas unidades é, porém, proposta desde o começo do século XVII por Charles Maupas (1607), que observa que essas *particules signifiantes partition* são empregadas com os nomes dos quais falamos por *peças* e *pedaços*, tanto que empregamos a *notação de unidade* (isto é, o artigo *um*) com aqueles que designam um *todo* ou *corpo integral*. A noção aparece para alguns autores (Masset, 1606; Buffier, 1709; Restaut, 1730; Antonini, 1754; Vallart, 1744), mas não encontra manifestamente um largo acordo entre os gramáticos. A análise da determinação nominal durante esse período é dividida, poderíamos dizer, entre a exploração fina dos valores semânticos carregados pelo sistema do artigo e a tentativa de sistematizar a descrição das variações morfológicas do nome em termos de declinação. Certos autores propõem até cinco (La Touche, 1696; Vallart, 1744). Se bem que a teorização dos empregos partitivos desaparecerá (provisoriamente) com a condenação definitiva da declinação a partir do meio do século XVIII (Girard, 1747; Beauzè, 1765).

Que significa essa fidelidade de longo termo à noção de caso para os gramáticos? A resposta não é simples. É claro que seu uso funciona para alguns como um tipo de tela, de obstáculo epistemológico, que impede de apreender de modo adequado os fatos da língua descrita. Mas é preciso notar que muito cedo os gramáticos afirmaram que o francês não tinha casos como o latim (Meigret, 1550). Para os autores de Port-Royal, a questão é, igualmente, muito clara:

<Les> articles [dans les langues nouvelles, par différence avec les langues anciennes] n'ont point proprement de cas, non plus que les noms. Mais ce qui fait l'article le semble avoir, c'est que le genitif & le datif se fait toûjours au plurier, & souvent au singulier par vne contraction des particules de & a, qui sont les marques de ces deux cas, avec le plurier les, & le singulier le. (*GGR*, 1676: 52-53)

[<Os> artigos [nas línguas novas, por diferença com as línguas antigas] não têm propriamente caso, nem nos nomes. Mas o que faz o artigo o parece ter, é que o genitivo & o dativo se faz sempre no plural, & muitas vezes no singular por uma contração das partículas de & a, que são as marcas desses dois casos, com o plural os, & o singular o.]. (*GGR*, 1676: 52-3)

No entanto, os autores de Port-Royal permaneceram longamente, no capítulo consagrado ao nome, sobre cada uma das categorias da flexão. É que a noção de caso é, de fato, um instrumento cômodo para tratar de maneira fina um certo número de relações sintáticas, para uma época em que a noção de complemento não tinha ainda sido inventada (Chevalier, 2006a), e quando as categorias casuais são concebidas como categorias semânticas universais diversamente realizadas segundo as línguas.

Muitas atitudes puderam então existir: a fidelidade um pouco estreita que conduz a fazer entrar à força os fatos do vernáculo no modelo herdado, ou a exploração das particularidades formais das línguas descritas, e a organização do modelo em vista de uma descrição adequada.

As categorias herdadas da Antiguidade tendem a ser concebidas como um sistema gramatical universal, que se pode colocar *a priori* e que os vernáculos realizam diversamente. A ideia segundo a qual todos os valores semânticos e funcionais não têm necessariamente marca "vocal" remonta a Prisciano (Dahan, Rosier-Catach e Valente, 1995). Ela é teorizada no século XII, por exemplo, por Pierre Hélie através da distinção entre propriedades segundo a forma vocal (*secundum vocem*), e propriedades segundo a significação (*secundum significationem*). É bem assim que elas funcionam na gramática do provençal de Uc Faidit (1240-5; Marshall, 1969). O autor dá uma primeira "declinação" dos nomes em provençal que faz intervir o artigo e as preposições, como nas gramáticas do francês citadas acima. Mas ele mostra em seguida que há uma clara consciência da diferença de sua língua e do latim, e propõe uma descrição adequada do sistema bi-casual do antigo provençal que comporta, como no francês antigo, um -s no nominativo singular e no plural dos casos oblíquos:

> E no se pot connosser ni triar l'accusatius del nominatiu sino per zo que.l nominatius singulars, quan es masculis, vol -s en la fi e li autre cas no.l volen, e.l nominatiu plural so [lo] vol e tuit li altre cas volen lo en plural. (Donatz proensals, ed. Marshall, 1969: 92)

> [Et on ne peut connaître ni distinguer l'accusatif et le nominatif sinon par ceci que le nominatif singulier, quand il est masculin, veut un -s à la fin et les autres cas ne le veulent pas, et le nominatif pluriel ne le veut pas, et tous les autres cas le veulen au pluriel.]

> [E não se pode conhecer nem distinguir o acusativo e o nominativo senão por aquilo que o nominativo singular, quando é masculino, quer um -s no fim e os outros casos não o querem, e o nominativo plural não o quer, e todos os outros casos o querem no plural.]

Os casos de *sucesso* desse tipo estão longe de ser isolados (ver esse ponto em Auroux, 1994a). A "descoberta" do ergativo pode ser atribuída a Oihenart que redige em 1638 a primeira descrição do basco. E os primeiros descritores das línguas ameríndias consegui-ram, face a línguas tipologicamente muito afastadas do latim e de sua própria língua materna, identificar corretamente um fenômeno como a aglutinação (Sagard, 1632).

29

Por que se teve a ideia de descrever e comparar as línguas do mundo? Como essa tarefa foi realizada?

A Idade Média ocidental era centrada quase exclusivamente sobre o latim, ao qual se associavam as duas outras lín-guas sagradas, o hebraico e o grego, que se conhecia mui-to pouco (à exceção de alguns helenistas e de certas obras como a *Grammatica Graeca* de Roger Bacon, 1268). As coisas mudam consideravelmente com o Renascimento, com o retorno ao estudo do grego e o interesse pelo hebraico.

No século xv, torna-se fácil aprender o grego, em razão da chegada dos bizantinos depois da tomada de Constantinopla pelos turcos: eles chegam em geral a Veneza por Creta e ganham a vida ensinando sua língua materna ou trabalhando como copistas. Um problema se põe, todavia, que é aquele da falta de manuais bilíngues de gramática grega; Policiano aprende o grego sozinho com ajuda de uma tradução latina (como a versão da Bíblia feita por Jerônimo ou dos textos de Aristóteles, por Gaza). Há muitas traduções latinas de obras gregas, em particular sob o impulso do papa Nicolau v (1447-1455): os humanistas italianos podiam utilizar essas traduções, mas Guarinus Veronesis (Guarino de Verona) teve a coragem de ir estudar grego em Constantinopla, nos anos 1390, onde seguiu os ensinamentos de Manuel Chrysoloras, lá ficou por cinco anos e trouxe duas caixas de manuscritos preciosos. Diz a lenda que uma caixa se perdeu durante a viagem, e Guarinus ficou tão afetado com isso que seus cabelos embranqueceram em uma noite! Era uma prática corrente a de trazer os manuscritos do Oriente: em 1423, Jean Aurispa traz 238 livros gregos (dos quais sem dúvida muitos duplicados!); François Filefe (que foi, como Guarinus, aprender o grego em Constantinopla) traz de lá 40 livros; Laurent de Medicis enviou Janus Lascaris em 1492 para buscar livros nas províncias bizantinas; a grande biblioteca de Veneza (que se tornou a Marciana) recebeu em 1468 os volumes do cardeal Bessarion (Reynolds e Wilson, 1986: 101; Förstel, 2000: 667). O próprio Manuel Chrysoloras ensinou grego em Florença e é o autor de uma gramática grega escrita sob a forma de perguntas/respostas (ca. 1400).

Quanto ao hebraico, interessa-se por ele por razões mais teológicas do que realmente linguísticas (trata-se de sustentar a tese do hebraico como língua mãe) com três consequências: 1) descobre-se uma língua muito diferente em suas estruturas; 2) descreve-se essa língua em termos diferentes, não por palavras e paradigmas, mas raízes e sufixos; 3) descobre-se a noção de parentesco linguístico, porque o hebraico é estudado ao mesmo tempo que o aramaico e o árabe (Percival, 1992: 228).

As grandes descobertas aportam também seu lote de descrição das línguas "exóticas" (questão 31). Mas um dos mais possantes motores para a colocação em paralelo das línguas foi certamente a Reforma, que não somente impulsionava os eruditos a adquirir um conhecimento mais direto do texto hebraico original do Antigo Testamento, mas também os levava a considerar como uma benção a possibilidade de pregar a palavra do Senhor em novas línguas muito diversas.

Segundo a ideia que se desenvolve, deve-se poder dar uma descrição comum a todas as línguas. Em seu *De originibus seu de hebraicae linguae et gentis antiquitate, deque variarum linguarum affinitate* (Das origens ou da antiguidade da língua e da raça hebraicas e da afinidade das diferentes línguas), Paris, 1538, Guillaume Postel sustenta a ideia que a relação do hebraico e do árabe é indicada pela semelhança de sua estrutura gramatical, como ponto comum essencial à raiz trilítere.* Em seu *De ratione communi omnium linguarum et literarum commentarius* (Comentário sobre o sistema comum de todas as línguas e de todas as letras [no sentido de caracteres]), Zurique, 1548, Theodor Biblander explica que "todas as línguas poderiam ser descritas com proveito se elas fossem primeiro analisadas gramaticalmente de maneira uniforme e especificamente no quadro teórico hebraico" (Percival, 1992: 229).

Em seu *Mithridates* (Gessner, 2009), do qual o título completo pode-se traduzir como "Mithridates, observações sobre as diferenças das línguas, tanto as línguas antigas quanto aquelas que são atualmente utilizadas entre as diversas nações do mundo inteiro", Conrad Gessner insiste muito mais sobre as *diferenças* que separam as línguas do que sobre seu parentesco. Mas o mesmo entusiasmo o anima para a ideia de poder pregar a palavra do Senhor em tantas línguas tão diversas que ele vê na invenção da imprensa a mão de Deus, permitindo uma evangelização rápida de todos os povos (2009: 45r°).

Gessner não é um "linguista" de profissão. Autor de numerosas obras no domínio da medicina, da zoologia, da botânica, da bibliografia, ele tem o objetivo de juntar em um tratado minúsculo, por ordem alfabética, todas as observações que pôde fazer nessas obras. Ele tem, além disso, a ideia de dar como exemplo dessas línguas o Pai Nosso para o qual propõe 27 versões: notadamente em latim, etiópio, inglês, árabe, armênio "wallique" (galês), caldeu, francês, alemão, flamengo, islandês, alto alemão antigo, gueldriano,** gre-

---

* N.T.: Ou seja, três letras/consoantes.
** N. T.: Guéldria é a maior província dos Países Baixos.

go, hebraico, espanhol, húngaro, tcheco (boêmio), polonês, italiano, romanche,* sardo (língua dos moradores urbanos, na verdade, o catalão), sardo (língua dos camponeses). Recorrendo a numerosas fontes, tanto antigas quanto modernas (aproximadamente 150), ele fornece um quadro ao mesmo tempo decepcionante e rico das línguas então conhecidas. Decepcionante, porque contaminado por numerosas aproximações (Gessner junta todas as línguas eslavas com algumas línguas fino-húngaras, sob o nome de ilírico) ou por erros (ele acreditava poder fazer derivar o armênio do hebraico e confunde o persa e o turco) e rico porque repleto de informações então pouco conhecidas, de observações sobre a evolução das línguas e sua diversificação em dialeto. Assim parece ter descoberto o princípio das leis consonânticas, sem criar um termo para designá-las, por exemplo, quando escreve: "Os celtas [isto é, os habitantes do alto e do médio Reno] têm *sempre s*, lá onde os belgas [os baixo-alemães] têm *t*, como *Wasser/watter*: *Groß/grott*: *Das/dat"* (2009: 21rº).

Com sua empreitada, Gessner inaugura uma longa série de obras cada vez mais completas e que mencionam um número sempre maior de línguas. Em seu já muito volumoso *Thresor de l'histoire des langues de cest univers* (1613), Claude Duret recenseia 53 obras. Mas é no século XVIII e na primeira metade do século XIX que o gênero das "compilações linguísticas" conhece o mais forte crescimento, como o mostra a lista seguinte (Auroux e Hordé, 1992: 538):

MONBODDO James Burnet Lord, *Of the Origin and Progress of Language*, 6 vols., Edinburgh et Londres, 1773-1792.

COURT DE GEBELIN Antoine, *Le monde primitif analysé et comparé avec le monde moderne*, 9 vols, Paris, l'auteur, 1773-1782.

HERVÁS Y PANDURO abbé Lorenzo, *Catálogo de las lenguas de las naciones conocidas, y numeración division y clases de estas segun la diversidad de sus idiomas y dialectos* [Catálogo das línguas das nações conhecidas, e recenseamento, divisão e classificação dessas últimas, segundo seus idiomas e dialetos], 6 vols., Madrid, Impr. de la Administracion del Real Arbitrio de Beneficiencia, 1800-1805; reedição Madrid, Ediciones Atlas, 1979.

PALLAS Peter Simon, *Linguarum totius orbis vocabularia comparativa Augustissimae cura collecta* [Vocabulários comparados de todas as línguas e dialetos, coletados pela mão de uma muito augusta pessoa], Saint Peterbourg, De Schnoor, 1787-1789; 2. ed. 1790-1791; reedição, Hambourg, Buske, 1977.

ADELUNG Johann Christoph & VATER Johann Severin, *Mithridates oder allgemeine Sprachenkunde mit dem Vater unser als Sprachprobe in bey nahe fünfhundert Sprachen und Mundarten*

---

* N.T.: Língua falada no cantão dos Grisões, Suíça.

A descrição das línguas do mundo

[Mithridate ou ciência geral das línguas, como amostra do Pai Nosso em quase cem línguas e dialetos], 4 vols., Berlin, 1806-1817.

BALBI Adriano, *Atlas ethnographique du globe, ou classification des peuples anciens et modernes d'aprés leur langue*, 2 vol., Paris, Rey e Gravier, 1826.

Nesse grande movimento, o número de línguas evocadas, depois sempre mais cuidadosamente descritas, cresce: "Gébelin recenseia umas seis dezenas de língua, Pallas 222 (280 para a segunda edição), Hervás sobe a 300, Adelung e Vater a 400, Balbi sobe a 500 e conjetura que as línguas do universo devem ser aproximadamente 2.000" (Auroux e Hordé, 1992: 539). As condições de produção e os objetivos, entretanto, são muito diferentes. Evocaremos a esse respeito somente alguns traços, enviando, para mais detalhes, ao capítulo "Compilations" do *Corpus de textes linguistiques fondamentaux* (2000: 2, 351-68). Monboddo visa à construção de uma antropologia linguística: as pesquisas sobre a linguagem devem permitir remontar à origem da raça humana e seguir sua evolução. Court de Gebelin está em busca de uma língua universal, orgânica e primitiva. Graças notadamente aos jesuítas de passagem para Roma, Hervás, que será nomeado pelo Papa, como bibliotecário do Quirinal, é o linguista mais informado de seu tempo sobre a repartição das línguas do mundo: ele interroga os jesuítas que voltam de países muito diversos e pede aos missionários que escrevam pequenas gramáticas. Pallas pretende ser simplesmente o redator que obedece à injunção de Catharina II, da Rússia, de coletar todos os dialetos do universo: ele estabelece listas lexicais que contêm a tradução de aproximadamente 300 palavras russas em 200 línguas antigas e modernas, reagrupadas por famílias, iniciando-as pelas línguas eslavas, depois as línguas célticas, e, então, as línguas românicas. Adelung, autor igualmente de uma grande gramática alemã, parte do princípio de que as línguas eram todas monossilábicas no começo. Seu colega Vater, orientalista e já comparatista, insistirá bastante sobre o parentesco genético das línguas. É a partir daí que o comparatismo (questão 38) que, colocando em primeiro plano o parentesco e a história das línguas, provocará o fim desse vasto movimento, ao menos um fim provisório se se considera que a tipologia linguística é uma longínqua herança das compilações.

157

30

Como os gramáticos apreendem o fenômeno da diversidade das línguas a partir da experiência das grandes viagens de descoberta e do empreendimento colonial?

A descrição das línguas do mundo e sua *instrumentação* por gramáticas e dicionários constituem o que Silvain Auroux chama de a segunda revolução tecnológica da gramatização (Auroux, 1994a; cf. questões 10 e 11). A primeira corresponde à invenção da escrita; a terceira, à mecanização do tratamento dos fatos linguageiros. Três etapas em que cada uma, por sua vez, modifica de modo fundamental a relação que os homens têm com sua língua e com as produções linguísticas. Três momentos antes de tudo caracterizados pelo domínio e pelo desenvolvimento de um conjunto complexo de tecnologias linguísticas: a escrita, as gramáticas e os dicionários como objetos técnicos, e as tecnologias do tratamento automático da informação. No caso da gramatização, isto é, da instrumentação das línguas por gramáticas e dicionários, dois fatos devem ser observados.

1. As diferentes tradições de descrição das línguas são todas centradas sobre a língua a partir da qual elas se desenvolvem (questão 4), salvo o que nós chamamos a tradição ocidental, saída da tradição greco-latina. Há aqui alguma coisa com o que podemos nos surpreender e cujos fatores de explicação são complexos e numerosos. Sem dúvida, o empreendimento da conquista e da expansão colonial e comercial na qual as diferentes nações da Europa se lançam a partir do Renascimento é uma das causas do desenvolvimento do processo de descrição das línguas do mundo. Sem dúvida também, o modelo de análise greco-latina apresenta um grau de elaboração e de sofisticação suficiente para que ele alcançasse algum sucesso. Mas outras tradições são encontradas em certos momentos de sua história em uma situação comparável. É o caso, por exemplo, da tradição arábico-muçulmana que dispõe dos *Sībawayhi* (fim do século VIII), de uma aparelha-

gem conceptual notável e da qual a esfera de influência, do fato das conquistas militares ou da influência comercial, estende-se da Espanha para a muralha da China e para a Índia.

Mas é sobre a base da tradição greco-latina que se desenvolve o processo de descrição das línguas do mundo, a partir do modelo elaborado no quadro dessa tradição, graças às adaptações, das quais demos alguns exemplos anteriormente, e que são mais necessárias quando as línguas descritas são distantes tipologicamente do modelo latino. É então a partir da mesma trama nocional (o sistema de partes do discurso, uma tipologia dos *acidentes* dos quais elas são suscetíveis etc.) que as gramáticas das diferentes línguas descritas a partir dessa época são compostas; é a mesma rede coerente de termos e de conceitos que se aplica a línguas mais e mais numerosas e diversas tipologicamente – o que faz que ao abrir, não importa qual dessas gramáticas, encontramo-nos sempre em lugar conhecido –, e a partir do qual os descritores missionários ou viajantes fazem a experiência da diversidade, colhem seus fatos cada vez mais numerosos e diversos que poderiam, em seguida, ser juntados nas primeiras compilações de base comparativa (questão 29).

2. O segundo fato notável é que esse processo tenha concernido, simultaneamente, às línguas da Europa e àquelas dos povos com os quais os ocidentais entram em contato nas Américas, na África e na Ásia. Simultaneidade tanto mais notável que os interesses implicados nesses dois empreendimentos são diferentes entre si. A descrição das línguas da Europa é ligada a sua instituição como línguas nacionais, e disso se articula a constituição dos Estados-nação (questão 33). Aquelas das línguas ameríndias, por exemplo, são, no fim das contas, um instrumento de evangelização e da submissão dos povos. No primeiro caso, os gramáticos descrevem sua língua materna e destinam sua obra aos locutores da mesma língua (ou àqueles que desejavam aprendê-la). Os missionários que redigem as primeiras gramáticas do nahuatl, do guarani ou do tupi fabricam os instrumentos para uso de seus sucessores, que, antes de serem edi-

tados, foram muitas vezes simples cadernetas de notas que se transmitiam, e que visavam a dotar o missionário de competências linguísticas mínimas para a evangelização e a conversão.

Nos damos conta dessa relativa simultaneidade aproximando a produção dos primeiros descritores do francês, do espanhol e do português, daquelas dos missionários das áreas de influência respectivas de cada uma dessas línguas (Auroux, 1994a):

Primeira gramática do espanhol: Nebrija, 1492.	Na esfera de influência espanhola: primeira gramática de uma língua mexicana, o nahuatl, 1547.
Primeiras gramáticas do português: Oliveira, 1536; Barros, 1540.	Na esfera de influência portuguesa: primeira gramática do tupi, 1595.
Primeiras gramáticas do francês: Palsgrave, 1530; Meigret, 1550.	Na esfera de influência francesa: primeira gramática do huron, Sagard, 1632.

Mede-se também a intensidade com a qual esse processo é desenvolvido, observando o crescimento do número das línguas descritas com um exemplo como aquele do patrimônio espanhol das gramáticas das línguas da América Latina:

- ao fim do século XVI: 33 línguas diferentes descritas;
- ao fim do século XVII: 126 línguas diferentes descritas;
- ao fim do século XVIII: 158 línguas diferentes descritas.

31

Por que a descrição das línguas do mundo se desenvolve sobretudo no Renascimento?

O movimento de gramatização dos vernáculos, que se desenvolveu na Europa Ocidental, desde o século VII, e prosseguiu na Idade Média para certas línguas (o irlandês, o islandês, o provençal...), é sem comparação com aquele que se estendeu a partir do Renascimento. Sobre o plano epistemológico, os dois processos têm um ponto em comum: eles se desenvolvem a partir do mesmo modelo conceptual. Mas as causas que levam a equipar as línguas com instrumentos linguísticos (gramáticas, léxicos e dicionários, manuais de conversação, tratados de todo tipo) são bem diferentes nos dois casos.

No caso da gramatização medieval, nós vimos que essas causas são muito numerosas e diversas:

- codificação da escrita e alfabetização, como na Islândia;
- uso do vernáculo na pedagogia do latim, um pouco em todo lugar;
- codificação da língua poética (irlandês, provençal);
- pedagogia do vernáculo. É o caso exemplarmente da gramatização do francês que se desenvolve na Inglaterra depois da conquista normanda (1066). No século XII, o francês é a língua vernácula da aristocracia. É também a língua da literatura e da administração. Ele regride no curso do século XIII, para passar ao estatuto de língua segunda no século XIV, sem deixar de desempenhar um papel essencial em muitos setores da vida social. Disso resulta o desenvolvimento de um ensino do francês, às vezes limitado ao domínio de certas competências – como escrever cartas –, que produziu todo um conjunto de instrumentos, dos quais os mais antigos que foram conservados datam do século XIII e descrevem diferentes aspectos da língua e das práticas discursivas: tratados de ortografia, *maneiras de falar* (isto é, manuais de conversação), manuais de conjugação, léxicos (Kibbee, 1991).

O movimento de descrição das línguas do mundo tal como se desenvolve a partir do Renascimento se articula sem dúvida com essas primeiras tentativas de instrumentação das línguas vernaculares da Europa. É bem globalmente a mesma instrumentação conceptual que está em jogo, mas o brusco crescimento do número de línguas relacionadas com esse processo impede de pensar o fenômeno como a simples continuação de um processo começado na Idade Média. Alguma coisa separa o trabalho dos primeiros gramáticos do provençal, do irlandês, ou do islandês, e aqueles dos gramáticos do Renascimento, o que podemos compreender somente se colocarmos em perspectiva quatro fenômenos: as grandes descobertas, a invenção da imprensa, a renovação dos estudos latinos e o nascimento dos Estados-nação.

O interesse pelas línguas do mundo está diretamente ligado ao movimento de expansão colonial e comercial no qual se lançam muitas nações europeias depois das grandes descobertas (questão 30). As narrativas de viagem contêm, muitas vezes, observações etnográficas, as primeiras informações sobre as línguas dos povos encontrados. É o caso, por exemplo, da *Histoire d'une voyage faict en la terre de Brésil* (História de uma viagem feita à terra do Brasil), publicada em 1578 por Jean de Lery, depois de uma estada com os índios tupi na costa brasileira. A obra reuniu a narrativa de diversas peripécias, às vezes dramáticas, que recobrem a travessia e depois a estada, feitas vinte anos antes, por seu autor, na pequena colônia da *França Antárctica*, estabelecida na baía do Rio, e traz descrição de hábitos e costumes dos índios que causou admiração a Claude Lévi-Strauss (1955: 87-90), e um tipo de guia pequeno de conversação em língua tupi que é sem dúvida o mais antigo testemunho sobre essa língua.

A invenção da imprensa teve consequências não somente – o que se compreende facilmente – no domínio da circulação do saber e da difusão do conhecimento, mas também sobre as línguas. O rebaixamento dos custos de fabricação gerado pela possibilidade de reproduzir um mesmo exemplar em grande número levou, no fim, à emergência de um verdadeiro mercado do livro. Entre 1500 e 1549, o número dos livros publicados em Paris é multiplicado por quatro (Febvre e Martin, 1958). Esse desenvolvimento favorece um reequilíbrio em prol das línguas vernaculares. As causas disso são múltiplas. O movimento de reforma religiosa lhe foi evidentemente uma parte essencial. A Bíblia é a primeira obra saída da imprensa de Gutenberg. Mas é claro, igualmente, que o conjunto de leitores do latim é, por natureza, limitado. É então em direção dos leitores em língua vernácula que o mercado apresenta margens de progresso, as mais evidentes e mais promissoras (Auroux, 1994: 97). É o que confirmam os dados reunidos pelos historiadores do livro. Antes de 1500, 77% dos livros impressos na França eram em latim; em 1575, mais de 50% das obras publicadas são escritas em francês (Rey, Duval e Siouffi, 2007: 468). Esse uso maciço dos vernáculos nas obras impressas fez surgir com uma acuidade nova a necessidade de sua normalização. As variações ortográficas ligadas à ausência de codificação, das variações dialetais, aumentadas eventualmente pela fantasia dos editores, são muitos dos obstáculos ao bom funcionamento desse novo mercado, que evoca, contrariamente, uma uniformização do espaço linguístico. Isso será uma parte da tarefa dos gramáticos a partir do Renascimento, além de construir esse espaço da língua comum normalizada e codificada.

A relação entre o latim e os vernáculos muda também por razões menos mecânicas. O interesse renovado pelo estudo das línguas antigas, o grego e o hebraico evidentemente (questão 29), mas também o latim, modificou a relação secular estabelecida entre a língua da produção e da difusão do saber e os vernáculos. Voltar à língua de Cícero, ao latim "autêntico", bem diferente do que ele se tornou no fio dos séculos durante os quais ele foi a língua veicular da atividade científica, contribuiu para desacreditar esse latim da Sorbonne que Rabelais ridiculariza na boca do escolar limusino. Mas podemos pensar que o fervor filológico dos humanistas mumificou definitivamente os monumentos da latinidade, e que é partir desse momento que o latim começará a ser uma língua morta. Em 1597, um autor como Sanchez interditou-se de *falar* latim para não lhe alterar a pureza. De novos usos, abre-se então um vernáculo que torna mais necessária sua normalização. A partir do século XVI pode-se seguir, assim, o progresso do uso do francês em obras científicas. Mas esse "retorno" ao latim de Cícero e de Virgílio sublinhou igualmente a que ponto praticamente todos os universitários e todos os eruditos dessa época se afastavam do latim veicular. Toma-se, então, consciência, dramaticamente, que as línguas são submetidas à história e à mudança, que o latim mesmo, percebido até aquele momento como espaço da regularidade e da estabilidade face ao fracionamento e à instabilidade dos vernáculos (para Dante, *grammatica* designa a língua latina), tinha podido mudar. Esse sentimento contribuiu para instalar na consciência linguística dos contemporâneos a ideia de

Uma história das ideias linguísticas

que as línguas são ameaçadas de degradação. Pode-se ver a produção de uma instrumentação linguística sofisticada ligada às línguas vernaculares da Europa, constituída pelas gramáticas e logo pelos dicionários, como uma resposta aos problemas.

Enfim, as decisões visam a delimitar novos espaços para o vernáculo, a instituí-lo como língua comum, ou para regulamentá-lo, são tomadas em inúmeros países europeus, como a promulgação da lei de Villers-Cotterêts por François I, em 1539, ou a fundação da academia da Crusca em Florença, em 1583. O objetivo que se dá à mais antiga academia europeia é a preservação do toscano, identificado como língua italiana literária, tal como Dante, depois Petrarca e Boccaccio o ilustraram, função simbolizada no *blutoir** que é seu emblema. A interpretação da lei de 1539 provoca questões difíceis. Trata-se de tornar obrigatória em todas as decisões judiciais do território do reinado o uso da *langaige maternel françois* ["língua materna francesa"]. Expressão enigmática. O francês não é, em 1539, a língua materna de todos os súditos do reino. Precisava-se ver isso paralelamente à eliminação do latim e à preocupação de tornar acessível aos que podem fazer recurso à justiça o texto das decisões judiciais que lhes concerne, um golpe de força em favor da língua do Rei (Rey, Duval e Siouffi, 2007: 465)?

32
Como a descrição das línguas se articula
com a sua instituição?

O processo de construção dos Estados-nação é acompanhado na maior parte dos países da Europa pela produção de um número considerável de instrumentos linguísticos.

A partir do Renascimento, os gramáticos tiveram a iniciativa de contribuir para edificar um dos pilares sobre os quais repousa o poder do príncipe e, inversamente, a codificação da língua nacional tende a tornar-se um negócio de política interior de primeira importância. O

---

* N.T.: Peneira mecânica.

interesse de dispor de uma língua regulamentada no espaço do reinado é certamente ligado a questões de prestígio. Trata-se de construir e idealizar um emblema do poder e da nação. Mas trata-se também de dotar-se de um instrumento de comunicação uniforme e eficaz. A gramática castelhana de Antonio Nebrija, publicada em 1492, no mesmo ano da Reconquista sobre os mouros, da descoberta de Colombo e da reunião de Aragão e Castela, em seguida ao casamento de Fernando e Isabela, é testemunho da consciência desse gramático da importância de seu projeto. Ela começa por uma dedicatória à rainha, na qual o autor descreve os objetivos de sua obra e onde há esta fórmula significativa: "siempre la lengua fue compañera del imperio".

O material de codificação elaborado entre o século XVI e XVII é mais volumoso na França do que em qualquer outro país da Europa. Figuram lá não somente gramáticas, listas lexicais, depois dicionários, mas uma quantidade de tratados de amplitude variável, relativos a todos os tipos de fatos e de problemas de língua: sinônimos, equívocos, léxicos especializados, listas de dificuldades, *remarques** que se constituíram a partir da obra de Vaugelas, publicada em 1647, um gênero à parte. Essa atividade é igualmente sustentada pela fundação da Academia por Richelieu, em 1637. A criação dessa instituição é um exemplo bem conhecido do interesse que o poder dá às questões de língua, em um século que verá progressivamente afirmar-se o poder real central, não sem sobressaltos sangrentos, contra aqueles dos parlamentos regionais e da aristocracia. Uma das missões que lhe são confiadas é a elaboração de um dicionário (ele aparece somente em 1694) e de uma gramática. Ela não vem a lume enquanto tal. Os acadêmicos delegaram (muito tardiamente) essa tarefa delicada, à qual eles não podiam dedicar-se pessoalmente, a Régnier-Desmarais que exerce as funções de secretário perpétuo a partir de 1683, e que a publicará finalmente, apenas no seu nome, em 1705 (ver, sobre essas questões, Merlin-Kajman, 2004).

É preciso repetir que o estatuto ontológico do que chamamos uma língua constitui um dos problemas mais embaraçosos e mais apaixonantes que se colocam para as ciências da linguagem. A língua não

---

* N.T.: Obra que contém observações sobre o uso da língua.

Uma história das ideias linguísticas

está diante daquele que se propõe a descrevê-la ou a "reduzi-la em regras" como um objeto bem delimitado que lhe seria suficiente dominar e explorar. Não existe, em verdade, nada no mundo a que podemos atribuir tal denominação. No mundo, podemos observar somente indivíduos dotados de competências linguísticas as colocando em prática em um espaço e em um ambiente social dados. O todo constitui um conjunto dinâmico, que Sylvain Auroux propõe chamar *hiperlíngua*. Uma língua seria, então, a projeção da hiperlíngua em um espaço de representação (Auroux e Mazière, 2006). As modalidades segundo as quais essa projeção se faz podem ser diferentes de acordo com os lugares e os momentos da história. É claro que os gramáticos, os autores de dicionários etc., desempenham então um papel determinante.

Esse papel sobre o plano prático e técnico (no fundo o único que nos interessa aqui) é, todavia, difícil de avaliar. As gramáticas e os dicionários aproximam-se, no dispositivo compósito que poderíamos chamar fábrica da língua (Auroux e Mazière, 2006), de práticas discursivas como a tradução (Zuber, 1968), e todos os tipos de outras produções discursivas: os tratados (poética, retórica etc.), os "discursos" que tomam a língua a partir de uma perspectiva mais geral e se pronunciam em sua *defesa* (Du Bellay, 1549), bradam em favor de suas *vantagens* (Le Labourer, 1669) ou de sua *excelência* (Frain du Tremblay, 1703) etc. A história das teorias linguísticas está em relação estreita com a história das línguas e com aquela das ideias sobre as línguas. As representações, a consciência linguística dos contemporâneos, são simultaneamente os produtos do processo de gramatização e os parâmetros que pesam sobre seu desenvolvimento, em um jogo de interações constantes no longo termo.

As modalidades segundo as quais os homens puderam pensar e colocar em ação um projeto de uma língua comum são numerosas e resultam de necessidades históricas e de modelos entre os quais não há muitos pontos em comum (que se imagina como o processo do "renascimento" do hebraico, que acompanhou a fundação do estado de Israel, ou como o daquele da instituição do guarani como língua nacional do Paraguai). Deter-nos-emos um instante sobre a forma que lhe deu Dante no *De vulgari eloquentia* (1303), pela influência que ele exerce sobre o pensamento humanista, e o modo pelo qual ele alimentou, no Renascimento, o sonho de uma língua ilustre distinta das línguas antigas. Dante desenvolve essa reflexão em um quadro de certo modo histórico. Ele nota que as línguas vulgares que apareceram depois de Babel são marcadas pela instabilidade, pela variabilidade, pela dispersão e pela ausência de regras. Elas são certamente naturais, porque aprendidas espontaneamente, e respondem ao prazer dos homens que falam, mas elas são um entrave à comunicação e à transmissão do saber. É o que os eruditos tentaram reparar, instaurando uma língua regrada, o latim que Dante chama *gramática*, língua segunda e artificial, que é preciso aprender pelo estudo, mas que corresponde a uma primeira restauração da unidade anterior a Babel.

Dante milita em favor da criação de outra língua comum pela qual não se perderia a ligação com a língua materna. Uma língua comum pronta a acolher a diversidade das produções poéticas, que ele chama *vulgaire illustre*, "modo de expresão novo, dirigido a um público novo, para enunciar os novos conteúdos" (Imbach e Rosier-Catach, 2005: 528). O capítulo XVI da primeira parte pinta, na imagem célebre da pantera, como, ao final de uma caça infrutífera entre as diferentes variedades do italiano, é preciso conceber esse vulgar italiano ilustre que não se deixa dominar e não corresponde a nenhuma variedade particular:

> Depois de ter caçado nas montanhas e nos pastos da Itália sem encontrar a pantera que nós seguimos, nós a procuramos agora, graças a um estudo assíduo, por uma atitude mais racional, a fim de dominá-la e prendê-la definitivamente em nossa rede, ela que exala seu perfume em todos os lugares e não aparece em nenhuma parte.

Não é mais somente o toscano falado em Florença nem aquele de outra cidade (sua posição mudará em *A divina comédia*), e a pesquisa se encaminha, então, para a identificação do tipo de *um* que seria a medida do gênero ao qual todos os outros pertencem. Ele está no idioma de todas as cidades italianas sem se identificar propriamente com nenhum deles, sua unidade transcende sua diversidade e ao mesmo tempo constitui sua medida, e o modelo:

> Então tendo encontrado o que procurávamos, chamamos ilustre, cardeal, áulico e curial esse vulgar da Itália que pertence a toda cidade italiana e que não parece próprio de nenhuma, à luz do qual todos os vulgares municipais dos italianos são medidos, avaliados e comparados.

Os humanistas franceses dividiram esse sonho e procuraram colocá-lo em prática (cf. Du Bellay), e ele continua a inspirar os autores da fábrica da língua no século XVII, a começar por Malherbe. Reivindicar, como o faz esse último, a linguagem dos "*crocheteurs* [assaltantes] do Port au Foin" não significa a escolha da língua do povo (contra aquela do palácio ou da corte, que, de resto, todo atravessado que é, então, de influências gasconhas e italianas, podia dificilmente ser tomada como modelo), mas volta a postular a existência do idioma comum, compreendido por todos (Rey, Duval e Siouffi, 2007). Não é necessário subestimar a parte de provocação que contém em si essa formação da unidade do francês, acima das castas. É preciso igualmente sublinhar o caráter fundador, na consciência linguística, dessa postulação da parte de um poeta cuja origem provincial (nascido em Caen, em 1555) afastava *a priori* do falar parisiense de referência. A fábrica do "francês" como língua comum é o produto de discurso como esse que contribuiu para delimitar os contornos na consciência linguística. Mas essa representação não é somente de ordem do fantasma, do sonho ou do projeto. Ela é também o resultado de um trabalho técnico do qual se podem identificar algumas das dimensões:

- a formulação de regras: é a tarefa específica dos gramáticos. Elas operam sobre questões de morfossintaxe como o acordo, a ordem de palavras, certas anáforas, o emprego dos tempos (questão 27) etc.;
- a estabilidade dos paradigmas: trata-se de escolher entre as variantes. *Je m'en vas* ou *je m'en vais* ("Vou-me embora") pode-se dizer uma ou outra forma ainda do tempo de Vaugelas, segundo o chiste que se lhe atribui, dito em seu leito

de morte. Mas nas gramáticas francesas, a eliminação das variantes que marcam a origem provençal de seus autores estabelece-se em torno de 1750, data na qual os textos apresentam os paradigmas unificados (Rickard, 1981);

- a elaboração de um léxico comum. O dicionário da Academia inaugura, nesse contexto, um momento notável. Os acadêmicos elaboram, em verdade, um novo tipo de definição, que se pode ligar à noção de definição de uso proposta pelos Messieurs de Port-Royal na *Logique*. Trata-se de representar não o senso no qual se deve pegar uma palavra, mas no qual ela é "comumente tomada" (Leclercq, 2006). Trabalho de descrição do uso que conduz os autores a registrar as colocações nas quais as palavras entram mais comumente, listando, por exemplo, "os epítetos que convêm melhor ao nome substantivo e que se lhe juntam mais naturalmente". O dicionário registra, assim, para cada unidade da língua, certos contextos aos quais ela é mais associada e contribui a elaborar o que se pode descrever como um *"prêt à parler"* ["pronto para falar"] (Collinot e Mazière, 1997).

V
GENERALIDADE/ DIVERSIDADE/ HISTORICIDADE

33
Como se coloca o problema da generalidade?

Podemos datar diversamente a emergência de considerações gerais sobre as línguas (e/ou a linguagem): da gramática especulativa medieval, das gramáticas latinas da Renascença (Sanctius e Scaliger), da gramática de Port-Royal (1660), ou mesmo ver no funcionamento medieval do modelo latino, em particular da *Ars Donati*, o desenvolvimento de um tipo de gramática geral (questão 26).

Na gramática especulativa medieval, como naquela de Sanctius e Scaliger, o estatuto do latim é muito particular. Esse latim não é verdadeiramente uma língua objeto, trata-se de preferência de uma língua abstrata, tal que a distância entre metalinguagem e língua objeto acaba por desaparecer (Auroux, 1992: 46). A gramática especulativa medieval não é uma gramática do latim, ela tem, em geral, o enunciado por objeto.

O tipo de generalidade a que visam os autores de Port-Royal e seus sucessores no século XVIII é muito diferente. Isso está sem dúvida em relação com a tentativa de elaborar os métodos universais de aprendizagem das línguas, dos quais a publicação da obra de Macé, um pouco mais cedo (1651), é um exemplo notável (Auroux e Mazière, 2006). Mas ele se fundamenta em Port-Royal sobre a exploração das operações intelectuais que presidem à formação do discurso. A pesquisa do "que é comum a todas as línguas" é, então, fundada não sobre o confronto com a diversidade dos fatos constatados empiricamente, mas sobre a identificação dos "fundamentos"

Generalidade/Diversidade/Historicidade

da arte de falar que os autores viam em um certo número de mecanismos de pensamento. A maior parte das obras dessa tradição é, em verdade, fundada sobre o exame de um número limitado de línguas: aquela de seu autor e as línguas antigas. A *Grammaire générale et raisonée* cita, às vezes, o hebraico, o italiano e o espanhol que Lancelot conhecia e do qual redigiu uma gramática. Encontram-se também pontualmente algumas alusões ao alemão e ao inglês. Mas são o francês e o latim que fornecem o material da grande maioria dos exemplos. É que os dados coletados no quadro da gramatização das línguas exóticas circulam pouco fora do mundo das missões. Todavia, o modelo não é incompatível com o tratamento da diversidade das línguas. É nessa direção que os autores tentaram fazê-lo evoluir no século XVIII, a partir dos esforços de Beauzée (1765), notadamente para integrar um número crescente de línguas. Publicam-se até os anos 1860 as obras que se referem à gramática geral que, na maioria, se esforçam por articular um projeto comparativo ao modelo saído de Port-Royal e de Beauzée (ver, por exemplo, Montémont, 1845; D'Assier, 1861). Mas é também o que revelará o caráter insustentável do projeto teórico em seu todo, e os ensaios de compilação da *Grammaire comparative* de Court de Gébelin estarão sem influência sobre as compilações de Hervás, Adelung e Vater (questões 29 e 38).

Para ver isso de perto, o projeto de *generalidade*, tal como o desenvolvem os Messieurs, não se realiza da mesma maneira em todos os domínios que eles submetem à análise. Há formas diversas da generalidade, e esse conceito não aparece no texto na GGR, sob uma forma inteiramente homogênea e unificada. Em certos casos, não se trata mesmo, parece, de um conceito, mas somente de uma noção um pouco fluida, que conota certas formas de discurso. Assim é, por exemplo, quando os autores narrativizam a exposição, que se torna, então, história da gênese das formas, propondo ao leitor, como uma experiência de pensamento, a imagem do que poderiam ou deveriam ser as primeiras necessidades na origem dos mecanismos necessários e naturais pelos quais são formadas as línguas, como nós as conhecemos. Essa forma de discurso é relativamente discreta na obra dos Messieurs, mas tudo se passa, no entanto, como se os verbos no passado que articulam os diferentes momentos da exposição sugerissem um argumento em favor do natural e da necessidade. Aqui está um exemplo tirado do capítulo que descreve as vogais:

> Les divers sons dont on se sert pour parler, & qu'on applelle Lettres, ont esté trouvez d'vne maniere toute naturelle, & qu'il est vtil de remarquer.
>
> Car comme la bouche est l'organe qui les forme: on a veu qu'il y en avoit de si simples, qu'ils n'avoient besoin de sa seule overture, pour se faire entendre & pour former vne voix distincticte, d'oú vient qu'on les appellez voyelles.
>
> Et on a aussi veu, qu'il y en avoit d'autres dépendant de l'application particuliere de quelqu'vne de ses parties, comme des dents, des lévres, de la langue, du palais; ne pouvoient neanmoins faire vn sonparfait, que par l'ouverture mesme de la bouche, c'est à dire, par leur vnion avec ces premiers sons, & à cause de cela on les appelle consonnes. (CGR, 1676: 5)
>
> [Os diversos sons dos quais nos servimos para falar e que os chamamos Letras, nós o encontramos de uma maneira tão natural que é útil observar.
>
> Porque como a boca é o órgão que as forma: vimos que temos isso tão simples, que elas têm necessidade somente de sua abertura para se fazer ouvir e para formar uma voz distinta, de onde vêm o que chamamos vogais.
>
> E nós temos também visto que há outras que dependem da aplicação particular de uma de suas partes, como os dentes, os lábios, a língua, o palato; não podendo fazer um som perfeito somente pela abertura da boca, isto é, pela união com os primeiros sons, e por causa disso nós os chamamos de consoantes.] (CGR, 1676: 5)

O problema da relação da língua com a história não é ainda colocado como tal, e os Messieurs não desenvolvem também uma teoria da gênese da linguagem e das formas. Todavia, essa forma de discurso, da qual a virtude é essencialmente retórica aqui, contém em germe essas questões que se tornam o centro das preocupações da geração dos gramáticos que se referiram à gramática geral no século seguinte (questões 37 e 39).

Generalidade/Diversidade/Historicidade

As formas da generalidade dependem em larga medida do problema linguístico considerado. Nós examinamos isso, na sequência, em dois exemplos, escolhidos pela influência que eles exerceram sobre as teorias sintática e semântica: a análise do enunciado e aquela da determinação.

34
O que há de geral na teoria do enunciado para Port-Royal?

A gramática de Port-Royal coloca a proposição, poderíamos dizer, a frase simples, no centro das preocupações do gramático (sobre a noção de proposição em linguística e em gramática, ver Sériot e Samain, 2008). Ela se torna um objeto de análise, e isso, se não é novo, é, ao menos, o resultado de uma mudança de perspectiva, de um deslocamento das problemáticas abordadas pela gramática.

Se a proposição é o objeto linguístico de algum modo de primeiro plano, é que ela representa a operação do espírito mais essencialmente implicada na atividade de linguagem. Para os autores da *Grammaire générale et raisonnée* (GGR), essas operações são três: *conceber, julgar* e *raciocinar. Conceber* é somente "um simples olhar de nosso espírito sobre as coisas, concretas ou abstratas". *Julgar* é um ato bem diferente "é afirmar que uma coisa que nós concebemos é tal ou não é tal". É, então, uma operação que segue à precedente, que remete à natureza mesma da linguagem, "porque os homens não falam muito para exprimir o que concebem; mas é quase sempre para exprimir os julgamentos que fazem das coisas que eles concebem". Enfim, *raciocinar* é se servir de dois julgamentos para deles fazer um terceiro. Não é, então, no fundo, uma extensão da operação precedente. Vemos, então, que é preciso distinguir, para os autores da GGR, duas ordens de fenômenos: as operações do espírito, de um lado, e sua representação pela linguagem, de outro. A representação linguística do julgamento é a proposição. Agora, se julgar é fundamentalmente *affirmer quelque chose à propos de quelque chose* ["afirmar alguma coisa a propósito de alguma coisa"], segue-se, necessariamente, que toda proposição consiste na colocação em relação de dois termos. Um é chamado de *sujeito*, ele é o suporte da operação do julgamento, "daquilo do que afirmamos" alguma coisa; o outro é o *atributo*, que é necessário perceber não mais no sentido gramatical, mas no sentido dos lógicos, que representa o que se afirma a propósito do sujeito. Enfim, a proposição contém necessariamente um terceiro termo, o instrumento que realiza o processo de relacionar os dois termos precedentes e que representa, então, a afirmação enquanto tal. No exemplo prototípico *a terra é redonda*, o sujeito é *a terra*, o atributo, *redonda*, e a ligação é representada pelo verbo *ser*. Os dois primeiros pertencem à primeira operação do espírito, o conceber, o terceiro, o verbo *ser*, pertence propriamente à segunda. Toda proposição se deixa, então, reduzir a um esquema: sujeito + termo que significa a afirmação + atributo.

O verbo *ser* adquire, assim, um estatuto todo particular. Ele é o instrumento que representa em língua a operação do julgamento e ele é o único a representar somente isso e essencialmente isso. Todos os outros verbos comportam, na realidade, dois termos desse esquema. Eles juntam à significação da afirmação aquela do atributo.

Dito de outro modo, o verbo, em um enunciado como *Pierre vit* ["Pedro vive"], pode ser analisado com ajuda da paráfrase *est vivant* ["é vivo"], que manifesta os dois termos que o compõem de modo subjacente.

Uma frase mais estendida como *Pierre achète un cheval* ["Pedro compra um cavalo"] é analisada, do mesmo modo, por um torneio, pela paráfrase *Pierre est achetant un cheval* ["Pedro está comprando um cavalo"], pela qual identificamos o atributo *achetant un cheval* ["comprando um cavalo"].

Tal quadro torna-se aquele no qual os gramáticos põem os problemas relativos à análise das relações em torno do verbo e no qual se passa progressivamente da perspectiva essencialmente morfológica, que subentende a análise fundada sobre os casos herdados da gramática latina, para uma análise das funções, aquela supõe a passagem para outro plano de análise: aquele das relações (de solidariedade, de de-

Generalidade/Diversidade/Historicidade

pendência...) entre constituintes, em termos formais e/ou semânticos. O conceito do qual a emergência é a questão fundamental aqui é o de complemento. A história da análise sintática da frase francesa é intimamente ligada àquela da emergência dessa nova categoria e à classificação dos diversos complementos. Nós vamos, na sequência, propor o percurso esquemático disso, detendo-nos em alguns momentos-chave.

A *Grammaire française sur un plan nouveau*, do Padre Buffier (1709), constitui incontestavelmente um desses momentos. O quadro global da análise da proposição é o mesmo que aquele da GGR. Toda proposição comporta dois termos fundamentais, o sujeito e o atributo, realizados na língua, respectivamente, por um nome e um verbo. Podemos, então, considerá-los partes do discurso, "as mais essenciais". Mas é raro que uma proposição comporte somente esses dois tipos de palavras; é que o nome e o verbo são susceptíveis de diversas *modificações* ou *circunstâncias*. É preciso, então, colocar, segundo Buffier, ao lado dessas categorias fundamentais, uma terceira que reúna os elementos acessórios da proposição e que ele chama *modificativos*. Trata-se das palavras que podem significar sozinhas, em si, a expressão de uma circunstância (os advérbios, por exemplo), ou que são seus introdutores (as preposições, as conjunções). Buffier trata, assim, sobre o mesmo plano duas construções como *un ami de plaisir* ["um amigo para diversão"] e *le pasteur connaît les brebis* ["o pastor conhece as ovelhas"]. Temos, no primeiro exemplo, um modificativo do nome e, no segundo, um modificativo do verbo. Todos os dois *particularizam* a significação da palavra à qual são ligados.

A noção de "modificativo" reúne, sem dúvida, dois elementos muito heterogêneos. Mas ela permite que se compreendam as relações entre os termos fundamentais da proposição. Podemos, então, considerar que se tem aí um aprofundamento do modelo de análise que permite alcançar um nível de organização que não se atém ao modelo precedente. Além disso, a relação é conhecida como uma relação semântica e não mais tem grande coisa a ver com a antiga noção de "regime". A palavra introduzida pela preposição, ou pelo verbo, não é mais analisada como dependente da palavra precedente (da qual ele é o regime), mas como aquela que lhe aporta um complemento semântico, o que designa aqui o termo genérico de circunstância.

177

35

Como passamos da representação da estrutura lógica da proposição a uma teoria sintática das funções?

Reduzindo esse percurso ao essencial, pegamos dois outros marcos de referência em que se efetuam os avanços os mais significativos.

Primeiro, a gramática do abade Girard (1747). A despeito de seu insucesso, trata-se de uma obra notável que propõe análises a partir de uma perspectiva superior e geral sobre muitos problemas: aquele do sistema de tempos, das relações entre as línguas e, particularmente, da sintaxe da proposição. Girard rompe de modo ainda mais explícito que seus predecessores com os quadros da sintaxe latina, propondo-lhe uma terminologia radicalmente nova. A proposição é composta, aqui, ainda, como na *Grammaire générale et raisonée*, de dois termos essenciais, o sujeito e o atributo. Mas Girard nota que é raro a uma frase limitar-se a esses dois argumentos. Ela pode igualmente comportar certo número de outros que realizam funções identificáveis, isto é: um objeto, um termo e um circunstancial. É possível, enfim, que uma frase repouse sobre a articulação de duas proposições com ajuda de uma conjunção, ou ainda que ela comporte um elemento, que serve simplesmente de "apoio" para um dos termos precedentes. Girard identifica, então, sete funções diferentes que ele chama, respectivamente, (seguindo a ordem que apresentamos sucintamente): o *subjectif*, o *atributif*, o *objectif*, o *terminatif*, o *circonstanciel*, o *conjonctif* e o *adjonctif*. Essa análise permite, além disso, distinguir os tipos de frases. Girard chama *incompletas* aquelas que não comportam um sujeito e um atributo e, respectivamente, *completas* e *integrais* aquelas que comportam igualmente um termo (isto é, um destinatário) e um objeto, ou, enfim, um circunstancial.

Não é necessário aqui dar conta, de modo mais detalhado, desse sistema de análise. Três pontos parecem essenciais:

- a ruptura com os quadros antigos, que já sublinhamos;
- o caráter semântico dos critérios que definem as categorias;

Generalidade/Diversidade/Historicidade

- mais igualmente o caráter formal do critério que permite distinguir as funções facultativas, o *circonstanciel*, por exemplo, e as funções essenciais, dentre as quais algumas que parecem ainda mais essenciais que outras, o *subjectif* e o *atributif* de um lado, o *terminatif* e o *objectif* de outro.

Girard utiliza muitas vezes a palavra *complemento*, mas o termo pode designar toda unidade colocada sob a dependência de outra em uma relação de regência. Em outras palavras, nesse uso, todas as funções identificadas, ou quase todas, correspondem a complementos. É somente para Du Marsais que o termo toma um sentido mais técnico e mais limitado. A análise sintática se encontra dotada do que se torna sua instrumentação fundamental: o par de noções concordância/regime, que permitia pensar as relações essencialmente morfológicas entre as palavras, é suplantada por aquele de identidade/determinação. O modelo da relação de identidade é aquele da concordância nome-adjetivo. A determinação revela a relação que uma ideia tem com outra, restringindo ou estendendo sua amplitude. Essa distinção delimita o domínio da noção de complemento. Ele aparece também entre a preposição e o nome que a segue. A preposição é, com efeito, uma palavra "que deve em seguida ser determinada individualmente. Por exemplo, *cela est dans* ["isto está em"]; *dans* marca um tipo de maneira de ser em relação ao lugar; e, se eu junto *dans la maison* ["na casa"], eu determino, eu individualizo, por assim dizer essa maneira específica de *être dans* ["estar em"] (Du Marsais, 1987: 458). A análise da construção de um verbo transitivo repousa sobre o mesmo raciocínio. A noção de complemento reúne em uma categoria única o nome que determina um outro, que segue uma preposição ou um verbo. Beauzée, que redige o artigo "Complément" da *Encyclopédie méthodique*, no qual ele atribui, todavia, a invenção a Du Marsais, o define como "o que juntamos a uma palavra para *determinar* (sublinhado pelos autores) a significação, de alguma maneira que isso possa ser". Enfim, e essa distinção é de grande consequência, Du Marsais observa que certos complementos introduzem uma determinação que não é necessária e "não influi em nada na essência da proposição gramatical". Eles

Uma história das ideias linguísticas

constituem os *adjuntos* que exprimem sem dúvida uma circunstância (a escolha desse termo está destinada a grande sucesso) de sentido importante, mas que não afeta a construção da proposição.

Postos esses grandes princípios, as classificações que encontramos nas gramáticas da segunda metade do século XVIII não são todas idênticas. Mas no conjunto, elas seguem a síntese dada por Beauzée no artigo referido. Ele distingue aí os complementos exigidos pelo verbo. Eles podem ser *immédiats* (sem preposição) ou introduzidos por uma preposição. Esses dois complementos são "igualmente diretos" porque chamados necessariamente pelo verbo. Essa terminologia não será retomada. Fala-se depois mais de complementos direto e indireto. Em face dessa primeira categoria figura a lista de complementos circunstanciais, portanto determinações não necessárias, classificadas segundo seu valor semântico (lugar, tempo, maneira etc.). É, em geral, o quadro que a gramática escolar herdou.

36

O que há de geral na teoria
da determinação para Port-Royal?

A teoria da linguagem de Port-Royal repousa sobre a ideia simples de que as palavras são os signos de nossas ideias. Para toda ideia, podemos, então, considerar duas coisas: 1) o conjunto de atributos necessários que a compõe, que não poderíamos retirar sem a destruir, e que constitui sua *compreensão*; 2) sua *extensão*, definida pelos Messieurs como o conjunto dos objetos aos quais ela convém. Compreensão e extensão são ligadas por uma lei de proporção inversa, conhecida sob o nome de lei de Port-Royal, segundo a qual todo aumento da compreensão de uma ideia leva a uma redução de sua extensão (*La logique ou l'art de penser*, I, 6, 1993: 67-77). Determinar uma ideia é indicar qual é sua extensão. A noção é posta em prática em dois domínios diferentes: o que poderíamos chamar a teoria da referência e a interpretação de certas relações sintáticas no enunciado.

1. Ela aparece, então, no tratamento do valor semântico dos artigos, graças aos quais os nomes designam as coisas ou o conjunto das coisas. É o mecanismo que os linguistas de hoje chamam construção da referência. Na *Grammaire générale et raisonée* (II, 7, 1676: 56), ela apresenta essencialmente no quadro aqui apresentado:

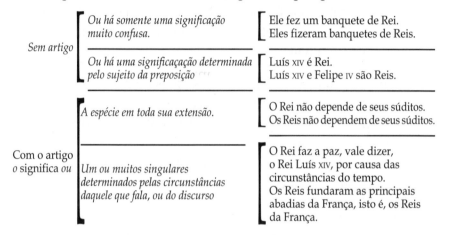

Se comparamos esse quadro com as gramáticas precedentes, vemos que os Messieurs reorganizam as classificações e distinguem um emprego sem artigo (enquanto a tradição falava de artigo *indefinido*) e um emprego precedido de artigo definido. O que volta a distinguir, de um lado, o caso em que a referência não resulta em nada (o nome permanece em sua "significação confusa"), e, de outro, ao contrário, aquele em que ela alcança seu fim, ou seja, alcança a classe em sua totalidade (o que os Messieurs chamam *espèce*) seja a um ou a alguns indivíduos da classe. Vê-se, além disso, que o que orienta o cálculo em um ou outro sentido é a entrada em jogo das "circunstâncias daquele que fala ou do discurso". Vale dizer que a referência genérica é adquirida automaticamente se nenhuma *determinação* acontece. Parece que as determinações são fornecidas pelo contexto, no sentido largo, como aparece no segundo exemplo tratado em que se vê que a determinação *de France* corresponde a um constituinte secundário muito afastado do nome do qual se calcula a referência; ou por informações não representadas linguisticamente no enunciado, e que emergem da situação, no sentido pragmático, como em *Le Roy fait la paix, c'est à dire le Roy Loüis XIV, à cause des circonstances du temps*. ["O Rei fez a paz, isto é, o Rei Luís XIV, por causa das circunstâncias do tempo"].

2. Essa análise é retomada um pouco mais tarde, um pouco nos mesmos termos por Buffier (1709) e Restaut (1730), que a completam sublinhando nela, todavia, o papel do predicado e das expansões nominais:

- se o atributo ou os *modificativos* (questão 34), isto é, na ocorrência os adjetivos, ou os relativos, ou qualquer outro modificador, convém a qualquer espécie, então a frase recebe uma interpretação genérica;
- se, ao contrário, eles convêm somente a certos indivíduos da espécie, ou a um único, é a interpretação específica que é válida.

Esse novo critério modifica sensivelmente a problemática. A identificação do referente visado pelo nome precedido de artigo implica aqui a consideração da totalidade do enunciado, predicado incluído. Consequentemente, identificar os referentes visados pelo nome é apenas identificar os indivíduos para os quais o enunciado é verdadeiro, aqueles aos quais o atributo "convém".

3. A noção de determinação e a lei de Port-Royal são igualmente a origem da organização que Beauzée traz à teoria das partes do discurso e da distinção entre adjetivo e substantivo. Podemos resumi-la do seguinte modo:

Os nomes apelativos em si têm por propriedade particular fazer abstração dos indivíduos: "& n'expriment par eux-mêmes que l'idée générale de leur nature commune qui peut convenir à ces individus" ["e exprimem por si somente a ideia geral de sua natureza comum que pode convir àqueles indivíduos"]. (Beauzée, 1767: 1, 304) .

Os adjetivos, que o enciclopedista distingue doravante dos nomes (Delesalle, 1992) e que constituem uma categoria definitivamente distinta (questão 17), podem ser de dois tipos. Alguns têm por função acrescentar à compreensão de um substantivo a ideia acessó-

Generalidade/Diversidade/Historicidade

ria da qual eles são o signo, enquanto os outros não modificam em nada a compreensão dos substantivos aos quais eles estão ligados, mas "indicam positivamente a aplicação do nome aos indivíduos aos quais ele pode convir nas circunstâncias atuais." (Beauzée, 1767, t. 1: 304) e contribuem desse modo para regular sua extensão. Este é o prolongamento de uma afirmação que encontramos na *Logique*:

> <La> restriction ou resserrement de l'idée générale quant à son étendue, se peut faire en deux manières.
>
> La première est, par une autre idée distincte & determinée qu'on y joint, comme lorsqu'à l'idée générale de triangle, je joins celle d'avoir un angle droit [...].
>
> L'autre, en y joignant seulement une idée indistincte & indéterminée de partie, comme quand je dis, quelque triangle: & on dit alors que le terme commum devient particulier, parce qu'il ne s'étend plus qu'à une partie des sujets auxquels il s'étendait auparavant, sans que néanmoins on ait déterminé quelle est cette partie à laquelle on l'a resserré. (Arnauld et Nicole, Logique, I, 6, 1993: 59)
>
> [<A> restrição ou a limitação da ideia geral quanto à sua extensão pode ser feita de duas maneiras.
>
> A primeira é por uma outra ideia distinta & determinada que juntamos a ela, como quando para a ideia geral do triângulo eu junto aquela de haver um ângulo reto [...].
>
> A outra, juntando-se a ela apenas uma ideia indistinta & indeterminada de parte, como quando eu digo qualquer triângulo: & dizemos então que o termo comum torna-se particular, porque ele se estende somente para uma parte dos sujeitos aos quais ele se estendia antes, sem que, todavia, tivéssemos determinado qual é essa parte à qual nós limitamos.]

Os adjetivos, para Beauzée, se dividem em duas classes que realizam respectivamente essas duas operações lógicas. Os segundos realizam, então, linguisticamente a função que os autores da *Logique* reconhecem prototipicamente para a palavra *quelque*.

O texto de Beauzée comporta, além disso, uma discussão sobre a terminologia mais adequada para nomear essas duas classes, e lembra a posição de alguns de seus predecessores, nota-damente Girard e Du Marsais, que distinguiram igualmente duas categorias de adjetivos. Girard, por exemplo, ao lado dos adjetivos propriamente ditos, propõe a noção de *adjectif pronominal*, isto é, colocado diante do nome (trata-se de nossos artigos), que "qualifi-cam por um atributo de designação individual, isto é, por uma qua-lidade que é somente uma pura indicação de certos indivíduos" (Girard, 1747: 1, 368). Du Marsais distingue os adjetivos físicos (que marcam as impressões que os objetos fazem sobre nossos sentidos) e os adjetivos metafísicos, que marcam as considerações abstratas que nosso espírito pode fazer com eles. Figuram nesse conjunto não somente os determinantes, mas igualmente os adjetivos como *grande, similar, infinito*, que são os signos de propriedades abstratas. Muitas vezes essa terminologia é retomada pelos gramáticos do século XIX. Ela tem o mérito de representar com nitidez a oposição semântica sobre a qual Beauzée funda a distinção de duas classes. Todavia, essa não é a que ele reteve. Ele recusa o termo de adjetivo metafísico que confunde as ideias heterogêneas e adota o termo fornecido pela tradição. Coloca, então, ao lado dos adjetivos físi-cos próprios para juntar uma ideia para a compreensão do nome, a classe dos *artigos*, que comportam, em si, muitas subdivisões, como aparece no quadro a seguir, e no âmbito do qual ele coloca "tous <les> adjetifs déterminatifs des individus" (todos os adjetivos de-terminativos dos indivíduos) (Beauzée, 1767, t. 1: 309).

indicatif						*le, la, les*
connotatifs	*universels*	*positifs*	*collectifs*			*tout, toute*
			distributifs			*Chaque*
		négatifs				*nul, nulle*
		indéfinis				*plusieurs, aucun…*
	partitifs	*définis*	*numériques*			*un, deux, trois*
			possessifs	*1re personne*	*singulier*	*mon, ma, mes*
					pluriel	*notre, nos*
				2e personne	*singulier*	*ton, ta, tes*
					pluriel	*votre, vos*
				3e personne	*singulier*	*son, sa, ses*
					pluriel	*leur, leurs*
			démonstratifs	*pur*		*ce, cet, cette, ces*
				conjonctif		*qui, que, lequel*

Considerando uma adaptação para o português, tem-se o seguinte quadro:

indicativo						o, a, os, as
conotativos	universais	positivos	coletivos			todo, toda
			distributivos			cada
		negativos				nenhum, nenhuma
		indefinidos				muitos, nenhum...
	partitivos	definidos	numéricos			um, dois, três
			possessivos	1ª pessoa	singular	meu, minha, meus
					plural	nosso, nossos, nossa, nossas
				2ª pessoa	singular	teu, tua, teus, tuas
					plural	vosso, vossos, vossa, vossas
				3ª pessoa	singular	seu, sua
					plural	seus, suas
			demonstrativos	puro		esse, esses, este, estes, esta, estas
				conjuntivo		o que, o qual

Tendo em vista esse quadro, podemos considerar Beauzée como o inventor da categoria dos determinantes. Sobre o plano da definição em si, vemos que essa é fundada sobre o mecanismo lógico da determinação da extensão. Todavia, a teoria da extensão das ideias, saída da *Logique* de Port-Royal, recebe aqui uma organização importante que foi bem descrita por S. Auroux: a extensão de um termo não é mais constituída pelos inferiores de um termo geral, isto é, tanto as espécies quanto os indivíduos, mas unicamente pelos indivíduos. As classes denotadas pelos termos são para Beauzée as classes dos indivíduos (Auroux, 1993).

Entremos um pouco em pormenores. Para dar conta dos prolongamentos da teoria da determinação, concebida por Port-Royal, e de suas consequências na reflexão sobre a referência nominal, podemos nos deter, a título de exemplo, sobre os procedimentos que regulam a interpretação dos empregos do artigo definido (ou *indicatif*) para Beauzée. É, então, o único que parece apresentar as dificuldades e são essas regras que os autores de gramática geral discutirão no século xix.

O mecanismo descrito pelo enciclopedista é de grande nitidez. O valor próprio do artigo *indicatif* é de indicar apenas a "aplicação do nome apelativo aos indivíduos". Então, não é ele que marca, por sua própria força, que o enunciado se refere ao conjunto de uma classe, a alguns indivíduos dessa classe, ou a um único indivíduo determinado. Apenas são capazes de produzir esse efeito as outras determinações que comportam o enunciado ou as circunstâncias do discurso.

Assim, dois enunciados como: *l'homme est mortel, les hommes sont méchants* ["o homem é mortal, os homens são maus"] recebem duas interpretações diferentes, determinadas pelo fato de que o atributo no primeiro corresponde a uma propriedade verdadeira da espécie inteira, enquanto ele corresponde somente a uma qualificação acidental no segundo. O termo *homme* não tem a mesma extensão nos dois casos: ele remete à espécie inteira no primeiro, enquanto não é tomado em toda a sua extensão no segundo. Em outros termos, o primeiro enunciado é uma proposição universal, enquanto o segundo é somente uma particular.

Há, aí, aparentemente, a inversão da teoria de Port-Royal, segundo a qual é a extensão do termo que conduz à interpretação da proposição. Com efeito, para os Messieurs, "c'est proprement le sujet qui détemine l'extension de l'attribut dans la proposition affirmative, & l'indentité qu'elle marque regarde l'attibut comme resserré dans une étendue égale à celle du sujet" ["é propriamente o sujeito que determina a extensão do atributo na proposição afirmativa & a identidade que ela marca considera o atributo limitado em uma extensão igual àquela do sujeito"] (Arnauld e Nicole, *Logique*, ii, 17, 1993: 169). Mas aqui se trata das palavras da língua, em sua ambiguidade, e não das construções estereotipadas e controladas dos lógicos. Em outras palavras, trata-se de determinar em que caso *le* e *les* ["*o*" e "*os*"] são equivalente de *tous les* ou de *quelques* ["*todos os*" ou "*alguns*"]. O problema posto por esse artigo é, então, precisamente que ele não é quantificador, ele é, segundo Beauzée, apenas indicativo. A extensão do termo depende da interpretação da proposição, isto é, do atributo em si

Generalidade/Diversidade/Historicidade

e/ou das circunstâncias do discurso. No caso de uma proposição singular, esses últimos têm um papel-chave. Em um enunciado como *le roi désire la paix* ["o rei deseja a paz"], as circunstâncias do lugar e do tempo nas quais o enunciado é pronunciado determina o nome *homme* a designar o indivíduo, a saber, na ocorrência "*le roi qui régne actualement en France*" ["o rei que reina atualmente na França"]. Beauzée postula nesse caso que as circunstâncias dependentes do lugar e do tempo constituem um verdadeiro atributo, implícito, no qual a adição modifica a compreensão do nome, de tal sorte que ele se aplica somente a Luís xv.

4. Enfim, a teoria da determinação para Port-Royal aplica-se igualmente à análise dos incidentes nos termos complexos, e ela conduz à construção de uma verdadeira *sintaxe semântica* (Auroux, 1979). Lembramos (questão 34) que toda proposição pode ser analisada de acordo com o seguinte esquema: sujeito + cópula + atributo.

   O sujeito e o atributo podem ser realizados por termos simples (como em *la terre est ronde* ["a terra é redonda"]) ou complexos (como em *Dieu invisible a créé le monde visible* ["Deus invisível criou a terra visível"]), ou o que remete ao mesmo para os autores da ggr e da *Logique* como em "*Dieu qui est invisible a créé le monde qui est visible*" ["Deus que é invisível criou o mundo que é visível."]. Agora, esses acréscimos aos termos da proposição podem ser de dois tipos. Ou eles constituem apenas uma *explicação* "*qui ne change rien dans l'idée du terme, parce que ce qu'on y ajoûte lui convient generalement & dans toute son étendue*" ["que não muda nada na ideia do termo, porque o que se lhe acrescenta lhe convém geralmente & em toda a sua extensão"] (LAP, II, 7: 12); ou eles correspondem a uma determinação "*quand ce qu'on ajoût à un mot general en restreint la signification, & fait qu'il ne se prend plus pour ce mot general dans toute son étendue, mais seulement pour une partie de cette étendue comme si je dis, le corps transparans, les hommes savans, un animal raisonnable*" ["quando o que se acrescenta a uma palavra geral lhe restringe a significação & faz que ela não seja mais tomada como uma palavra geral em toda sua extensão, mas apenas por uma parte dessa extensão como se eu digo, o corpo transparente, os homens sábios, um animal racional"]

(LAP, I, 8, 66). Observamos, então, que o par dessas duas noções permite aqui interpretar (em termos semânticos) as relações do adjetivo e da relativa com o nome suporte no grupo nominal.

É a mesma noção de determinação que encontramos na definição do *modificatif* tal como o concebe Buffier (questão 34) e, um pouco mais tarde, naquela do *complément* para Du Marsais e para Beauzée (questão 35). A aplicação dessa noção é estendida a um grande número de unidades e de relações diferentes. Assim, uma sequência como:

> avec (les soins (requis (dans les circonstances (de (cette (nature))))))

> com (os cuidados (requeridos (nessas circunstâncias (dessa (natureza)))))

é descrita como a articulação de uma série de elementos respectivamente determinantes e determinados; os primeiros sempre colocados à direita dos segundos e constituem seu *complément*; como o indica o encadeamento de parênteses.

37

A escola foi um agente de desqualificação da gramática geral?

Do período revolucionário até o começo do século XX, a gramática geral, não sem conhecer inúmeras e profundas evoluções, constitui a matriz a partir da qual se elabora a doutrina gramatical ensinada nas escolas. Esse trabalho de escolarização não deve ser considerado uma simples vulgarização de uma teoria erudita. Produção e transmissão dos saberes são os processos distintos, que se desenvolvem em espaços diferentes (hoje na universidade, na escola...), mas que interagem entre si. A transmissão somente se faz graças a uma colocação em discurso que implica sempre uma reorganização, uma reconstrução, uma reelaboração dos saberes previamente produzidos. E em retorno, a transmissão de saberes, porque ela implica sua disciplinarização, pesa sobre as condições de sua produção.

Generalidade/Diversidade/Historicidade

Segundo Chervel (1977: 26), a gramática escolar que se desenvolve na França a partir do fim do século XVIII deve ser olhada como uma "corrente gramatical específica" que desenvolve, sobretudo a partir de 1820, uma "teoria sintática original". Ela repousa notadamente sobre uma teoria complexa das funções que foi elaborada com uma independência relativa em vista das gramáticas eruditas e em relação direta com o projeto pedagógico ao qual ela tenta responder: ensinar ortografia para "*tous les petits Français...*" ["todas as crianças francesas..."].

Podemos estranhar essa particularidade do sistema escolar francês que reserva lugar especial ao ensino da gramática. Todos os países da Europa não seguiram a mesma via. Para muitos desses países, o ensino da língua materna faz economia do ensino de gramática. Tanto que os alunos franceses, desde, *grosso modo*, o período revolucionário, devem adquirir, de qualquer modo, o domínio de uma teoria sintática mais ou menos elementar.

O projeto de instrução pública adotado desde o dia seguinte à Revolução (Condorcet leu na tribuna da Assembleia Legislativa, em abril de 1792, o "Plano geral da organização da instrução pública", elaborado pelo comitê do qual ele foi um dos membros eminentes) é antes de tudo um projeto de redução de *patois* e do ensino generalizado do francês no espaço da República. Trata-se, na continuidade do que descrevemos anteriormente (questões 31 e 32), de um momento decisivo da instituição da língua nacional, no qual a escola desempenha dessa vez um papel central. Mas é também, e sobretudo, uma empreitada geral de alfabetização do país: trata-se de ensinar a *escrever* o francês. Ora, o sistema ortográfico do francês é feito de modo que não se pode dominá-lo sem uma bagagem gramatical mínima: o acordo do adjetivo com o nome, aquele do verbo com o sujeito, e do particípio passado com o complemento direto implica um conjunto de noções categoriais e funcionais que a gramática escolar contribuiu precisamente para estabilizar. Sem dúvida, as coisas teriam podido ser diferentes. A ortografia não é a língua. Poderíamos (muitas vezes) simplificar, reformar e esclarecer as condições objetivas que estão na origem dessa paixão francesa pela gramática. É forçoso constatar que na França esse não foi o caso.

Uma história das ideias linguísticas

A realização desse grande projeto nacional passa, então, inevitavelmente pelo ensino de gramática. Nos anos 1790, é preciso, de algum modo, inventar esse ensino, isto é, conceber seus instrumentos e conteúdos. A comissão presidida por Lakanal, encarregada, por concurso, para selecionar os manuais mais adequados ao ensino e à difusão da língua nacional, escolheu em 1795, depois de dois anos de reflexão, os *Éléments de grammaire française*, publicados por Lhomond em 1780. A obra, muito curta (89 páginas em sua versão inicial), muito elementar, conhecerá centenas de reedições ao longo de todo o século XIX. Podemos considerá-la a primeira gramática escolar do francês, e ela encabeça uma longa sequência de obras do mesmo tipo. Todavia, desde os anos 1820, seu caráter muito elementar, que limitava seu uso às classes do primário, torna necessária a publicação de manuais mais completos. O mais emblemático para o século XIX, pela extensão de sua difusão, sua longevidade e a profundidade de sua influência é a *Nouvelle grammaire française* publicada por Noël e Chapsal, em 1823, e acompanhada, o que é inteiramente novo, de um volume de exercícios.

É preciso repetir, a construção do que poderíamos chamar o paradigma da gramática escolar é inteiramente ligado à necessidade de transmitir os instrumentos que permitem dominar as regras da ortografia gramatical. A perspectiva pedagógica (Chervel propõe ver a gramática escolar do século XIX como uma pedagogia da ortografia) está na origem de sua relativa autonomia, perante as gramáticas eruditas contemporâneas, e da elaboração de uma teoria original de funções. Somente relativa. O corpo da doutrina difundida por Noël e Chapsal é, com efeito, essencialmente constituído dos conceitos de análise lógica da proposição e da sintaxe do complemento desenvolvidos no século XVIII pelos autores da gramática geral. Ao longo do século XIX, gramáticas gerais tardias retomam o essencial das teorias da gramática do século XVIII, mas integram muitas vezes elementos de comparação com outras línguas, e gramáticas escolares que desenvolvem uma classificação das funções sintáticas de mais em mais complexa e abundante, levam uma vida paralela. É somente no início do século XX que a influência da gramática geral no sistema escolar será posto em causa.

Generalidade/Diversidade/Historicidade

Nesse momento, o ensino de gramática e da língua francesa é percebido como estando em crise. O tema da *crise do francês* aparece entre 1906 e o começo da guerra, em um grande número de artigos de imprensa e de obras assinadas por personalidades muito diversas: jornalistas, professores, universitários, acadêmicos, ou escritores etc. Publicações que se alarmam, então, de uma crise em que seria mergulhada a língua nacional e da qual a causa estaria essencialmente na reforma do ensino secundário de 1902, que consistiu de uma reorganização do conjunto do sistema. Ela é a consequência de uma lenta evolução iniciada duas décadas mais cedo, que podemos ver esquematicamente como a transformação do ensino que chamávamos "especial", de finalidade semiprofissional, em um ensino moderno (isto é, sem latim), inicialmente paralelo ao ensino clássico, para chegar, enfim, a uma reforma completa e a um ensino secundário único e diversificado, que comporta, a partir de então, uma seção (moderna) sem latim.

A *crise* cresce, então, sobre um pano de fundo de transformações institucionais, pedagógicas e epistemológicas, que afetam os conteúdos do ensino, em primeiro lugar o francês como disciplina de ensino e como objeto de ensino, sem a mediação do latim, o que implica a transformação de todos os tipos de práticas e de exercícios escolares.

Outro aspecto importante do contexto dessa primeira *crise do francês* (e que anuncia de qualquer modo toda a série daquelas que agitam periodicamente a opinião) é a campanha que se desenvolve entre 1910 e 1912 contra o ensino da Nouvelle Sorbonne. O ponto de partida é a decisão de abrir faculdades de Letras e Ciências a muitos diplomas que sancionam os estudos sem o latim. Uma série de artigos mais ou menos panfletários aparecem a partir de 1910, dentre eles o livro publicado sob o pseudônimo de Agathon por Henry Massis e Alfred de Tarde, intitulado *L'Esprit de la Nouvelle Sorbonne: la crise de la culture classique, la crise du français*, resume muito bem o espírito. Para os autores, a Nouvelle Sorbonne de Seignobos, Durkeim, Lanson, Brunot... é culpada de introduzir o método das ciências da natureza nos estudos literários, no qual seria necessário igualmente ver a nefasta influência da ciência germânica:

Uma história das ideias linguísticas

O princípio dessa transformação considerável, seu traço essencial, é a obsessão do método triunfante das ciências físicas. [...] Em consequência, há o decalque minucioso e pueril dos estudos literários sobre os estudos científicos, a pesquisa do impessoal, a eliminação sistemática e, além do mais, em vã perseguição de originalidade. [...] Toda mediação pessoal, toda intuição são proscritas como suspeitas e perigosas. A história, essa privilegiada, progressivamente, foi subordinada, por sucessivas usurpações, a todos os estudos literários. Isso é verdadeiramente história? É uma certa história que é somente erudição estreita, exegese, filologia epiloglosa, anotante e glosadora [*epilogueuse, annotante et glosatrice*]. (Agathon, 1911: 26)

Ou ainda um pouco adiante:

O signo da cultura alemã é que a história a invadiu e absorveu tudo. Nossa cultura francesa, ao contrário, é, antes de tudo, filosófica e literária; ela não se satisfaz com uma acumulação, com um empilhamento de conhecimentos, ela quer ordem, as ideias principais claramente enunciadas. (Agathon, 1911: 175)

Mas há aí, também, um tema proteiforme – que comporta igualmente uma dimensão mais estreitamente linguística – sobre o qual muitos linguistas importantes desse período se exprimiram (Savatovsky, 2000), como Meillet, ou ainda Bally, que consagra um livro a essa questão, em 1930, e que vê nela a consequência da inadequação entre as formas e os recursos da linguagem herdada e os quadros da vida social do homem moderno:

O homem moderno deve dividir sua atividade, seu pensamento e, por consequência, sua linguagem, entre inúmeras preocupações que ignorava a vida estreita e confinada de outra época. [...] A tradição, atacada de todos os lados, resiste como pode; ela poderá fazê-lo eternamente e absolutamente? Podemos crer que uma língua possa, quando tudo se transforma, conservar intacta a forma que recebeu há trezentos anos? (Bally, 1930: 12)

Para Ferdinand Brunot, titular da cadeira de História da Língua Francesa na Universidade de Paris, a crise do francês é antes uma

192

crise do ensino da gramática, e suas causas estão, em parte, na história dessa disciplina e de seu ensino. O diagnóstico é sem recurso: se há uma *crise do francês*, isso não é porque se ensina muito pouco a gramática, é que a ensinamos mal: "abstrações incompreensíveis, definições pretensiosas e, todavia, o mais das vezes, vazias, regras falsas, enumerações indigestas, é suficiente folhear algumas páginas de um manual para encontrar espécies variadas dessas faltas contra a razão, a verdade e a pedagogia" (Brunot, 1909: 3).

É preciso, então, reformar esse ensino, para que ele vise ao estabelecimento de uma *nomenclatura oficial* da qual ele é um dos principais artesãos e cuja versão definitiva será publicada por decreto, depois de muitos anos de gestação, em 1911. Daí em diante, os professores e os autores de manuais deverão se conformar com ela. Em seu *Cours de méthodologie* redigido para os professores, Brunot se alegra pelo abandono, nessa nomenclatura, de certo número de termos e de noções como o *verbo substantivo*, as *proposições complexa* e *incomplexa*, o *verbo neutro* e os *incidentes explicativo* e *determinativo*, todas "palavras pretensiosas e inúteis", nas quais nós reconhecemos uma parte da teoria sintática da *Grammaire générale*, e que encontramos também na gramática de Noël e Chapsal.

Para além dessa crítica do modelo saído de Port-Royal, é o lugar mesmo da gramática que está em causa: é preciso "desparalisar a gramática, [...] introduzir no ensino uma flexibilidade de doutrina que não existe e que exige, no entanto, a diversidade extrema e a mobilidade incessante da linguagem" (Brunot, 1909: 3).

A escola deve ensinar o francês, não a gramática:

> Distinguir um verbo no passivo, ou mesmo poder dizer o que é, isso é indispensável, eu o vejo bem, mas em vista de outra coisa, que é: saber reconhecer esse verbo e compreender seu sentido quando lemos, depois nos servirmos dele, quando tivermos oportunidade e necessidade. (Brunot, 1909: 68)

Essa desconfiança em relação ao ensino da gramática, ou melhor, de toda apreensão teórica da linguagem na escola, deixou rastros profundos na cultura da escola (por exemplo, para Célestin Freynet, que associa regularmente *grammaire* e *scholastique*) e ela inspira ainda largamente os debates dos quais o ensino do francês é periodicamente objeto.

O que faz de Brunot um personagem muito interessante dessa história é que ele é também historiador da língua e das teorias da língua. Sua visão da história do ensino no curso do período revolucionário e da influência exercida por Port-Royal esclarece de modo muito significativo sua concepção do que deve ser o ensino da língua materna. Ele tem, em verdade, a respeito de Port-Royal, em sua monumental *Histoire de la langue française*, cuja publicação começa em 1905, esta fórmula definitiva: "O cartesianismo linguístico foi certamente uma causa de atraso para o desenvolvimento da ciência" (Brunot, 1905-1937, 4/1: 58).

Ele consagra, na mesma obra, um longo e minucioso estudo para o ensino da gramática geral nas Escolas Centrais criadas sob o diretório, e substituídas depois do 18 Brumário de 1802, pelos liceus imperiais. O que o interessa tanto como historiador quanto como republicano engajado na reflexão e ação reformadora em matéria de ensino é bem a experiência de um governo revolucionário envolvido com as urgências da hora. O estudo repousa sobre o exame minucioso de caixas conservadas nos Arquivos nacionais, que contêm os documentos colecionados pelo comitê de instrução pública do ano IV, no quadro de uma enquete que visa a avaliar as condições, as dificuldades, os sucessos eventuais do ensino da gramática geral nas Escolas Centrais. Trata-se de circulares regulamentares das fichas nas quais os professores deviam se apresentar, dos cadernos dos cursos que eles eram obrigados a enviar, dos assuntos de exame... Um dos aspectos interessantes do estudo reside na tese defendida: o ensino da gramática geral nas escolas foi um fracasso. Em si, essa tese é factualmente incontestável. As Escolas Centrais foram, com efeito, depois de sete anos, substituídas pelos liceus imperiais, cujo programa de estudos é inteiramente diferente (não há mais cadeira de moral e de legislação, nem de história, nem de gramática geral, mas um retorno às humanidades clássicas). Mas, para Brunot, o critério, ou a marca do fracasso, reside fundamentalmente no fato de ele não ter sido *possível*, porque profundamente inadaptado, e

Generalidade/Diversidade/Historicidade

por ter substituído (em razão da pressão das famílias, da novidade da matéria, da ignorância dos alunos que não conheciam o francês etc.) um curso de gramática francesa, como declaram certos professores em suas respostas à enquete do ministério. Esse ensino não foi adaptado à demanda social, ao nível dos alunos, mas, sobretudo, não respondia às exigências do momento:

> É evidente que dezenas de "gramáticos filósofos", que se formavam por departamento, teriam sido suficientes se se tratasse de uma escola normal, mas eles não tinham importância numa época em que para ganhar o país, a língua devia ser dominada por centenas de jovens. (Brunot, 1905-1937, 9/1: 347)

E um pouco mais longe, há este julgamento conclusivo e definitivo que retoma outras fórmulas dispersadas ao longo do estudo, e resume as causas do fracasso e do abandono do ensino da gramática geral nas Escolas Centrais:

> Era de um lado uma gramática pretensiosa, vazia, voltando-se facilmente para a declamação, de outro uma filosofia infantil e grosseira. O erro grave que tínhamos cometido não instituindo um ensino especial, ao mesmo tempo teórico e prático da língua francesa, aparecia, apesar de tudo. Nada tinha podido tomar o lugar desse curso necessário. (Brunot, 1913: ibid.)

38

De que modo e em quais limites a história comparada das línguas é a problemática privilegiada do século xix?

O recorte cronológico da história das ideias linguísticas em "períodos" distintos é, sem dúvida, inevitável. Como o mostra a pesquisa historiográfica iniciada na segunda metade dos anos 1970, ele leva, todavia, a simplificações prematuras e a recortes aceitavelmente arbitrários que reificam a periodização e mascaram as continuidades importantes (gramática especulativa medieval, gramática geral da Idade Clássica, gramática histórica e comparada do século xix, linguística geral do século xx...).

Uma história das ideias linguísticas

Por exemplo, a ideia de que a diversidade das línguas conduz a *comparações* cognitivamente fecundas ou, melhor, aquela segundo a qual as línguas existem no *tempo* e que o tempo linguístico pode servir para explicar os fatos linguísticos são, sem dúvida, tão antigas quanto o esforço de objetivação concernente à linguagem e às línguas. A problemática arcaica da origem da linguagem, as questões técnicas da origem e da natureza da sinonímia, da homonímia e da polissemia, o fato que a gramática se desenvolve a partir de um material linguístico escrito, submetido à variação temporal e à obsolescência semântica... todos esses fatos permitiram, desde os gregos, múltiplas especulações e metodologias de análise linguística. Desde o *Crátilo*, a etimologia, seu método e sua validade suscitaram ricas argumentações, tanto para os estoicos quanto para a gramática latina. Já observamos, todavia, que a questão da origem da linguagem e das línguas é relativamente discreta na Antiguidade grega e latina, e que ela se afirma mais nitidamente como "explicação" da afinidade constatada nos vernáculos europeus, no momento do Renascimento cristão.

Desse ponto de vista, já insistimos muito sobre o fato de que a comparação das línguas, sua classificação, tinha acompanhado o extraordinário desenvolvimento da gramatização das línguas vernáculas europeias e/ou "exóticas" (questões 27-32). A pesquisa dos "parentescos" linguísticos não é menos antiga e, da Renascença até o século XVIII, os progressos são consideráveis nos domínios semíticos, fino-húngaros e austronésios, que levam a inúmeros desenvolvimentos e a inúmeras descobertas. Antes, os eruditos da Renascença remontam aos historiadores gregos e latinos, aos comentadores da tradição judaico-cristã e se referem a Heródoto, Estrabão, Dexippe (autor de uma *Scythica*), Trogue Pompeu, Justin... para encontrar rastros de uma população dos rios do mar do Negro, os *Scythes* ["Citas"], do que assinalamos a extrema antiguidade. O historiador romano Flavius Josèphe, seguido pelos autores cristãos, situa esse povo na descendência direta de Jafé, filho de Noé e pai da Europa... (Droixhe, 1984). Segundo Eusébio (265-340), os marcos de referência bíblicas dão os limites de uma balbuciante história linguística da humanidade desde a Queda (depois da língua do

Generalidade/Diversidade/Historicidade

Paraíso), depois de uma relativa unidade (desde o dilúvio) até a diversidade (depois de Babel): "O *scythisme** dominou desde o dilúvio até a construção de Babel" (Pinkerton apud Droixhe, 1984: 5).

Durante aproximadamente 15 séculos, essa exploração do passado europeu alimenta as especulações mais casuais sobre as fundações da Europa e a genealogia das línguas. Se essa última é muito amplamente retomada nas representações mitológicas da qual a Bíblia é a matriz e onde o estatuto do hebraico (língua do Paraíso) é privilegiado, estimamos que é perto do século VI que aparece a ideia de uma relação privilegiada entre o oriente (a Pérsia, em particular) e o mundo germânico, e que situa na Escandinávia do norte a matriz das nações europeias (de onde, no século XIX e no contexto de uma linguística de nacionalismos, surgirá a ideia de "línguas-indo-germâncias"). Essa ideia se apoia, desde essa época, em critérios linguísticos, e a primazia deles (estudos das línguas e de suas "afinidades"), quanto à colocação em evidência do passado europeu mais remoto, está já estabelecida para Leibniz no século XVII.

Os balbucios de uma história comparada das línguas indo-europeias se desenvolvem então largamente até o século XVIII, através da pesquisa de *regras metodológicas* da comparação e a pesquisa da afinidade do gótico e do persa.

Entre os problemas técnicos postos, de tipos variados, alguns parecem confusamente convergir ao longo do tempo: sobre quais *tipos de palavras* fundar a análise comparativa? Quais papéis respectivos damos de um lado para o *empréstimo* de língua para língua e, de outro, para a *mudança* devida ao tempo no seio da mesma língua? Quais são os papéis respectivos do acaso e do *parentesco* nas *semelhanças fônicas* de uma língua a outra? Qual papel desempenha a *onomatopeia* (a imitação das coisas pelas palavras) no processo de engendramento das palavras? Podem-se conceber raízes híbridas? Que confiança podemos ter na *etimologia*? Há um *léxico fundamental* sobre o qual apoiar as comparações (partes do corpo, números, nomes das ligações de parentesco são propostos, desde 1643, por De Laet; cf. Muller, 1984)? etc.

É então muito cedo que o mundo erudito submete a comparação das línguas a uma tripla exigência que se desenvolve lentamente

---

* N.T.: Citismo, nome dado por Santo Epifânio às religiões bárbaras (Littré).

197

Uma história das ideias linguísticas

e constrói as bases de uma gramática comparada: a) exame fonético relativamente aprofundado; b) atenção dada à morfologia; c) seleção rigorosa dos elementos lexicais sobre os quais se trabalha.

Esse quadro dos progressos da comparação histórica das línguas desde o século XVI até o século XVIII, então, visa primeiro a nuançar a imagem muito unilateral da linguística do século XIX. Antes de focalizar a atenção sobre a revolução metodológica do século XIX, devemos observar que o "século romântico" não inventa essa problemática comparativa, nem a forma histórica que ela lhe dá. Seria mais justo dizer que a história comparada das línguas do século XIX é simultaneamente: a) término de um longo processo começado no século XVI (o processo de gramatização das línguas do mundo); e b) o resultado de um crescimento assintótico dos dados.

Aproximadamente, os eruditos do fim do século XVIII dispõem da descrição de um milhar de línguas, descrições colecionadas em compilações cujo número não cessa de crescer no último quarto do século XVIII. De 1773 a 1826 e sem preocupação com exaustividade, as compilações de Lord Mondobbo, Antoine Court de Gebelin, o abade Lorenzo Hervàs y Panduro, Peter Simon Pallas, Johann Christoph Adelun e Adriano Balbi (questão 29) dão do universo linguístico uma representação quantitativamente crescente, mas também mais fina...

O comparatismo crescente do século XIX se inscreve simultaneamente em uma tradição cumulativa e longa que vai acelerar ainda o desenvolvimento e que renova essa tradição pelas mudanças metodológicas e epistemológicas que tentaremos esquematizar nas questões seguintes.

39

Por que a aparição do termo "linguística" é contemporânea do desenvolvimento da gramática histórica e comparada?

A linguística procura as propriedades das diferentes línguas, dando-lhes uma classificação e, a partir disso, tira conclusões sobre sua genealogia e seu parentesco.
(J. S. Vater, 1808; grifo dos autores)

O substantivo "(a) linguística" aparece na virada dos séculos XVIII e XIX. O "linguista" é, até essa época, o especialista das línguas em sua multiplicidade e sua diversidade. No começo do século XIX, o linguista torna-se mais o especialista de um tipo de novo saber, concernente às línguas, saber que supõe, sem dúvida, o conhecimento empírico dos domínios linguísticos diversos, cuja dimensão está, daí em diante, à sua disposição, mas que implica também alguma coisa mais. Nesse quadro, os termos *gramática* e *linguística* comutam quase livremente ("gramática ou linguística histórica e comparada"). É somente no século XX que a linguística designa um tipo de saber que concerne a todas as questões que tocam à linguagem e às línguas e que inclui a abordagem sincrônica (além disso, ao longo do século XX e até hoje, a interpretação das relações entre a historicidade e sistematicidade das línguas para Saussure é uma questão de primeiro plano [questão 46]).

Sem negar sua novidade (relativa), podemos esquematicamente compreender esse "qualquer coisa a mais" que emerge explicitamente no século XIX como término de um tríplice processo histórico de *muito longa duração*:

- a gramatização progressiva de um número crescente de vernáculos (europeus e exóticos) por meio do latim que se tornou metalíngua "geral" da descrição das línguas (a "gramática latina estendida") e a partir de *categorias metalinguísticas unificadas;*
- *o agrupamento progressivo de um número crescente* das descrições nas obras enciclopédicas (as enciclopédias das línguas), que tornam comensuráveis entre elas, e visíveis por todos, as diferenças e semelhanças;
- a pesquisa de uma *representação geral* das relações entre as línguas que dá conta de suas afinidades e conexões.

O primeiro aspecto desse processo coloca em relação línguas diversas por meio de uma metalíngua unificada, o segundo faz aparecer no longo termo suas diferenças sobre um plano homogêneo do quadro descritivo adotado, o terceiro procura conectividade das lín-

Uma história das ideias linguísticas

guas nas relações genéticas que podemos vislumbrar a partir de uma teoria do espírito humano (as categorias gerais da gramática geral) e/ou (porque um não exclui o outro) de um parentesco histórico, mais frequentemente conhecido a partir de uma "língua mãe" comum (durante longo tempo o hebraico, depois, no século XIX, o sânscrito e uma protolíngua reconstruída, o indo-europeu). O conjunto, enfim, aponta para um saber *geral* que concerne à linguagem e às línguas, que tomou formas diversas no curso da história segundo as épocas e segundo os dados disponíveis (filosofia antiga, gramática "modista" medieval, gramática *geral* da Idade Clássica, linguística *geral* do fim do século XIX e da época contemporânea). Em todos os casos, de acordo com modalidades diversas, podemos dizer que o interesse de conhecimento investido na *generalidade* é um saber de segundo grau: um saber sobre os saberes linguísticos, do qual o grau de explicação, o conhecimento e autonomia *vis-à-vis* dos interesses práticos (aprendizagem, tradução, estandardização...) variam no tempo.

É na dinâmica desse triplo processo que se inscreve a gramática histórica e comparada, que o século XIX não inventa, mas sobre a qual ele concentra suas forças (de maneira não exclusiva, porque a gramática geral continua sua carreira), assim como a terceira forma de generalidade do saber linguístico. Porque aqui, ainda, a gramática histórica e comparada não inventa evidentemente a representação do parentesco das línguas sob uma forma arborescente. Isso existe desde Isidoro de Sevilha (séculos VI-VII) e pôde tomar, na Idade Clássica, a forma mais abstrata de uma genealogia intelectual a partir das categorias universais do espírito humano. Ela ganha, no século XIX, outra amplitude que não é somente devida aos progressos (quantitativos) da gramatização, mas aos efeitos (nós temos desejo de dizer quase "mecânicos") daqueles relativos à compreensão dos *fatos* linguísticos considerados em si e por si próprios. Mesmo se não faltam, no século XIX, as especulações abstratas e as teorizações de todos os tipos concernentes à origem da linguagem, à inclusão da linguística nas ciências naturais ou histórico-sociais, as representações de temporalidade linguística em termos de "declínio" ou de "progresso", a tipologia genética das

Generalidade/Diversidade/Historicidade

línguas em isolantes, aglutinantes e flexionais..., a linguística histórica e comparada se vê diante de uma disciplina *empírica*, calcando sua epistemologia sobre aquela de outras ciências prototípicas mais antigas (física, astronomia) ou de "novas" disciplinas como a Biologia que, na mesma época, desenvolve seus próprios critérios de validade. A linguística do século XIX participa, de resto, a seu modo e com seus próprios meios do debate epistemológico dominante da época a respeito da validade cognitiva e da legitimidade científica da *indução*.

No plano mais geral e com relação ao saber gramatical da tradição, a linguística histórica se caracteriza principalmente pela passagem de uma regularidade observada, descrita e formulada sob a forma de regra (de gramática), não levando em conta a temporalidade própria aos fatos de língua, a uma regularidade na qual o tempo adquire um valor constitutivo dos fatos, então causal e explicativo. São os valores e os limites da validade desse tipo de lei que são debatidos ao longo do século e que podem levar em seu último terço à famosa "querela das leis fonéticas", depois à crise (particularmente visível para os dialetólogos, para V. Henry, 1896, e nas lições inaugurais de Saussure, em Genebra, em 1891) da compacidade e da consistência do conceito de "língua". Retrospectivamente, podemos descrever essa passagem, como o faz Saussure, em 1916, utilizando o par sincronia/diacronia proposto no *Cours de linguistique générale* [Curso de linguística geral].

Uma regra sincrônica é a descrição mais ou menos idealizada de uma operação a que os sujeitos falantes, que utilizam uma língua em um momento T, seriam levados a realizar. Mesmo que elas sejam puramente descritivas ou normativas, as regras põem em relação os "fatos" de língua diretamente observáveis e de comportamentos mais ou menos normalizados. É claro que, para formular as regras do "bom uso", foi preciso estar atento à diversidade dos usos, dotar-se, então, de um observatório bem conectado às diferentes Academias europeias contemporâneas da gramatização dos vernáculos e aos lexicógrafos dos grandes dicionários monolíngues, assim como aos inúmeros "*Remarqueurs*" ["Comentadores"] do século XVII.

201

Uma lei diacrônica relaciona dois (ou mais) estados de língua *sucessivos* para determinar a *identidade* de uma unidade dessa língua, segundo uma relação causal. De acordo com o grau de necessidade (e/ou de contingência) que se dará a essa relação causal, seremos tentados: a) a reinterpretar o termo tradicional *regra* como *lei*; b) a nos interrogar sobre o modo de existência dessa legalidade: imanência das línguas para a "massa falante", retomando uma expressão de Saussure, ou necessidade "natural" que se interpretará sobre o modelo de leis de matéria viva (organismo) ou sobre aquele da matéria inerte (leis astronômicas, leis físicas). Em todo caso, são as prerrogativas do sujeito falante, prerrogativas pressupostas na gramática tradicional, que são postas em causa. As leis de evolução fonética reconstruídas pelos eruditos são, em verdade, inacessíveis à consciência dos sujeitos falantes, que, todavia, são o lugar e os agentes radicalmente *inconscientes* dessa consciência. A grande tarefa de re-construção da protolíngua indo-europeia no século XIX situa o objeto do linguista para além do que é imediatamente observável (questão 42). Correlativamente, a autonomia *do* e *da* linguística vem dessa crise da relação dos sujeitos individuais ou coletivos *vis-à-vis* com a língua que falam. Os "observáveis" da gramática histórica e comparada são fatos de outra natureza que aqueles das gramáticas que descrevem simultaneamente as operações do espírito e os dados recolhidos de "sujeitos falantes testemunhos". A linguística dos historiadores comparatistas é estreitamente ligada à filologia e à colocação em rede pelos textos de fatos que, tomados um a um, não revelam sua significação e pelos quais nenhum sujeito falante contemporâneo pode fazer o papel de "testemunho". Correlativamente, o comparatismo histórico se empenha particularmente em desfazer o que constituía a prática etimológica anterior: a equivalência postulada entre duas *filiações formais* e as *filiações semânticas* não é mais possível, e, se existe uma relativa autonomia das *formas* e de suas evoluções, objeto próprio da linguística histórico-comparativa, é que a própria noção de fato linguístico muda de significação: o fato não é mais um estado possível de ser transcrito em uma regra, mas um evento uma mudança da qual uma lei deve dar a fórmula que os historiadores comparatistas nomeiam "função" e que eles transcrevem por uma escrita especial.

Tome, por exemplo, a série:

got. *fadar*, irl. *athir*, lat. *pater*, gr. *patēr*, a. ind. *pitā* = "ideia de pai"

Essa sequência permite escrever:

i-e *p = got. (ou a. h. a.) *f*, irl. ø, lat. *p*, gr. *p*, a. ind. *p*

função que se pode parafrasear em: "temos direito de supor que as diversas realizações em gótico, irlandês, latim, grego, antigo indiano, procedem todas de uma única e mesma unidade mínima que desempenha um papel de 'causa' possuindo um poder explicativo."

- A função concerne às unidades mínimas não significativas em si, às *formas* cuja função dá a *fórmula* a que Saussure chamará uma "álgebra" linguística (à imagem das fórmulas algébricas). Mas na comparação *histórica* das línguas, a identidade de uma unidade lhe é fornecida por sua genealogia. Em reação, no fim do século Saussure contestará o exclusivismo dessa concepção pela *teoria do valor* linguístico, segundo a qual a identidade de uma unidade (seu "valor") lhe é conferida por seu lugar no sistema das diferenças e oposições pelas quais uma língua é constituída. Mas a noção de "unidade mínima" será conservada.
- A temporalidade não é mais aqui um "meio" no qual se produziriam os fatos linguísticos, mas uma dinâmica produtiva, causal e reversível que autoriza sequenciações que permitem ver os *eventos* que não poderiam ser percebidos de outro modo.
- Essa sequenciação, enfim, permite passar do observável ao inobservável – as formas indo-europeias são as reconstruções das quais não existe nenhuma atestação (questão 42) – por um tipo de "predição" retrospectiva (de predição do passado).
- A importante discussão do fim do século XIX consistirá, em grande parte, em determinar o estatuto ontológico exato de tais reconstruções ao mesmo tempo, aquele das unidades reconstruídas e das línguas das quais elas são os elementos. Convém de maneira "realista" fazer da unidade reconstruída uma realidade articulatória de sujeitos falantes desaparecidos? Uma simples postulação hipotética? Em que consiste mesmo a ontologia das línguas?

40

Quais são as grandes temáticas do século da gramática histórica e comparada?

Não devemos mais nos limitar a estudar isoladamente uma língua [...].
Toda boa gramática deve ser uma gramática comparada,
ou ao menos o fruto de um estudo comparativo.
(Gaston Paris, 1863)

Nós nos lembraremos que, se a gramática histórica e comparada assume, no século XIX, uma *hegemonia* indiscutível nas ciências da linguagem e das línguas (Auroux, 2000), outras problemáticas – aquela da gramática geral em particular – não desaparecem radicalmente da cena das ideias linguísticas (questão 37), mas perduram ao mesmo tempo a *mestiçagem* (podemos conceber a gramática comparada como uma adaptação da gramática geral para novas questões de conhecimento) e por *inércia* ou necessidade, como com a autonomização da gramática escolar descrita por A. Chervel (1977), em razão da inutilidade da diacronia no projeto de escolarização universal que emerge no século XIX para se estabilizar e se realizar plenamente nos anos 1880-1890. Acrescentamos a isso o fato de que o século XIX da pesquisa linguística é dominado por uma figura inaugural imponente, mas paradoxal, a de W. Von Humboldt, e se fecha com outra figura não menos paradoxal (em parte, por outras razões), aquela de Saussure. Humboldt poderia passar por iniciador *moderno* da comparação histórica das línguas, pelo primeiro tipólogo, no sentido moderno do termo: nós lhe atribuímos muitas vezes, e de maneira mais ou menos exata, a repartição das línguas em "isolantes", "aglutinantes" e "flexionais". Ele poderia passar igualmente por filósofo da linguagem, promotor de teses "fortes" submetidas a um futuro promissor: aquele do relativismo linguístico (prefigurando a hipótese Whorf/Sapir) e aquela da "criatividade" linguística segundo Chomsky. No entanto, o essencial de sua obra foi publicado postumamente, as influências exercidas na Alemanha (Kant) e na França (Condillac e os Ideólogos) são dificilmente conciliáveis e dificilmente se pode lhe assinalar uma posteridade clara (em torno de Bopp e Steinthal...) (cf. sobre esses pontos Trabant, 1992, 1999; Morpurgo-Davies, 1998).

Quanto a Saussure, sabemos que sua obra pode passar hoje por "apócrifa" e que ela foi suscitada pelos leitores que tanto fizeram do CLG a formulação explícita da prática do comparatismo histórico do século XIX quanto, ao contrário, o herói de uma "ruptura", fundadora da modernidade estruturalista do século XX...

A hegemonia reativa da gramática histórica e comparada instala-se através de muitas temáticas privilegiadas pela historiografia e das quais algumas são ademais mais ou menos lendárias, enquanto outras são mais metodológicas e técnicas:

- uma série de descobertas ou mais de *redescobertas*:
- o papel do sânscrito sublinhado (e não estabelecido) por W. Jones em 2 de fevereiro de 1786, em uma muito célebre conferência para a Sociedade Asiática de Bengala. "Muito célebre" ou muito celebrada por uma historiografia rápida porque, de fato, as afinidades do sânscrito, do grego e do latim são constatadas há muito tempo – desde ao menos o fim do século XVI – e a comparação histórica das línguas, como observamos, pratica-se desde ao menos o Renascimento. Quanto à importância de W. Jones, ela é largamente ampliada pela lenda dourada que circula desde o século XIX na historiografia (interessada) da gramática histórica e comparada;
- o sânscrito é, com efeito, "popularizado" por Schlegel (1808) em um livro pouco confiável sob o plano científico, mas que lança uma verdadeira moda para uma "ciência (romântica) das origens": *Sobre a língua e a sabedoria dos indianos*.
- a *reconstrução* técnica de uma "língua-fóssil" (questão 42), o indo-europeu. A partir de Bopp, que lança as bases rigorosas da comparação das línguas, é aí, com efeito, o ponto principal da linguística do século XIX;
- a *mutação* da velha questão da origem da linguagem e das línguas, segundo uma trajetória esquemática que vai de uma abordagem *genética causal* (uma abordagem hipotética e es-

peculativa cujo modelo se encontra em Condillac e Rousseau) para uma abordagem histórica que se quer definitivamente *positiva*, isto é, centrada sobre os *fatos* (quando? onde? por quê?... com Renan, por exemplo);

- a pesquisa de *leis explicativas* em substituição a regras *descritivas/prescritivas*: essa pesquisa deu origem, no último terço do século XIX, a uma verdadeira *crise* das ciências da linguagem, consagrando a linguística como "ciência piloto" entre as ciências humanas, ao mesmo tempo que ela servirá de transição para a sincronia saussuriana e os estruturalismos europeus (questões 46 e 47);
- a focalização das pesquisas, enfim, sobre o material morfológico (Bopp) e sobretudo fonético (Grimm) das línguas: essa linguística das "formas" das unidades mínimas prevalece sobre uma linguística da "palavra", sem excluir de maneira radical uma história comparada da sintaxe...

Mas essa hegemonia da gramática histórica e comparada não deve mascarar a aparição ou a continuação de problemáticas que não entram exatamente nesse quadro. Para além dos limites do século XVIII, existe uma "gramática geral tardia" (cf. J. Bourquin, 2005, que estuda sua história até o século XX). De outra parte, as novas formas de interdisciplinaridade aparecem com o nascimento de uma fonética experimental (Helmoltz, Wundt, Sweet, Scripture, o abade Rousselot...) com a qual colaboram médicos, técnicos em acústica, físicos, com as pesquisas sobre a aquisição da linguagem (Taine), com a importância crescente das pesquisas sobre as patologias da linguagem ou sobre o substrato "fisiológico" da atividade da linguagem (escola de Broca, cf. Bergounioux, 1994), sem falar das mutações profundas da lógica (Boole), disciplina da qual o destino, desde Aristóteles, é gêmeo daquele da linguística. Certos historiadores do período colocam igualmente em evidência a emergência de uma pragmática linguística (Nerlich, 1986), objeto de uma "tradição escondida", e a semântica (lexicografia histórica) se desenvolve na Alemanha com a clara consciência dos limites redutores

Generalidade/Diversidade/Historicidade

impostos pela hegemonia dos debates sobre as leis fonéticas (Reisig, Darmesteter, Raoul de la Grasserie, Bréal...). A crise das leis fonéticas dos anos 1880 dá lugar, na virada do século xix para o xx, às proposições teóricas alternativas que privilegiam o espaço (geografia linguística, atlas linguísticos) e a variação (dialetologia) contra a consideração exclusiva do tempo. Elas renovam fundamentalmente os debates sobre a norma e, para além disso, sobre a compacidade e a evidência do conceito de "língua". Essa linguística de "crise" é bem ilustrada, sobre o plano teórico, por Saussure (1891-1916), mas também por V. Henry (1896). Enfim, é claro que se o núcleo duro da gramática histórica e comparada é, antes de tudo, de essência técnica e metodológica, não se pode esquecer que essas discussões técnicas que obedecem ao culto positivista do "fato", são duplicadas ao longo do século por considerações gerais que implicam a maneira pela qual a cultura ocidental pensa sua gênese e seu próprio estatuto. Particularmente, se coloca em ação, então, o par arianos/semíticos, do qual os últimos avatares (o antissemitismo do caso Dreyfus, o arianismo mortífero da Segunda Guerra Mundial) marcarão, em seu lugar, a história geral até a segunda metade do século xx (cf. Poliakoff, 1971, 1991; Olender, 1989).

Nessas condições não é fácil de conferir uma prioridade legítima a tal ou qual desses aspectos (nem, além disso, de fazer deles temáticas separadas umas das outras), mas os resultados estão aqui: o século xix constitui um momento raro de aceleração do *ritmo cumulativo dos resultados* das pesquisas nas ciências da linguagem. Essa evidência permite e obriga a que se apoie sobre uma cronologia mínima (para mais detalhes, ver o anexo 1 em Auroux, Deschamps e Kouloughli, 1996) que coloca em evidência a muito forte conexão existente no século xix entre, de um lado, *a coleta de dados* (as descrições sempre mais precisas de um número muito grande de línguas), e de outro lado, a construção de *modelos de mudança linguística*, que adquirem, até Hermann Paul e Ferdinand de Saussure, o primeiro lugar nos interesses do conhecimento, enfim, o estatuto ontológico *versus* metodológico da *protolíngua reconstruída*: abstração que resulta da atividade do linguista (Saussure, Henry, Hjelmslev...), ou a atualização de uma cultura fundadora cujo estatuto ontológico-histórico não deixa nenhuma dúvida (o livro de Pictet: *Les origines indo-eurepéennes, ou les Aryas prmitifs. Essay de paléontologie languistic* (As origens indo-europeias, ou os Aryas primitivos. Ensaio de paleontologia linguística), 1859-1863, é emblemático desse ponto de vista). Esses são evidentemente os estudos indo-europeu que concentram toda atenção da época e servem de verdadeiro modelo para a construção de um protótipo da ciência da linguagem conforme às "restrições da ciência" (Auroux, 2007), tais como elas aparecem no século XIX. Primeiro na Alemanha e depois na França, o modelo será definitivamente consagrado quando ele se estende para o domínio das línguas românicas (Diez, 1794-1876) que apresenta o imenso interesse de existir uma "língua mãe", conhecida de todas (contrariamente ao indo-europeu), o latim, e quando os especialistas das línguas clássicas (o grego, em particular com Curtius, 1820-1885) renovarão fundamentalmente, graças às pesquisas indo-europeias, a representação de uma cultura humanista, a mais antiga da Europa.

Como observa Morpurgo Davies (1998: 166-7), a taxa de reinscrição dos conhecimentos linguísticos durante o século XIX (sua cumulatividade) é bem medida por alguns fatos simples. A *Grammaire comparée des langues indo-européennes* (Gramática comparada das línguas indo-europeias) de F. Bopp (1791-1867) aparece, em sua primeira edição, de 1833 a 1852. A segunda edição (aquela que será traduzida para o francês por M. Bréal somente em 1865) começa a aparecer em 1857. Mas ela está já ultrapassada pela obra de A. Schleicher (1821-1868), aparecida em 1861-1862): o *Compendium de grammaire comparée des langues indogermaniques* (Compêndio de gramática comparada das línguas indo-germânicas). Esse último, enfim, é ultrapassado pela publicação, em 1886, do primeiro volume dos *Fondements de la grammaire comparée des langues indogermaniques* (Fundamentos da gramática comparada das línguas indo-germâncas) de K. Brugmann (1849-1919). No entanto, o exame das intercitações desses trabalhos fundadores ao longo do século mostra que a referência explícita a Bopp torna-se rara na literatura (técnica) dos anos 1870, e que as referências a Schleicher desaparecem nos anos 1890 no mesmo tipo de escritos. Esse fato é explicado por causas correlatas que remetem todos os dois a uma forte

Generalidade/Diversidade/Historicidade

cumulatividade dos conhecimentos. De um lado, o material observado (as línguas indo-europeias) não cessam de crescer em quantidade e as análises em qualidade, o que obriga a retificações permanentes; de outro lado, a cumulatividade é tal que os dados antigos e os resultados passados se integram naturalmente nas novas obras que alcançam, então, o estatuto de *manuais*, isto é, de obras que mergulham o leitor *in media res* sem atalho pelo itinerário de descoberta. Desse ponto de vista, e independentemente de seu valor científico, o *Compêndio* de Schleicher conhecerá quatro edições diferentes em apenas quinze anos, será traduzido para o inglês e para o italiano e servirá de modelo a um grande número de manuais ulteriores que acabarão por não mais lhe referir de maneira explícita. A possibilidade de "manualizar" um saber qualquer é, já sabemos, um sinal muito antigo de "estabilização" dos conhecimentos. O que impressiona no século XIX é o ritmo extremamente rápido segundo o qual se estabiliza o campo das pesquisas indo-europeias. Se com os neogramáticos e a famosa querela das "leis fonéticas" um período termina bem, não é menos essencial constatar que essas obras fundadoras que integram seus resultados de maneira cumulativa fornecem ainda hoje os dados técnicos que os pesquisadores utilizam cotidianamente (cf. Ramat, 1986), e que os atores científicos da época tinham, de início, uma consciência aguda dessa fecundidade. Em sua introdução à tradução francesa (tardia) de Bopp, em 1865, M. Bréal escreveu:

> As obras de gramática comparada se sucedem na Alemanha, controlando-se e completando-se umas e outras, assim como se faz em nossos livros de psicologia ou de botânica; as questões gerais são separadas ou discretamente tocadas como sendo as últimas e não as primeiras que uma ciência deve resolver; as observações de detalhe se acumulam, conduzindo as leis que servem a seu turno para descobertas novas. Como em um atelier bem ordenado, cada um tem seu lugar e sua tarefa, e a obra, começada sobre vinte pontos simultaneamente, avança tanto mais rapidamente quanto o mesmo método, empregado por todos, se torna a cada dia mais penetrante e mais seguro. (M. Bréal, Introdução à trad. de Bopp, 1865)

Ocorre que a expressão "gramática *histórica* e *comparada*", cômoda e consagrada, exige alguns esclarecimentos. Ela é consagrada por Bopp, em 1816, que efetua a primeira comparação sistemática de paradigmas de línguas europeias e do sânscrito. Em 1818, Rasmus Rask, em sua *Recherche sur l'origine du vieux-norrois ou islandais* (Pesquisa sobre a origem do antigo nórdico ou islandês), utiliza sistematicamente as correspondências fonéticas de "som" a "som". Em 1819-1822, sobretudo, J. Grimm em sua *Grammaire allemande* (Gramática alemã) atualiza uma lei das "mutações consonânticas" que servirá de modelo para o estabelecimento de "leis fonéticas" em todas as famílias de línguas. Porém, em 1933, um linguista como Leonard Bloomfield, indo-europeísta formado na Alemanha na virada do século XIX para o século XX, fundador do "estruturalismo" americano, faz preceder, em *Language*, ao capítulo sobre "a mudança linguística", um capítulo sobre o "método comparativo". Essa *disjunção* – discreta – é bem o índice de um problema epistemológico implícito ao longo do século XIX e explicitado somente quando se coloca (com Saussure) a distinção entre diacronia e sincronia. No fim do século XIX, os neogramáticos alemães (H. Paul, B. Delbrück, K. Brugmann, H. Osthoff... dentre os mais conhecidos), afirmam suas concepções epistemológicas, "uniformitaristas" (cf. Christy, 1983): as leis da mudança linguística são as mesmas para todas as línguas e para todas as épocas. Nesse quadro, o estudo das *leis da mudança* prima sobre todas as considerações comparativas e se subordina à tarefa de *reconstrução* (sem as excluir, evidentemente). A partir do momento em que se privilegia o estudo *sincrônico*, a ordem das prioridades se encontra fundamentalmente alterada: a história é somente uma sucessão de sincronias e o método comparativo pode ser utilizado tanto para comparar dois "estados" de uma mesma língua quanto para comparar diferentes línguas.

Uma vez mais e no contexto particular de uma forma de *positivismo* próprio do século XIX, a questão é a da *generalidade* nas ciências da linguagem. Em que nível de análise das línguas vamos encontrá-la? Sob quais formas? No fim do século, os neogramáticos a afirmam nas leis históricas de evolução do material fônico das línguas ao mesmo tempo "cegas" e sem "exceções". Essa afirmação, que desencadeou uma querela e comentários de grande amplitude em todos os setores do mundo erudito, a partir dos anos de 1890, é explicada na passagem do estudo da "palavra" (domínio da comparação intuitiva dos séculos precedentes) para aquela das "formas" (estudo sistematizado no século XIX), e, enfim, àquela dos sons que concentra sobre ela de maneira plena e inteira as representações da ontologia das línguas através daquela da "mudança".

41

Como se passa da "palavra" à comparação morfológica e, depois, às leis fonéticas?

É sem dúvida Franz Bopp, autor da *Grammaire comparée* (Gramática comparada), publicada de 1833 a 1852 e completada em uma segunda edição (1856-1861), que ilustrou de maneira mais clara e inaugural os métodos de comparação moderna das línguas. A obra se inspira largamente na herança de gramáticas indianas antigas e se apoia no sânscrito, língua de morfologia forte e relativamente clara que dá o modelo da morfologia das línguas indo-europeias. Se essa vasta pesquisa não evita, evidentemente, observações propriamente históricas, sua orientação fundamental, todavia, é outra. Os princípios de análise morfológica, tais como ele os desenvolve progressivamente, podem ser esquematizados da seguinte maneira:

- A primeira etapa é aquela da *segmentação* (*Zergliderung*) trata-se de separar a *raiz* dos diferentes afixos e das desinências, em uma perspectiva inteiramente sincrônica que se pode qualificar de "estrutural" antecipadamente. Essa operação aconteceu no interior de uma única e mesma língua.
- Somente em um segundo tempo, quando todos os segmentos são identificados em sua natureza e função, a comparação propriamente dita tem por objetivo fazer a separação entre as formas "herdadas" e as formas novas. Mais precisamente,

essa segunda tentativa visa a precisar a *identidade* das formas detectadas por comparação com as formas de línguas aparentadas. Por exemplo, nota Bopp, as desinências verbais de primeira e terceira pessoas (*-mi/-m* e *-ti/-t*), "herdadas", nas línguas indo-europeias mais antigas, oferecem uma similitude marcante com o sânscrito *me*, o grego *mou/moi* (*de moi/à moi* [*"de mim"* e *"para mim"*]), o sânscrito *ta*, o grego *to* (ele/isso).

Esses fatos permitem formular indutivamente a *hipótese* segundo a qual as formas verbais que significam "eu faço x" ou "ele faz x" são aquelas que integrarão "necessariamente" *me* (*moi* [*"mim"*]) e *ta*- (*il* [*"ele"*]). Outro exemplo concerne à marca herdada do nominativo singular *-s*. Essa forma torna-se comparável, segundo Bopp, com o pronome sânscrito *sa* (*il* [ele]) pela única razão ("formal", não semântica) que *-s* é unicamente masculino e feminino e jamais neutro, exatamente como a raiz *-as*. Tais exemplos excessivamente simplificados mostram, ao menos, três fatos: 1) abandonou-se o domínio das "afinidades" vagas entre "palavras" de diferentes línguas; 2) o raciocínio é elementarmente formal, mas ele é bem *formal*, isto é, ele se apoia sobre considerações que não deixam intervir um *sentido etimológico* para definir a *identidade* de uma forma, situada de todo modo abaixo da "palavra"; 3) o estabelecimento de um "fato" não tem valor em si mesmo, mas deve poder remeter a uma *lei* que torna os fenômenos *previsíveis*. Quanto ao caráter *histórico* ou não dessa lei, Bopp não fecha essa questão. De um lado, ele não faz a história de uma língua (mesmo aquela do sânscrito e do indo-europeu). Bopp, técnico fascinado pela morfologia do sânscrito e do indo-europeu, não compartilha de jeito nenhum a nostalgia das origens cultivada por Schlegel, seu mentor. Ele não partilha a paixão filológica pelo estabelecimento da datação de documentos que, todavia, muitas vezes poderia auxiliá-lo no estabelecimento dos fatos. De outro lado, é inegável que Bopp atualiza as leis de mudanças fonológicas (*Wohllautgesetze*), que ele funda a distinção sobre princípios de observação rigorosa, entre formas herdadas e formas gramaticais novas, atualizando as configurações antigas (não imediatamente perceptíveis) que tornam

Generalidade/Diversidade/Historicidade

compreensíveis as inovações. É, então, a perspectiva indissociavelmente comparativa e histórica que permite mostrar que duas formas *aparentemente* idênticas resultam de duas inovações paralelas, o que abre bem a via a uma explicação, senão do *porquê*, ao menos do *como* da mudança histórica.

Mas é verdade que o ponto de vista propriamente histórico afirma-se somente com J. Grimm e sua *Deutsche Grammatik*, estudo sistemático dos dialetos germânicos, em um contexto sociopolítico muito diferente daquele de nações como a França, onde a unidade linguística está em questão desde o Renascimento. No mundo erudito, o nome de J. Grimm é conhecido devido, sobretudo, à formulação do que a posteridade reterá como a "lei de Grimm", lei de mutação consonântica (*Lautverschiebung*) exposta na segunda edição da obra (1822 a 1837). Pela primeira vez, há um capítulo de 600 páginas consagrado de maneira exclusiva ao estudo do material fônico e de sua evolução histórica. Essa orientação "fonológica" mistura, de um lado, as considerações filológicas (os dados) novas e as considerações metodológicas que os trabalhos (sobretudo morfológicos) de Bopp não tinham permitido definir de maneira explícita. Ele permite a Grimm, por exemplo, estabelecer uma origem diferente (e, então, definir diferentemente) dois fenômenos de alternância vocálica onipresentes na literatura científica da época: o *Umlaut* e o *Ablaut*. Essas alternâncias vocálicas portadoras de distinções gramaticais formais ou funcionais (por exemplo, o inglês *foot/feet, drive/drove*) seriam devidas, segundo Grimm, a dois fenômenos disjuntos: de um lado, o *Umlaut* seria uma inovação germânica que dependeria somente de fatores puramente fonológicos (a vogal *foot* veria seu plural alterado, porque, em um estado de língua anterior, esse plural teria sido seguido de uma final cuja inicial é uma vogal anterior); de outro lado, o *Ablaut* resultaria de um estado mais antigo e constituiria apenas a continuação de uma "herança". É bem aqui, especificamente, sobre a *mudança* (fonética) e a *inovação* que incide a pesquisa. A lei de mutação consonântica, que vai dar o quadro de muitos decênios de pesquisas e fornecer à gramática histórica e comparada o quadro epistemológico de debates múltiplos sobre a natureza da "legalidade" linguística, reforça e precisa ainda essa orientação.

Sabe-se, desde há muito, que existem afinidades entre o grego, o latim e as correspondências fonológicas com as línguas nórdicas e germânicas. Grimm descobre, por seu turno, as correspondências precisas entre o gótico e o alto alemão antigo. Muito esquematicamente: uma primeira "mutação" afeta todas as línguas germânicas se as palavras gregas ou latinas comportam as "letras" T, D, TH (lat. *tu/* grego *tu-*, grego *daman*, "domesticar", grego *thugater*, *"fille* [filha]") correspondem palavras que comportam TH, D (*thou, tamjan, dauhtar*). Uma segunda mutação, paralela à primeira, mas que afeta dessa vez apenas uma língua, coloca em relação o gótico (TH, T, D) com o antigo alto alemão (D, Z, T: *dû, zemen, tohtar*). Evidentemente, a *Deutsche Grammatik* oferece um grande número de exemplos do mesmo tipo, mas sua contribuição essencial está em outro lugar: não é a simples correspondência entre "letras" que importa aqui (então, o ponto de vista comparativo "puro"), mas ainda mais *o caráter irreversível da temporalidade que estrutura em profundidade a existência e identidade das unidades linguísticas* e permite se pronunciar sobre o parentesco. Em outros termos, uma palavra grega que comporta T deve produzir uma forma gótica em TH, mas uma palavra gótica em T não permite que se volte ao grego TH, mas ao grego D. As palavras "semelhantes" que se encontram em duas línguas diferentes e que não respeitariam essas correspondências precisamente regradas deveriam então permitir concluir com certeza, seja a um não parentesco, seja a um processo de *empréstimo*. Ao mesmo tempo, a etimologia encontra aí o princípio firme que lhe faltava na comparação intuitiva. A "historicidade" das línguas não é mais o "fundo" sobre o qual se destaca a comparação, o "meio" no qual se produzem as mudanças, mas a substância mesma dessas mudanças que se produzem em uma temporalidade irreversível. Quaisquer que sejam as discussões (fortemente ideologizadas) ulteriores que terão como objeto essa representação da lei histórica (declínio das línguas, aperfeiçoamento...), ela consagra uma tripla mudança de perspectiva:

1. a letra ou o som (nós diríamos anacronicamente o "fonema") torna-se a unidade elementar da mudança, *vis-à-vis* da qual as mudanças nas "palavras" são somente consequências;

2. a mudança não afeta sons isolados, mas um sistema que não é acessível à consequência imediata dos sujeitos falantes. Sua descoberta supõe uma teoria forte e pesquisas empíricas numerosas;

3. a lei de Grimm desempenha, para seus sucessores, o papel de um verdadeiro "programa de pesquisas": Grassmann, Verner e outros eruditos procuraram "falsificá-la" produzindo as exceções famosas. No fim do século, os neogramáticos tentaram radicalizar a noção de lei fonética em uma perspectiva de linguística geral. O mais interessante é que as tentativas de falsificação culminarão em uma confirmação/complexificação da lei de Grimm e um reforço de seu caráter *sistemático*. No caso de Verner, as exceções põem em causa não a lei em si, mas o conhecimento do sânscrito sobre o qual se apoia a lei de Grimm. Assim, se suas predições podem tornar-se falsas, sobre as séries seguintes (Verner):

> sânscrito: *pitar matar brathar* ("pai, mãe, irmão")
>
> gótico: *fadar modar broTHar*

em que somente *broTHar* obedece às predições de Grimm, é que Grimm não se dá conta – faz valer Verner – dos diferentes lugares do acento em sânscrito (anotados aqui em negrito). Sua consideração permite não somente "salvar" a lei, mas também precisá-la: no momento em que esses acentos desaparecem do sânscrito, eles produzem efeitos *sistemáticos* sobre o gótico à maneira de uma causalidade (histórica) irreversível. As mutações fonéticas são, então, fatos de sistema, e não acidentes contingentes, mesmo se a lei de Grimm é insuficiente para dar conta disso.

Quanto à radicalização dessa noção de "legalidade" dos fenômenos linguísticos defendida pelos neogramáticos, ela decorre em grande parte da vontade de ver nas leis de evolução das línguas os fenômenos quase naturais parecidos com as leis vindas à luz nas ciências da natureza. Bopp, o primeiro (mas com inúmeros linguistas de sua época), tinha assimilado, até certo ponto, as línguas aos "organismos":

> As línguas devem ser consideradas os corpos naturais orgânicos que se formam segundo as leis definidas e, comportando um princípio de vida interna, se desenvolvem, depois, pouco a pouco se degeneram; então, elas não se compreendem mais por si, e seus membros ou formas, significativos na origem, mas transformados em uma massa exterior, são rejeitados, mutilados ou empregados erradamente, isto é, utilizados para fins aos quais eles não eram adaptados por causa da origem. (Bopp, 1827)

É difícil dizer se se trata aqui de uma primeira expressão de um "organismo" que se afirmará mais nitidamente com certas correntes da linguística darwinista (Schleicher, 1863; Tort, 1980; Auroux, 2007, e, sobretudo, Desmet, 1996, para o estudo dessa corrente na França). Para Grimm, esse "otimismo" naturalista é em todo caso temperado por uma visão mais "tendencial" ou "estatística" da legalidade linguística, concepção que se encontra mais tarde no linguista francês Antoine Meillet:

> A mutação se realiza "en gros" ["em geral"] (*in der Masse*), mas não se completa jamais no detalhe; restam as palavras que conservam a organização do antigo sistema, que a corrente da inovação deixou de lado. (Grimm, 1822)

No fim do século, os neogramáticos falarão de leis "sem exceção" e de uma precisão "astronômica". Eles serão ao mesmo tempo os teóricos que mais insistem sobre o caráter histórico e social das mudanças linguísticas. Essa dupla caracterização não é óbvia. Ela abre um debate que concerne antes de tudo à linguística, mas que implica o conjunto das ciências humanas, renovando de maneira espetacular a reflexão sobre a natureza da cultura tal como ela se colocou no Século das Luzes. No século xx, Saussure procurará a solução para essa antinomia entre necessidade/universalidade de um lado e singularidade/eventualidade do outro, na distinção rigorosa entre sincronia e diacronia: o tema da *mudança linguística* se encontrará profundamente afetado, minorado, e a relação "histórica" será reinterpretada como a colocação em relação de dois elementos singulares (redução ao "atomismo" contra a sistematicidade sincrônica). A

Generalidade/Diversidade/Historicidade

diacronia seria apenas uma sucessão de sincronias, lugar verdadeiro da sistematicidade das línguas. O linguista saussuriano do século xx, L. Hjelmslev, tirará dela o mais nitidamente possível todas as consequências quanto ao estatuto ontológico das reconstruções que ocuparam todo o século xix:

> Porque a língua original, que foi introduzida na ciência somente como um conjunto de fórmulas feitas para designar a função dos elementos, é, em si, um *estado linguístico*, que mais é um estado linguístico no qual a estrutura é a única coisa dada. Mesmo se se quisesse até negar a nossas fórmulas indo-europeias toda relação com uma realidade situada além das funções dos elementos em si, é inegável que essas fórmulas [...] constituem *qualquer coisa que parece com o sistema da existência de uma língua, a um sistema de elementos de expressão.* (Hjelmslev, 1966: 162; grifos nossos)

A perspectiva histórica da linguística do século xix abre, com certeza, uma das questões das mais cruciais da ontologia linguística. No século xx, os *estruturalismos*, sejam propriamente linguísticos ou afetem o conjunto das ciências humanas e da filosofia (cf. Chiss e Puech, 2001; Puech e Chiss, 2005, 2007), colocarão todas as suas esperanças nessa noção de estrutura, cujo estatuto ontológico será discutido apaixonadamente: "forma" platônica ou materialidade distinta dos dados empíricos?

42
Quais foram as contribuições da reconstrução?

Para tentar dar uma ideia sumária – esperando que ela não seja muito esquemática – do aporte da reconstrução (ver notadamente Saussure, 1879) e em particular a teoria da raiz para o melhor conhecimento da história e do parentesco das línguas, proporemos o seguinte exemplo.

Aqueles que se interessavam pela linguagem e pela comparação das línguas podiam observar as similitudes fáceis a reconhecer, por

Uma história das ideias linguísticas

exemplo, comparando *genus* (latim), *genos* (grego) e *janas* (sânscrito) ["origem", "raça"]. Os primeiros testemunhos do latim permitem remontar o *u* de *genus* a um antigo *o*, e observou-se muito cedo que o sânscrito podia apresentar o timbre *a* ali onde o grego e o latim tinham *e* (ou *i*) e *o* (ou *u*). A tal ponto que isso conduziu os primeiros comparatistas a supor, visto a antiguidade do sânscrito, como timbre primitivo em indo-europeu o timbre *a*, hipótese que se nomeou, às vezes, "alfaísmo" (da letra grega α), mas que não se mantém mais hoje.

Assim, seria bom comparar a terceira pessoa do singular do verbo "ser": *asti* (sânscrito), *esti* (grego) e *est* (latim) ["ele é"]. Todavia, a aproximação era muito menos evidente para a primeira pessoa desse verbo *il est* ["eu sou"], representado respectivamente pelo *asmi* (sânscrito), *eimi* (grego) – em que a evolução fonética <*esmi* (o asterisco marcando uma forma reconstruída) mascarava a semelhança – e *sum* (latim), forma reconstruída.

Mas os linguistas estavam ainda mais perplexos diante das formas como *ditas* (sânscrito), *dotos* (grego), *datus* (latim), palavras que significam *donné* ["dado"] e nas quais, respectivamente, *i*, o primeiro *o* e *a* são breves, se estivessem diante da alternância de duração que separam o grego *didōmi* (o ō marca a vogal longa) *je donne* ["eu dou"] e *didomen* ["nós damos"]. A primeira ideia que foi preciso estabelecer é a de que a variação morfológica não era marcada simplesmente pelo que se denominou durante muito tempo a "terminação", e hoje se denomina "desinência", mas também no *radical* (a forma concreta que toma a raiz em uma palavra dada), essa variação sendo chamada *alternância* (*vocálica*). Assim, vê-se que as formas do singular do indicativo são caracterizadas por uma vogal radical longa e aquelas do plural, como o adjetivo verbal *dotos*, por uma vogal radical breve. Se se transporta essa observação para o verbo "ser", compreende-se que em sânscrito as formas de singular já vistas *asmi*, *asti*, opõem-se à forma do plural *smas nous sommes* ["nós somos"], as formas correspondentes (mas não primitivas) do grego e do latim sendo *esmen* e *summus*. A partir disso, reconstrói-se a raiz do verbo *être* ["ser"] indo-europeu sob a forma **es-* ("*plena*"), que serve para formar, ao menos originalmente, as formas do plural. Assim, pode-se estabelecer para

218

Generalidade/Diversidade/Historicidade

o verbo "dar" uma forma plena *dō*, que serve a formar *didōmi*, e uma forma reduzida *do-*, que serve a formar *didomen*. Mas isso não é sempre suficiente para explicar a alternância de timbre entre *ditas*, *dotos* e *datus*.

Para explicar essa variação, foi preciso testar duas hipóteses complementares, às quais se dá o nome de teoria da raiz e de "laringal". A teoria da raiz (ver Benveniste, 1935) prevê que uma raiz indo-europeia é "trilítera" (composta de três "letras", de fato três "fonemas") e que ela é constituída pela sequência consoante/vogal (de timbre *e* ou *o*) /consoante. Essa sequência é reconhecida em *gen-os*, *gen-us*, *jan-as*, em que se isola uma raiz *gen-* (CVC) "nascer", mas não se saberia reconhecê-la nem em *es-/is* (VC) "ser", nem em *dō-/do-* (CV) "dar". Para dar conta dessas formas, supôs-se um som que se nomeia hoje "laringal", um som assim chamado porque na origem era pronunciado em posição muito anterior, na garganta, e transcrito *H*, mas que recebeu denominações diversas: *coeficiente sonântico* para Saussure, depois *schwa* (transcrito como ə), e enfim, laringal. Para reencontrar o esquema triliterado, colocou-se para o verbo "ser" as formas *Hes-/*Hs-*, com uma laringal no início, e para o verbo "dar" *deH-/* dH-*, com uma laringal para a final. *Hes-* explica o *asmi*, do sânscrito, e o *esmi* (> *eimi*), do grego. *Hs-* explica o *smaḥ*, do sânscrito; *deH-* explica o *didōmi* (grego), *dōn-um* (latim) ["dom, presente"], enquanto *dH-* explica o *didomen* (grego) e os latinos *dăre* ["dar"] e *dătus* ["dado"] (com *a* breve).

Mas tudo isso nem sempre é suficiente para explicar a variação de timbre observável em *ditas*, *dotos* e *datus*. É preciso estabelecer (e mesmo "descobrir", sendo essa descoberta devida no essencial ao Saussure do *Mémoire*) que essa variação resultava do tratamento diferente da laringal simultaneamente segundo a língua e, em uma mesma língua, segundo sua posição em uma palavra. Retomemos as três formas e suponhamos que elas repousem sobre *dH-*, isto é, a forma reduzida da raiz *deH-/dH-*. Em *dH-tos*, a laringal, que ocupa uma posição consonântica na origem (CVC realizada CVH, em que H desempenha o papel da segunda consoante), é situada entre dois elementos consonânticos: o *d-* da raiz e o *t*, primeira letra do sufixo de particípio passado ou de adjetivo verbal *–to*. Supõe-se que ela se realiza como uma vogal breve, e que essa vogal toma um timbre diferente segundo a língua (*i* em sânscrito, *o* em grego, *a* em latim). Voltemos às formas de radical pleno: *didōmen, dōnum*. A laringal permanece depois da vogal própria à raiz e elas se combinam entre si, dando uma vogal longa: *deH->dō-*.

Voltemos às formas em que a laringal é a inicial. Quando a raiz está em grau reduzido, a laringal está diante de uma consoante e ela simplesmente desaparece: *Hs-e/onti* explica o *santi*, do sânscrito, o *eisi* (<*senti*), do grego, e *sunt*, do latim, *ils sont* ["eles são"]. Quando a raiz está em grau pleno, a laringal se combina com a vogal que a segue "colorindo-a", isto é, dando-lhe um timbre particular: isso não se vê em *Hes-ti* > *esti* (grego), *est* (latim) (porque a coloração de *e* permanece *e*), mas isso aparece em *Hen-ti* que dá *anti* (grego) e *ante* (latim) *en face* ["em face de"], ou ainda em *Hes-* que dá *os-toun* (grego), *os* (latim) *os* ["osso"]. Daí a ideia de diferenciar as laringais dando-lhes os números: H_1 para H de *H_1esti* (coloração em *e*), H_2 para H de *H_2en-ti* (coloração em *a*), H_3 para o H de *H_3es-* (coloração em *o*).

Quando essa laringal está em uma posição CVH (forma plena de uma raiz que termina por uma laringal), seu tratamento é diferente: combinada com a vogal que a precede, ela produz uma vogal longa, de timbre *e* quando se trata de H_1, de timbre *a* quando se trata de H_2, de timbre *o* quando se trata de H_3. O tratamento é observável em uma categoria de verbos do grego, ditos "verbos em *-mi*", ao qual nós emprestamos o exemplo de *didōmi*. Comparemos: *dheH_1-* explica *ti-thē-mi* "eu ponho", *steH_2-* explica *histāmi* (<*si-steH_2-mi*) tornou-se ulteriormente *histēmi* "eu coloco"; *deH_3,* explica *di-dō-mi* "eu dou". E quando essa laringal é, como dissemos, situada entre duas consoantes, isto é, quando a raiz está em grau reduzido, por exemplo no esquema CH-C, ela se realiza como vogal, no plural desses mesmos verbos em *-mi*: *dhH_1-* explica *tithemen* (grego) "nous posons" ["nós pomos"] (<*di-dhH_2men*), *stH_2-* explica *histamen* (<*si-stH_2-men*) "nous plaçons" ["nós colocamos"]; *dH_3* explica *di-do-men* (<*di- dH_3-men*) "nous donnons" ["nós damos"]. Se nós procuramos em latim as formas correspondentes, encontramos, por exemplo, com combinação vogal + laringal *fēci* < *dheH_1-k-ai* "j'ai fait"["eu fiz"], que corresponde a *tithēmi* (com um deslizamento semântico de "pôr" para "fazer"), *stāre* "estar" <*steH_2-se*, que corresponde a *histāmi*. Mas em latim, nas formas de grau reduzido da raiz, a laringal entre consoantes se realiza sempre *a*: assim se explicam, por exemplo, *facio<*dhH₁-k-yo* "je fais" ["eu faço"] – em face de *e-the-men* (grego) "nous avons posé" ["nós pusemos"], *thetos* "posé" ["posto"] –, ou *da-mus* "nous donnons" ["nós damos"], *da-tus* "donné" ["dado"] – em face de *didomen, dotos* (grego).

Quanto ao *eisi* (grego), antes evocado, parece difícil de fazê-lo derivar diretamente de **senti*, porque se encontra nos tabletes micenianos *e-e-si*. Pensou-se de início (Chantraine, 1961) em uma extensão analógica do grau pleno do singular, mas retém-se hoje (simplificando um pouco: ver, para detalhes, Lamberterie, 2007: 152-3) a derivação **H₁senti>*°H₁senti* (desenvolvimento de uma vogal de anaptixe figurada por °) *>*ehenti* (grego comum) > *-e-e-si* (miceniano)/*enti* (dórico)/*eisi* (iônio-ático).

Resumamos: a suposição – genial – de um elemento, de início hipotético, que podia se realizar de diferentes maneiras segundo sua posição na palavra (depois da vogal, entre consoantes, no início diante de vogal ou diante de consoante) e segundo a língua, combinada com a concepção triliterada da raiz à qual podem-se juntar, segundo as combinatórias determinadas (que nós não ecoaremos aqui), um ou alguns sufixos, permitiu apresentar uma teoria *unificada* que dá conta de maneira coerente de formas aparentemente incomparáveis à primeira vista. A hipótese da laringal encontrou uma confirmação clara quando se conseguiu, a partir de 1916, descodificar o hitita, língua indo-europeia muito antiga na qual a laringal inicial guardou sua articulação consonântica, notada *ḫ*, assim em *ḫant-i* "na frente" (locativo) que corresponde a *anti* (grego), *ante* (latim), "en face" ["em face de"], ou em *ḫast-ai* "os" ["osso"] que corresponde a *oustoun* (grego), *os* (latim).

43

Em que medida e como se renunciou
à questão da origem da linguagem e das línguas?

> *A questão da origem da linguagem não existe. Isso seria estudar*
> *onde começa o Rhône, localmente e temporalmente.*
> *Questão absolutamente pueril.*
> (Saussure, 1968: 30)

Como todas as questões concernentes à "origem", a da origem da linguagem e das línguas (questão 13) faz parte das que são recorrentes, presentes em quase todas as culturas. Isso se explica, sem dúvida, simplesmente pelo fato de a linguagem ser o meio de comunicação mais extensivo e utilizado pelos homens. Não há nenhuma razão para nos surpreendermos com essa permanência no tempo e no espaço, como não há nenhuma razão para nos surpreendermos também com a questão da origem do mundo com a qual, como vimos, o tema da origem da linguagem se confunde nos inúmeros mitos independentes uns dos outros. Tal assunto tem uma forma aparentemente radical: "porque há x mais que nada?" Isso não quer dizer, contudo, que ela não seja "trans-histórica".

Observaremos, inicialmente, que com a questão do arbitrário do signo, da qual o tema da origem da linguagem e das línguas não se distingue muito (cf. o famoso artigo de Coseriu, 1967, "O arbitrário do signo", muito bem completado pelo de Chervel, 1979, para o século XIX), daquele da eficácia do simbólico e do poder "mágico" da fala, e daquele da criação de uma língua universal ou de línguas internacionais etc. O tema da origem acompanha o desenvolvimento do conhecimento da linguagem e das línguas desde seu começo até a nossa época.

Vimos, todavia (questão 14), que o espaço cultural grego não consagra nenhum mito específico para a questão. Se o *Crátilo* de Platão pode veicular os elementos míticos que concernem à origem da linguagem e das línguas, ele conduz, no entanto, para um tipo de reflexão que toca o mito na medida em que esse – como em tantos outros diálogos de Platão e como em tantos outros mitos – não aparece como uma *narração* enquanto tal, mas como meio de reflexão de outra natureza: racional (questão 15). A questão do valor cognitivo da *etimologia* (o que ela faz *verdadeiramente* conhecer), no centro do diálogo, é uma reflexão profunda sobre o poder da linguagem em uma cultura em que se é persuadido de que a linguagem é simultaneamente a única via de acesso à verdade (filosofia/diálogo/dialética) e seu obstáculo principal (retórica/sofística).

De outro lado, se a questão é universal, as respostas propriamente míticas são, sabemos, diversas.

Generalidade/Diversidade/Historicidade

Na cultura judaico-cristã que herdamos, são os textos religiosos que estruturam, em profundidade, o imaginário da origem da linguagem e das línguas, segundo uma narrativa de muitas peripécias. Três principais:

- Deus criou Adão para proceder ao batismo inicial de todas as coisas criadas (nomenclatura adâmica inicial);
- com o episódio de Babel, os homens são privados dessa língua comum e largados à *multiplicidade* e *diversidade* das línguas, por punição de seu orgulho e desmedida e por obstruir seu entendimento harmonioso (tema da *confusão das línguas*);
- a dispersão dos homens depois do dilúvio explica tanto a repartição das línguas quanto aquela dos povos sobre a face da terra.

Esse "modelo" dá (facilmente) um sentido (imaginário) a três fenômenos, sentido que os representantes da origem modularam de múltiplas maneiras no curso do tempo: a) a emergência da *linguagem* se confunde com a emergência da *primeira língua* (língua "primitiva", "adâmica"); b) existe, ou existiu, uma "língua primeira" que consistiu somente – como atestam as inúmeras representações picturais pelas quais se vê Adão distribuir os nomes para as coisas – de uma nomenclatura: uma palavra, uma coisa; c) existe um desenvolvimento paralelo das diferentes línguas e dos diferentes povos (ou etnias ou raças).

O primeiro ponto concilia igual acessibilidade à origem da linguagem e àquela da língua porque sua origem é, de qualquer modo, síncrona. O segundo reforça o primeiro deixando supor que a diversidade das línguas é somente segunda e derivada, e que não é, consequentemente, impossível de voltar-se à língua primitiva a partir (desse lado) da diversidade das línguas (questão crucial do *parentesco*, da genealogia acompanhada de representações arborescentes desde o século v, ao menos). O tema da "confusão" babélica das línguas é ambíguo: ele pode desprezar a ideia de que as línguas possam ser diferentes e, porém, compartilhar características *comparáveis*, ele pode também reforçar a hipótese de um monogenismo linguístico. O terceiro, enfim, enraíza a questão em uma forma de "naturalidade": identidade das línguas é a garantia "natural" da identidade dos povos – ou das raças – tanto como de sua expressão.

Seria evidentemente redutor pensar que a história da questão da origem da linguagem e das línguas seria somente em todas as épocas a reprodução/modulação desse dispositivo. Seria igualmente falso pensar que os mitos originários tomam obrigatoriamente partido de um monogenismo (de uma língua absolutamente primeira) originário. A Índia, a África... oferecem muitos exemplos contrários (questão 13). Mas é inegável que há aqui uma matriz da qual os ideólogos linguísticos utilizam os "dados" ainda hoje. Além disso, a questão da diversidade das línguas foi e permanece sendo uma dificuldade para as filosofias da linguagem que muitas vezes procuraram (e procuram ainda hoje) um substrato "universal" e "natural" (o "pensamento", o "mentalismo", a "gramática universal", a "língua universal *a priori*", a "*linguagem instinto*", os neurônios espelho...) subjacente à multiplicidade/diversidade das línguas (cf. Trabant, 2003).

Mas isso significa, sem dúvida, que convém fazer a divisão na história dessa questão entre muitas atitudes que recobrem os períodos diferentes, mesmo se nenhum se apresenta de maneira totalmente pura (cf. Archaimbault, Auroux e Puech, 2006).

- A matriz bíblica informa sem dúvida, muito amplamente, o período moderno em que se desenvolve o processo de gramatização das línguas vernáculas: o estatuto do hebraico (candidato privilegiado, mas progressivamente concorrido por outras línguas) permanece então a questão central (Demonet, 1992).
- Mas, ao mesmo tempo, a descrição e a instrumentação de um número excepcional de línguas durante três séculos vai inevitavelmente mudar os dados do problema: o processo de gramatização das línguas do mundo e a utilização da mesma matriz gramatical latina nas descrições vão permitir dar um conteúdo às relações de "filiação" ou de "parentesco" entre as línguas das quais afloram e se precisam (para retomar o termo do século XVI) as *afinidades* há longo tempo percebidas de maneira estritamente intuitiva.

Generalidade/Diversidade/Historicidade

- A extensão do processo de gramatização, para além das línguas bíblicas, em direção das línguas do mundo (conhecido), enfim, vai contribuir para juntar a questão da genealogia das línguas com aquela da genealogia dos povos. Nesse domínio, se os filhos de Noé garantissem a unidade do gênero humano em seu futuro múltiplo, então o prestígio da língua originária vem-lhe igualmente de sua *unicidade* absolutamente primitiva e é esse o sentido profundo do *monogenismo*.

A recolocação em causa radical desses esquemas míticos têm ao menos duas origens das quais uma já nos é conhecida.

De um lado, o trabalho empírico e *continuado* de comparação e de parentesco das línguas se acelera e precisa seu método abrindo possibilidades e, sobretudo, fechando outras. Desde o início do século XIX, com Bopp e Grimm, não se pode mais dizer *tudo* sobre o parentesco das línguas e suas origens. O declínio metodológico da etimologia (baseada na palavra e no sentido) em proveito das formas e dos sons (questão 42) na abordagem histórica das línguas, a atualização das regras de transformação dos sons que não devem nada à aproximação semântica – e isso mesmo se a especulação vai procurar, durante certo período, refúgio em uma hipotética "motivação das raízes" – afasta mais a possibilidade de uma apreensão "factual" da origem das línguas. É a revolução metodológica aberta para a gramática histórica e comparada que vai atacar, cada vez mais, a ideia de uma origem "acessível" das línguas para além das protolínguas atestadas (latim para as línguas românicas) ou reconstruídas (indo-europeu) fundadoras de "famílias" distintas de propriedades impermeáveis. O método comparativo arruína em poucos anos os esforços emblemáticos de um Court de Gébelin (*Monde primitif analysé et comparé avec le monde moderne*, 9 vol., 1773-1782 [Mundo primitivo analisado e comparado com o mundo moderno]). A reconstrução da língua primitiva para Court de Gébelin pretendia proceder por comparação de *todas* as línguas do mundo (comparação multilateral). A hipótese inicial era a de que a língua primitiva possuísse uma origem orgânica, as significações de seus elementos primeiros tendo uma origem *onomatopeica* (ressurgimento do cratilismo). Passar-se-ia dessa língua às línguas históricas por intermédio das figuras de som (*metaplasmos*, que dizer, recolocação de um som por outro no seio de uma palavra) ou de sentido (*tropos*, o sentido muda por metáfora, metonímia etc.). Esses são os princípios que conduzem Court de Gébelin a uma comparação multilateral de todas as línguas. Mas como fazer aparecerem os parentescos por família? Não devemos, se assim procedemos, juntar os parentescos a cada vez que nos encontramos em presença de uma nova língua? De fato, de que vale o esforço, visto que se encontrarão sempre as "afinidades" e se se tem a facilidade, sem controle verdadeiro de variar *sons* e *significações* (Merrit Rulhen não procede de outro modo em sua obra de 1994, sobre a origem das línguas)? Bopp, o primeiro, será levado a considerar que as "raízes" são os primitivos inderiváveis e irredutíveis. Consideradas como "arbitrárias", as raízes arruínam no mesmo golpe, não os esforços de reconstrução de protolínguas não atestadas, mas a ambição de ir além, em pouco tempo toda possibilidade de aceder, em matéria linguística, ao "primitivo" (na ordem do conhecimento) que seja também o "primeiro" (na ordem da factualidade histórica).

De outro lado, sobre um plano mais "especulativo" ou filosófico, emerge com Locke, Hobbes, Condillac, Rousseau, Kant... um modo de pensamento antropológico laicizado para o qual a questão da origem (da razão, da sociedade, do direito, da história e da linguagem) torna-se distintiva daquela dos "começos" empíricos: uma antropologia da finitude humana que não é pensada mais como a simples negativa da infinitude divina.

Outra maneira de dizer a mesma coisa torna a fazer valer o duplo sentido da palavra "origem" (*arkhē* em grego): ela possui um sentido "temporal" se atribuímos à anterioridade de um fato um valor causal em uma explicação de um fato consequente; ela possui um sentido "genético" (ou lógico) se consideramos a origem como um "princípio" explicativo que somos obrigados a *supor* (*hipótese puramente lógica*) para *dar um sentido* a um fenômeno atual (realizado).

Nesse segundo caso, explicar a origem da linguagem e das línguas – para Condillac ou Rousseau, por exemplo – passa por um tipo de "experiência de pensamento" puramente abstrata, que pode consistir seja na formulação de uma "ficção teórica" (para Condillac), seja em uma egolatria negativa, substrativa e abstrata (o Rousseau do *Second discours*) que visa a colocar em evidência o caráter puramente contingente (isso teria podido não se produzir) da aparição da linguagem.

Ora, nesse quadro "genético causal", vê-se que é a noção de "fato" que muda radicalmente de sentido ("Comecemos por separar todos os fatos!" declara Rousseau no início de seu *Second discours*). Para Condillac e para Rousseau "o arbitrário do signo" não designa mais um *momento* originário que entraria mais ou menos em contradição ou em concorrência com a tese do batismo originário das coisas do mundo por Adão: trata-se apenas do princípio suscetível de melhor explicar, isto é, de maneira econômica, o fato que o funcionamento da linguagem permite ao homem evocar as coisas "em sua ausência" fora de todo *estímulo* atual.

De evento histórico justificável pela interpretação de textos sagrados, o arbitrário do signo passa então ao estatuto de princípio racional suscetível de interpretações concorrentes, variadas, diversamente carregadas no plano axiológico (liberação do espírito e progresso para Condillac, "queda" irreversível na historicidade para Rousseau), mas sempre estreitamente ligadas à organização *social* da existência humana, de sua finitude e de sua historicidade e a uma ordem geral da *cultura* articulada àquela da natureza, mas autônoma. Do arbitrário como tese sobre a *origem* da linguagem, passamos ao arbitrário como princípio de *funcionamento* e princípio de explicação das línguas.

Esse duplo movimento da pesquisa empírica e da especulação conduz, não em linha direta, mas na sequência de processos complexos durante o século XIX, à formulação de um interdito que se encontra no artigo dois dos estatutos da Societé de Linguistique de Paris, promulgados em 1866.

A questão da origem da linguagem é então associada àquela das línguas universais e/ou internacionais. Para compreender o sentido desse duplo "interdito", convém relacioná-lo a duas ordens de fatos.

O primeiro reside na extrema "labilidade" do dispositivo conceitual por meio do qual, no curso da história, a questão da origem da língua foi colocada (Auroux, 2007). As dicotomias binárias postas no curso da história nesse dispositivo são ao mesmo tempo radicais... e bem pouco restritivas: origem divina/humana, convencional/natural, progressiva/momentânea, arbitrária/motivada, contingente/necessária... É que selecionar, para começar, um desses ramos não parece implicar ao longo do tempo nenhuma restrição absolutamente necessária para a escolha de um ramo das outras alternativas. Além do mais, se certos percursos privilegiados se realizam mais livremente em certas épocas, parece que isso ocorre porque através da origem da linguagem essas são outras questões antropológicas que se encontram de fato tratadas de maneiras diversas (representação da cognição humana, estatuto dos animais, natureza social da humanidade...). Durante muito tempo, por exemplo, a questão da origem "divina" se dissipa progressivamente. Mas a tese da origem natural (que se encontra, em 1922, para O. Jespersen como a única concebível "cientificamente") não implica obrigatoriamente a adoção da motivação contra o arbitrário ou do "momentâneo" contra o "progressivo". Desse ponto de vista, tanto a questão da origem da linguagem quanto aquela do arbitrário do signo têm todas as características do que podemos chamar um "metadebate" (Puech, 2003) sem incidência estreita sobre os conteúdos teóricos e, sobretudo, sobre os conteúdos empíricos/descritivos das gramáticas e das representações linguísticas.

Isso explica bem porque, no fim do século XIX, existem razões essencialmente *técnicas* para abandonar a problemática da origem da linguagem. Elas são ligadas à dinâmica e aos princípios metodológicos da comparação histórica. Dentre eles, aqueles que permitem os progressos notáveis ao longo do século XIX na reconstrução do indo-europeu, que concernem particularmente ao *topos* das origens. Sobre isso ainda, um "positivismo" estreito dos "fatos" poderia conduzir a recusar toda problemática da origem ao motivo que as protolínguas reconstruídas, como o indo-europeu, não "fatos", quer dizer, *observáveis* ofertados à descrição, da mesma ordem que os observáveis das línguas históricas atestadas que constituem as "famílias" linguísticas (é o sentido superficial da citação de Saussure posta em epígrafe sobre essa questão). Para a mais forte razão, a ideia de que as diferentes protolínguas na origem das línguas atestadas pudessem elas mesmas provir de uma língua primitiva última *(Ursprache)* e única escapa necessariamente à observação... A metodologia da gramática histórica e comparada chegou, então, a uma *antinomia* que podemos simplificar da seguinte maneira: de um lado é possível e legítimo reconstituir as protolínguas para as quais não existe nenhuma atestação e que não remetem a "observáveis" de outra, é preciso atribuir um estatuto ontológico qualquer aos produtos dessas reconstruções e, se vamos nessa direção, por que proibir, então, prolongar o método regressivo em direção de uma *Muttersprache* [língua mãe] última, por que se privar de observar o inobservável?

A proibição formulada no artigo II dos estatutos da Societé de Linguistique de Paris permanece estranhamente muda sobre suas motivações profundas. A razão disso é, sem dúvida, a de que o conjunto do mundo erudito compartilha, então, amplamente as razões de duvidar da pertinência das problemáticas da origem... sem, todavia, nunca cessar de retornar à questão. Contudo, no fim dos séculos XIX e XX, dois autores ao menos parecem formular, de maneira explícita e relativamente próxima, as razões de uma recusa que eles interpretam menos como uma censura ou uma proibição... do que como uma *impossibilidade*. É V. Henry que, em 1896, em suas *Antinomies linguistiques*, formula da maneira a mais explícita a *antinomia* da origem da linguagem:

> Tese: O bom senso por si, na falta de algum documento, indica que a linguagem, como toda coisa do mundo, deve ter tido um começo...
>
> Antítese: A origem da linguagem é um problema não somente inabordável para a ciência da linguagem, mas também que todos os documentos que ela mostra ou que acumulará no futuro não saberiam jamais fazer-lhe entrever a mais longínqua solução.

1) A argumentação apoia-se sobre a dimensão filológica do problema e sobre a "ausência de documentação"; 2) Ela inscreve a questão em um debate fundamental que concerne ao que se pode definir como um "fato" e mais precisamente como um "fato linguís-

tico", isto é, "propriamente linguístico"; 3) Ela interpreta, sobretudo, a impossibilidade não como uma impossibilidade provisória, mas como uma impossibilidade *de princípio*.

É esse último aspecto que igualmente dá seu sentido "profundo" a nossa citação-epígrafe emprestada de Saussure, mesmo se é com base em outra argumentação (condições da "vida semiológica das línguas").

Mas essa impossibilidade, ao mesmo tempo e sem contradição, não é um absoluto. A síntese da antinomia explicitada por Henry efetua uma *transferência disciplinar* em direção do que ele chama com as palavras da época de "anatomia comparada", fundada para estudar a origem da "linguagem como faculdade da fala articulada"; em direção da "fisiologia pura" (estudo da "origem da linguagem como exercício elementar da faculdade designada"); em direção da "psico-fisiologia" (estudo da origem da linguagem como aquele do circuito da fala entre um emissor e um receptor); em direção da "psicologia", enfim, na medida em que o estudo da origem da linguagem concerne e implica aquele da "memória, da consciência e da personalidade". Logo, a interpretação – tardia, observemos – da proibição da Societé de Linguistique de Paris é, para Henry – como para Saussure e outros – de um positivismo paradoxal do "ponto de vista": a origem é um fato que se deve supor. Ora, esse fato permanece inacessível a uma ciência positiva das línguas. Esse é, então, apenas um *fato*, cuja condição é precisar que não se trata de um fato *linguístico*.

Para Saussure, a argumentação em favor do estudo do *funcionamento* das línguas contra aquela de sua origem inacessível se apoia naturalmente sobre o começo e ela também sobre uma repartição de tarefas. À linguística concerne a *linguagem*, mas sob o único aspecto de produtos sócio-históricos que engendra essa "faculdade natural": as línguas. Para Saussure, de outro lado, a questão da origem é uma questão "pueril", porque as condições de funcionamento atuais da linguagem não podem ser diferentes daquelas do passado (tese da uniformidade, emprestada da geologia). As condições da "vida semiológica das línguas" são as mesmas hoje que as de sua origem suposta. Ora, é bem um tipo de "lei final da linguagem" da diferencialidade/opositividade dos signos, logo, do "valor" que faz que as línguas não sejam precisamente as línguas de quando são estruturadas de maneira interna e imanente, isto é, a partir do que se pode chamar um *defeito de origem constitutivo* que as coloca em circulação perpétua e as faz existir por si mesmas segundo um modo de existência à propósito do qual o linguista precisa somente conhecer.

> [...] a lei final da linguagem é que não há nada que possa residir em um termo [...], que *a* é impotente sem o apoio de *b*, e esse, do mesmo modo, sem o apoio de *a*; ou que todos os dois valem somente pela recíproca diferença, ou que nenhum vale, mesmo que por uma parte qualquer de si (eu suponho "a raiz" etc.), diversamente que por esse mesmo plexo de diferenças eternamente negativas. (Saussure, 2002: 218-9)

Dito de outro modo, uma língua é para Saussure uma instituição (e não uma espécie natural) porque ela se apresenta à observação "toda formada", "sempre já" instituída, sem que o momento inaugural de sua instituição possa jamais aparecer em sua unicidade e radicalidade primeira suposta (cf. as lições inaugurais de 1891, nos *Écrits de linguistique générale* [Escritos de linguística geral]). Desse ponto de vista, Saussure encontra uma argumentação que remonta ao século XVIII. A "circularidade de origem" resulta do fato de que a origem se pressupõe sempre em si na medida em que a socialidade do que se chama "língua" é um dos predicados primeiros, definitório e interno ("o caráter social da língua é um de seus caráteres *internos*", segundo uma citação raramente comentada). Como a Societé de Linguistique de Paris, Saussure pode então ligar essa desqualificação das problemáticas de origem à impossibilidade das línguas ditas "artificiais": suponhamos que uma tal "criação" artificial possa existir (esperanto, ido, volapuque...) e ser viável, seu sucesso (sua difusão ampla em uma comunidade de locutores nativos para muitas gerações) apenas a distanciará do controle de seus criadores (dialetização, estratificação, fragmentação) e de seu princípio instituidor. O que Saussure chama a "vida semiológica" das línguas encontra bem o epigenetismo do século XVIII.

Se, hoje, a questão da origem da linguagem e das línguas conhece uma renovação para certos linguistas, notar-se-á que é mais para evitar (e por esquecimento) do que para confrontar essas questões da virada dos séculos XIX para o XX.

- A ideia de "nova síntese" (colaboração estreita mais proclamada que racional da biologia, das ciências da cognição, da arqueologia, da genética das populações, da linguística comparada...) esquece a abordagem teórica de *discriminação das tarefas* e das responsabilidades científicas que foi aquela dos linguistas.
- A forma renovada de "naturalização" da linguística esquece os debates dos séculos XVIII e XIX (contra a "mecânica das línguas" do presidente Brosses, contra as comparações multilaterais de Court de Gébelin, contra o darwinismo linguístico de Schleicher etc.).
- A prática das comparações multilaterais ressuscitada por Ruhlen foi o alvo principal da linguística histórica e comparada a mais rigorosa do século XIX, aquela que justifica as "reticências" da maior parte dos comparatistas de hoje...

Estaríamos errados em pensar, todavia, que a questão da origem da linguagem e das línguas não tem nenhum valor. Do ponto de vista histórico/epistemológico que é o nosso ela mostra que essas "metaquestões" em que a linguística está implicada ou se implica valem mais para autorreflexividade do que pelas respostas que cada geração se esforça a lhe acrescentar. Qual o estatuto para as ciências da linguagem? Que articulações com as disciplinas conexas? Qual positividade para a linguística? Que relação tem com sua própria história?

VI
A CONSTITUIÇÃO DA *LINGUÍSTICA* COMO DISCIPLINA

44

O que quer dizer "geral" em "linguística geral"?

No século XX, em torno do nome de Saussure e do *Cours de linguistique générale* (*Curso de linguística geral*) e na tradição europeia está tanto a autonomia quanto os limites da autonomia das teorias da linguagem que não cessam de se renegociar em uma representação disciplinar da qual nós vemos hoje as motivações, mas que nunca conseguiu penetrar e integrar a totalidade do campo das pesquisas.

De maneira muito esquemática, e partindo "do sentido o menos forçado que podemos dar a 'geral', [quer dizer], não restrito a uma língua qualquer" (Auroux, 1988: 44), podemos atribuir três grandes sentidos ao tema da "generalidade" linguística e semiológica, a dificuldade a estabilizar esses sentidos que explica, sem dúvida, como a generalidade pode ser, ao mesmo tempo, um ponto de consenso e o lugar de todos os mal-entendidos. Lembramos que o uso metacientífico explícito do adjetivo "geral" nas ciências da linguagem não data do fim do século XIX: no século XVII, o sintagma "gramática *geral*" emerge em um contexto científico muito diferente daquele da gramática histórica e comparada, mas depois de uma aceleração sem precedentes da gramatização das línguas do mundo (cf. as questões da parte IV deste livro).

- No fim do século XIX, a construção saussuriana forneceria, sem dúvida, o arquétipo de uma generalidade *principial*, quer dizer, preparado para liberar os *princípios gerais de uma descrição das línguas,* quer dizer, a unidade geral, articulada, sistemática, dos princípios que permitem descrevê-los em sua própria diversidade e em seu parentesco. Essa "generalidade", que não pode separar a teoria da língua de uma reflexão metodológica, epistemológica sobre o conhecimento linguístico, é muito voltada para a ampliação de compreensão mais que de extensão da ciência da língua e das ciências dos signos. No último terço do século XIX, além disso, o estilo epistemológico de V. Henry nas *Antinomies linguistiques* (1896), verdadeira terapêutica terminológica metateórica, obra mal conhecida e capital, procura, como o CLG, formular, por *subtração* e "*travail de deuil*" ["trabalho de *luto*"] as condições gerais de um conhecimento linguístico.

• Mas esse primeiro sentido parece sempre concorrido por uma interpretação mais extensiva, substancialista e enciclopedista, que encontramos muito cedo para Meillet, na qual, significativamente, a referência à semiologia parece dever desaparecer em benefício de uma definição muito ampla da linguística geral, inseparável do ponto de vista histórico sobre as línguas:

> A nova linguística geral, fundada sobre o estudo preciso e detalhado de todas as línguas em todos os períodos de seu desenvolvimento, enriquecida das observações delicadas e das medidas de anatomia e da fisiologia esclarecida pelas teorias objetivas da psicologia moderna aporta uma renovação completa dos métodos e das ideias... (Meillet, 1921-1952: 15).

A generalidade é aqui menos a característica dos primeiros princípios que o resultado de uma *generalização tendencial* dos resultados das linguísticas "particulares" da qual se vê mal, então, o que poderia constituir seu limite. Seu destino se confunde, sem dúvida, com aquele de uma *antropologia geral* em transformação e progressos perpétuos.

• Enfim, de maneira talvez mais aleatória e mais difícil, o sentido menos restritivo de "geral" pode permitir, na virada do século XIX para o século XX, uma terceira interpretação. Essa resulta menos de uma dinâmica interna das ciências da lin-

Uma história das ideias linguísticas

guagem do que de uma mutação histórico-cultural no fim do século XIX e da redistribuição das questões de pensamento entre as disciplinas que definem ou redefinem seu objeto.

1. Significativamente, quando Walter Benjamin (1935: 248-68) procura dar conta para a *Zeitschrift für Sozialforschung* da evolução das pesquisas linguísticas desde o começo do século, ele pode juntar os pontos de vista aparentemente heterogêneos, concernentes à origem da linguagem, às orações língua/pensamento, língua/sociedade, às afecções patológicas, às teorias da aprendizagem, àquelas do conceito e do mito... sob uma rubrica única, título do artigo: "Problème de sociologie du langage" (Problema de sociologia da linguagem). Em um ecletismo largamente transdisciplinar, o sintagma "linguística geral" se transforma, então, em "problemas gerais de ordem linguística", a serviço do tema central da socialidade linguística e, mesmo, da sociedade como *fato* linguístico.

Nessa perspectiva "geral", os trabalhos de Delacroix, Bühler, Geiger, Lévy-Bruhl, Cassirer, Marr, Vendryès, R. de la Grasserie, Niceforo, Bally etc., aqueles de Husserl, Carnap, Vygotsky, Piaget e Jousse etc. podem ser mobilizados em uma pesquisa que trata da "revelação de nossa essência a mais íntima e da ligação psicológica que nos liga a nós mesmos e a nossos semelhantes" (Benjamim, 1974: 115), isto é, da natureza mesma da ligação social e da boa distância à qual aquele que se torna tangível, qualquer coisa da essência do homem pode se manifestar. Os temas da "linguagem interior" de interação, onipresentes no fim do século XIX e no começo do XX (Nerlich, 1986) colocam em evidência essa dispersão das questões pertinentes ao conhecimento da linguagem. Essa dispersão, Nerlich (1986) a atribui a uma "tradição oculta". Essa não é constituída por um conjunto de temáticas "propriamente" linguísticas, ou de domínios técnicos da linguística, mas mais por uma tentativa "geral" – no terceiro sentido que nós tentamos precisar – de se representar a atividade linguageira como manifestação concreta, "real", observável dos indivíduos e dos grupos no espaço complexo e infinitamente variável de suas relações, a dinâmica produtiva de suas relações mútuas. Dessa pesquisa, e como o mostra a enumeração citada anteriormente, o linguista não está excluído, mas ele participa em seu lugar – aquele do expert e ao lado de outros experts – para a construção de um campo, diferenciado, mas homogêneo, em que os fatos de linguagem podem encontrar seu sentido geral somente na confluência de muitas disciplinas. A colaboração do psiquiatra Flournoy e dos linguistas Barth, Michel, Saussure, Henry, a estranha obra do último, *Le langage martien* (A linguagem marciana) (2ª parte, capítulo 2), forneceriam o exemplo dessa associação dos experts, que supõe ao mesmo tempo os limites da especialização, a necessidade científica de os transgredir e um ideal da ciência e da comunidade científica ainda mais solicitado que se aplica, com Hélène Smith, a uma glossolalia espírita que fala línguas que ela não aprendeu (o "sânscrito") ou que não existem (o "marciano").

2. Mas a interdisciplinaridade regulada não é o único modelo desse terceiro sentido da "generalidade" que emerge no primeiro terço do século XIX. Ele pode também encontrar sua realização em um tipo de *mestiçagem* dos pontos de vista, sociológico e psicológico, particularmente, sobre a linguagem.

   O esboço de sociologia da conversação que se encontra em *L'Opinion et la foule* (A opinião e a multidão), de G. de Tarde (1901), sem dúvida permite simultaneamente relativizar e diversificar o sentido do enunciado, que se tornou trivial na virada do século, segundo o qual "a língua é um fato social", sublinhando também sua importância na adoção de um ponto de vista *geral* sobre a linguagem. Se, para Meillet, o caráter social dos fatos linguísticos condiciona sua sistematicidade, para Tarde, em um estilo nitidamente especulativo, no seio de uma concepção do social oposta àquela de Durkheim e de uma concepção da linguagem estrangeira para Saussure, é possível considerar um ponto de vista geral sobre a linguagem que seja uma concepção da socialidade como prática linguageira da qual a análise sincrônica se funda em uma antropologia da crença e do desejo, e da qual a diacronia marca as grandes etapas da socialização humana. Estamos também tanto longe da generalidade dos princípios explicativos e descritivos quanto da generalidade interdisciplinar, também tão longe de Saussure quanto de Meillet. Em particular, o tema da *generalidade* entendido nesse sentido parece se dessolidarizar daquele da *autonomia* da linguística, onipresente para Saussure, problemático, mas presente para Meillet – esse ardente defensor de sua autonomia institucional nos colóquios internacionais –, mas evidentemente ausente para Tarde.

É que, longe de agregar, o tema da linguística geral no fim do século xix e no começo do século xx dispersa mais as pesquisas que, para exprimir a necessidade comum de um ponto de vista geral sobre os fatos de linguagem – e a partir dele, sobre o campo inteiro da cultura –, não se entendem nem sobre o que é preciso entender por *fato*, nem sobre "*linguística*", nem sobre os meios e métodos que permitem dar conta disso, nem sobre a extensão e a natureza do "vasto campo do humano" assim aberto. Desse ponto de vista, a aproximação de figuras como aquelas de Saussure, Meillet, Bally, Sechehaye, Gougenheim, Guillaume, Frei... depois Martinet, Benveniste, Hjelmslev, Jakobson... se sustenta menos em uma hipótese sobre a consistência de um "estruturalismo" do que de uma vontade de observar a circulação nessas obras das categorias de *estrutura, signo, arbitrário, sentido* e *sujeito falante*.

Que, finalmente, o *Cours de linguistique générale* tenha passado em seguida para a posteridade como referência ao mesmo tempo *retrospectiva* e *projetiva* se explica sem dúvida por uma série de contingências que, cruzadas, acabam por descrever uma configuração "evidente":

- um estilo epistemológico – aquele de Saussure – "minimalista" (ele procede por dicotomias e oposições binárias);
- um texto fundador paradoxal do qual a existência mesma é subordinada a sua recepção por seus redatores (cf. questão 6);
- uma situação histórica de *crise* dos saberes no começo do século que a posteridade de Saussure esquecerá, como ela terá tendência a esquecer, a dimensão crítica/reflexiva do "projeto semiológico" saussuriano;

238

- a permanência de um quadro de pensamento antropológico – frequentemente negado para a pesquisa da unidade fundada da cultura humana nos estilos variados;
- a colocação muito precoce de um prisma de leitura do *Cours* que privilegia as *teses* em detrimento dos métodos e impede de perceber a complexidade histórica da recepção do *Cours* nos trabalhos como os de Bally, Gougenheim e Guillaume, ao mesmo tempo continuadores de Saussure, mas inassimiláveis a um estruturalismo ao qual o próprio Saussure é sem dúvida estrangeiro (cf. as questões da terceira parte).

Nessa medida, não podemos subscrever inteiramente a opinião do historiador C. Ginzburg, que, retraçando a história muito ampla, sinuosa e complexa do que ele nomeia o "paradigma indiciário", descreve assim a originalidade da linguística no campo das ciências humanas:

> [...] a orientação quantitativa e antropocêntrica das ciências da natureza a partir de Galileu colocou as ciências humanas diante de um dilema desagradável: ou assumir um estatuto científico frágil para chegar a resultados marcantes, ou assumir um estatuto científico forte para chegar a resultados negligenciáveis. Somente a linguística chegou, no curso desse século, a sair desse dilema tornando-se um modelo para outras disciplinas. (Ginzburg, 1989)

Sem discutir aqui o que poderiam ser os "resultados marcantes" fora de um "estatuto científico forte", nem mesmo o que se pode entender por essa última expressão (onde se situa o limite da cientificidade? Como se mede a "força" em questão aqui?), parece-nos que essa saída do dilema nunca aconteceu; que ela nunca aconteceu, em todo, caso em uma única vez e de maneira irreversível; isto é, sob a forma de um *evento*. A história do que nós poderíamos chamar "preocupação de generalidade" em linguística não se deixa relatar em termos de fundação e de filiação simples, em uma cronologia linear mais ou menos finalizada nem em um campo de preocupações homogêneo, nem no curto termo do desenvolvimento da linguística contemporânea.

Notamos, enfim, que no fim do século xx, enquanto se desfazia o paradigma estruturalista que tinha tão fortemente contribuído

Uma história das ideias linguísticas

para a institucionalização de uma linguística "autônoma" nas universidades e nos organismos de pesquisa, é o sintagma plural de "ciências da linguagem" que se impôs pouco a pouco. Atrás dessa mudança terminológica recente essa "pluralização" que pode parecer mínima, não é essa indeterminação problemática da "generalidade" em linguística que retorna? E com ela a história longa da descrição linguística e de suas teorizações, na medida em que a "preocupação de generalidade" é realizada de fato de maneira extremamente variável no tempo e de maneira diversa em suas modalidades. Que seria uma ciência da "língua"? Sem o conhecimento da diversidade das línguas? Uma ciência da linguagem fundada sobre a universalidade das operações do pensamento sem consideração das particularidades dos sistemas linguísticos que tornam possível seu exercício? Uma ciência das línguas sem a consideração da variação infinita dos atos concretos de fala e de suas condições de realização efetiva?

A questão da generalidade em linguística é bem refletida (mesmo se é uma aporia) nos projetos de constituição de línguas universais de um lado, de línguas internacionais (auxiliares) de outro. A solução saussuriana na época contemporânea representa, com a promoção do *ponto de vista* sincrônico, outro tipo de solução: a generalidade não é um dado, mas uma construção. A questão da extensão da linguística, de seus princípios e métodos de análise para outras ciências do homem (temática privilegiada dos estruturalismos dos anos 1960 e 1970), enfim, coloca em evidencia a questão da unidade problemática das ciências da linguagem.

45

Como e por que aparecem os projetos de línguas universais ou internacionais (como o do esperanto)?

Essa questão dupla recorta largamente – como vimos para a questão 43 – aquela da origem da linguagem e das línguas. O artigo II dos estatutos da Société de Linguistique de Paris confundia então as duas questões ("criar" uma língua é querer dominar sua origem) em uma mesma proscrição.

No imaginário das línguas, dos locutores de todos os estatutos socioculturais e dos linguistas interessados nisso, essa questão toca, por um viés especial, dois assuntos muito gerais que nos interessam na medida em que eles implicam o horizonte dos trabalhos de descrição do funcionamento da linguagem e das línguas.

De um lado, nessa área de conhecimento, trata-se da articulação, sempre difícil, do singular, do plural e do universal ou do geral. O linguista nesse longo processo de gramatização das línguas do mundo é confrontado simultaneamente com a singularidade factual de sistemas de signos todos diferentes (mas até que ponto?), e com a generalidade dos princípios de descrição e de explicação dos fatos linguísticos; ou ainda, não somente com uma *pluralidade* proliferante de objetos linguísticos, mas, sobretudo, com uma *diversidade* da qual o caráter redutível ou não se coloca sempre.

De outro lado, não se deve confundir os projetos de língua universal com aqueles de língua internacional. Nos dois casos, trata-se de remediar insuficiências das "línguas naturais". Nos textos religiosos cristãos, o tema de pentecostes e do "dom de línguas" oferecido aos apóstolos para anunciar aos homens a boa-nova da saudação e o reino da igreja universal constitui, sem dúvida, o mito fundador de uma intercompreensão verbal total. Línguas universais e línguas internacionais resultam de duas concepções articuláveis, mas distintas da universalidade: uma em *intensão* (trata-se de forjar um instrumento bem construído para um exercício *otimizado do pensamento*), o outro em *extensão* (trata-se de se dotar de um *instrumento de comunicação* eficaz que transcende os limites dos grupos linguísticos "naturais").

Mas na história das ideias linguísticas, os dois pontos de vista são tanto confundidos quanto distinguidos. No caso dos projetos de línguas universais, tais como se formulam, sobretudo nos séculos XVII e XVIII, trata-se de remediar os desvios, conflitos que regulam as relações da linguagem e do pensamento. O ponto de vista então é "filosófico" no sentido que acompanha uma reflexão fundamental sobre o conhecimento e o valor da linguagem quanto à busca da verdade. Ele implica, simultaneamente, uma concepção das línguas, uma teoria das ideias e uma teoria da referência. Nos projetos de línguas internacionais que ocupam os séculos xix e xx (este particularmente em torno das duas guerras mundiais), é a função de comunicação da linguagem que está em causa: que ela seja concebida como *a priori* (isto é, como um sistema de signos inteiramente forjado), ou *a posteriori* (a partir de uma língua morta ou de línguas faladas hoje), a "língua auxiliar" visa a facilitar e estender a intercompreensão; ela deve ser de acesso menos difícil que o acesso a uma língua estrangeira qualquer; seu futuro, enfim, deve ser dominado para preencher sua função de comunicação de maneira estável e optimal.

No século xvii, é a Inglaterra, notadamente com John Wilkins e seu célebre *Essay Towards a Real Character, and a Philosophical Language* (1668), que ilustrou melhor essa pesquisa de uma língua universal. Mas esse desenho está então presente em numerosos espíritos. Um pedagogo como o Morave Comenius, considerado – a justo título – como o pai da pedagogia, sonha com uma língua universal (Salmon, 1979: 420). Certamente, ele é mais conhecido por ter tentado melhorar a aprendizagem em latim, notadamente por meio de textos ou vocabulário reduzido e por estruturas gramaticais selecionadas através de uma metodologia progressiva fazendo intervir as etapas *Vestibulum*, *Janua e Atrium*, mas o latim era para ele, na falta de outro melhor, inevitável. Sua obra a mais conhecida intitula-se então *Janua linguarum reserata* (A porta aberta sobre as línguas) (1631), e é um manual de latim de algum modo, por *défault*, porque o latim é finalmente a língua a mais expandida, "o inglês da época", e que permite o acesso a todas as línguas. Também a obra de William Bathe, na qual Comenius se inspira, se intitulava também *Janua linguarum* (1611) e tinha por título completo *Janua linguarum siue modus maxime accomodatus, quo patefit aditus ad omnes linguas intelligendas* (literalmente, "Porta das línguas, ou maneira a mais adaptada pela qual se abre o acesso à compreensão de todas as línguas"). A questão de uma língua universal preocupa também os filósofos: em uma carta ao padre Mersenne (20 de novembro de 1629), Descartes exprime seus pontos de vista sobre o assunto, que interessava especialmente a Leibiniz, para a pesquisa de uma língua universal (*lingua caracteristica universalis*) que permite levar em conta não somente a lógica e as matemáticas, mas também a jurisprudência, a ontologia e mesmo a música. Antes deles, Francis Bacon (*Advancement of learning*, 1605) convida já ao estudo dos signos e à criação de uma língua universal.

No mesmo período aparecem as "gramáticas filosóficas". Embora a obra de Scioppius tenha esse título (*Grammatica Philosophica*, 1628), ela continua uma gramática do latim, erigida sobre os princípios da gramática de Sanctius: a "filosofia" consiste, então, na construção racional de uma teoria linguística. Com os três livros gramaticais da primeira parte sua *Philosophia racionalis* (1638), Tomasso Capanela permanece igualmente no limite da criação de uma língua filosófica: dividindo sua gramática em "civil" e "filosófica", ele se interessa pela segunda, que é uma ciência, que não tem os *a priori* da primeira e deve permitir analisar racionalmente as relações existentes entre as palavras e as coisas. Mas o esforço permanece programático e sua descrição do latim continua fundamentalmente tradicional. O projeto de Caramuel y Lobkovitz vai mais longe: em sua *Grammatica audax* (1651), Caramuel redefine as partes do discurso e propõe toda uma série de neologismos para construir uma linguagem que permite resolver os problemas filosóficos e teológicos; em seu *Leptotatos* (1681; ver Schmutz, 2005), ele espera resolver os problemas clássicos da teologia e da metafísica por uma nova língua formalizada na qual o verbo "*être*" ["ser"] seria substituído por uma série de outras formas (*sare, sere, syre, sore, sure*).

Mas – diz-se – os melhores exemplos de pesquisas de uma língua filosófica encontram-se na Inglaterra. Em seu *Essay*, Wilkins, invocando Bacon, visa à criação de uma língua filosófica artificial, destinada a melhor apresentar a organização natural e divina do mundo, linguagem fundada sobre um "alfabeto universal" (apresentado sob forma tabular) e uma gramática universal suscetíveis de melhorar a comunicação entre os povos e o desenvolvimento dos conhecimentos científicos. Se o valor científico do *Essay* foi reconhecido, o caráter complexo da linguagem universal defendido por Wilkins o condenou ao fracasso, e foi essencialmente apenas no século xx que ele foi redescoberto e considerado um pioneiro da semiótica. Contemporâneo de Wilkins, George Dalgarno publicou em Londres, em 1661, uma *Ars signorum, vulgo character universalis et língua philosophica*, obra na qual ele propôs uma língua universal fundada sobre uma classificação metódica das ideias.

Os projetos de línguas *internacionais* do século xix obedecem – diz-se isso também – a uma intenção radicalmente diferente. Não são mais, daí em diante, as línguas *universais* (o termo foi condenado pela Société de Linguistique de Paris), e são as línguas *auxiliares* (o termo aparece em E. Courtonne, em 1885), destinadas a facilitar a comunicação. A língua internacional deve agregar uma dupla vantagem para a aprendizagem: 1) permitir a intercompreensão entre a maior quantidade de pessoas, reduzindo para elas o número de línguas a aprender; 2) acelerar a aquisição pela tradução das irregularidades (morfológicas, por exemplo), ou dos defeitos (a polissemia, ou a irregularidade dos termos, por exemplo) das línguas naturais. Os historiadores e promotores de uma língua internacional que são Couturat e Léau (1903) distinguem (cf. *supra*) as línguas *a priori*, herdadas das línguas filosóficas da Idade Clássica, que consiste o mais frequentemente nos sistemas de notação do vocabulário de tipo algébrico, e as línguas *a posteriori*, elaboradas a partir do material das línguas naturais (notadamente as línguas indo-europeias), o que não exclui os sistemas mistos (Auroux, 2000; Savatovsky, 1989, 2006).

Como exemplo desses últimos, podemos dar o volapuque, do padre Johann Martin Schleyer, primeira língua internacional a conhecer o sucesso, aparecida em 1879-1880, e da qual o lema era: *Menade bal, püki bal*, "Uma humanidade, uma língua". Trata-se de uma língua aglutinante, casual, com prefixos e sufixos, semanticamente motivados, da qual o léxico foi emprestado de diversas línguas europeias (com deformações muitas vezes importantes), as principais fontes sendo o inglês e o alemão (comparar *vol* "mundo" e *pük* "língua" com o inglês *world* e *speak*). O sucesso foi muito rápido: em 1887, existiam no mundo 138 associações de volapuquistas e 11 periódicos consagrados ao volapuque, esses números passam respectivamente a 238 e 25 em 1889, ano em que se contaram 316 métodos de volapuque em 25 línguas. A desaparição do volapuque foi quase também rápida: ela deveu-se tanto a sua gramática, relativamente complexa, apesar de sua regularidade, e a seu vocabulário, difícil de assimilar por causa da deformação arbitrária das palavras de origem, quanto a conflitos internos e ao fato de o volapuque ter propiciado o nascimento de novas línguas: ao menos 10 entre 1887 e 1907, entre as quais está o esperanto, proposto pelo médico polonês Ludwik Lejzer Zamenhof (*Unua libro* [Primeiro livro], primeiro manual de esperanto, 1887). É, com efeito, uma das características de todas essas línguas internacionais propiciar, elas mesmas, o nascimento de numerosas línguas delas descendentes: tal é justamente o caso do esperanto, do ido (concebida por Couturat), do latino *sino flexione* de Peano (para detalhes, ver Auroux, 2000: 387-8), e da criação das línguas internacionais que culmina no último decênio do século xx (Savatovsky, 2006). Única dessas línguas a ter sobrevivido, o esperanto foi objeto de um congresso, anual desde o primeiro, o de Boulogne-sur-Mer, em 1905; o número de seus locutores é muito difícil de ser estimado (entre cem mil e dois milhões) e sua aprendizagem exigiria, segundo seus promotores, um tempo dez vezes inferior ao da língua inglesa. O que não impediu essa última de aceder ao primeiro lugar no pódio das línguas internacionais auxiliares, o que prova – se necessário – que a promoção e a expansão das línguas não são ligadas a considerações puramente linguísticas.

46

Como o problema da identificação
do *objeto* da linguística foi posto por Saussure?

Nós sublinhamos antes (questões 6 e 44) a complexidade do processo de recepção no qual está engajado o *Cours de linguistique générale* e de avaliação de seu papel *fundador* para a ciência da linguagem no início do século xx. Tentamos agora reunir alguns dos traços mais característicos dos princípios epistemológicos pelos quais Saussure propõe conduzir o trabalho do linguista, e que continuam frequentemente, hoje ainda, a fornecer a matéria dos cursos de iniciação à linguística (através, por exemplo, da série das oposições língua/fala; sincronia/diacronia; significante/significado; sistema/valor etc.).

Antes de chegar a esses temas, é preciso dizer algumas palavras do texto em si, do lugar que ocupa na produção de Saussure e naquela de sua época. Ferdinand de Saussure tornou-se célebre, em 1879, quando publicou (aos 21 anos) o *Mémoire sur le système primitif des voyelles dans les langues indo-europeennes* (Relatório sobre o sistema primitivo das vogais nas línguas indo-europeias) no qual os especialistas da gramática comparada concordam em ver uma obra fundamental. Sua carreira é, em seguida, essencialmente, aquela de um professor de gramática comparada (a partir de 1881 na EPHE [École Pratique des Hautes Études]), depois de linguística geral a partir do começo de 1907, em Genebra, e ele não publica nenhum texto importante até sua morte em 1913. É, todavia, esse mesmo Saussure a quem a posteridade reconhece como o fundador da linguística moderna e o pai de um movimento científico. Há aí um tipo de paradoxo que se explica pela complexidade do processo de elaboração do texto em si, depois de sua recepção. A matéria exposta no *CLG* corresponde a de três cursos ministrados em 1907, 1908-1909 e 1910-1911. Ela foi reunida por dois ouvintes do curso (que eram também colegas, Charles Bally e Albert Sechehaye) a partir de um conjunto heterogêneo de notas: algumas datam de 1894, são da mão de Saussure e visam à preparação de uma obra; outras são destinadas à preparação dos próprios cursos (breves e incompletas, elas correspondem apenas a algumas lições); outras, enfim, são notas tomadas pelos estudantes e são diferentes pela matéria, pelo plano e pela forma. É o que explica, em parte, as querelas de interpretação suscitadas pelo texto publicado. Não se trata de uma simples edição dos manuscritos saussurianos, mas antes "[de] uma reconstrução, de uma síntese" (Bally e Sechehaye, prefácio) da doutrina saussuriana.

Um pouco mais cedo, em 1814, Saussure confiava a Meillet sua angústia relativamente ao estudo dos fenômenos da linguagem:

> Eu estou bem desgostoso de tudo isso, e da dificuldade que há em geral a escrever somente dez linhas tendo o senso comum

em matéria de fatos de linguagem. Preocupado, sobretudo, há muito tempo, com a classificação lógica desses fatos, com a classificação lógica dos pontos de vista sob os quais nós os tratamos, eu vejo, de mais em mais, a imensidão do trabalho que é necessário para *mostrar ao linguista o que ele faz*, reduzindo cada operação a sua categoria prevista; e, ao mesmo tempo, a bastante grande vaidade de tudo o que se pode fazer finalmente em linguística. (grifos nossos)

E um pouco mais longe:

Isso acabará, apesar de mim, em um livro em que, sem entusiasmo nem paixão eu explicarei porque não há um só termo empregado em linguística com o qual eu atribua um sentido qualquer; e somente depois disso, segundo o que eu reconheço, que eu poderei retomar meu trabalho no ponto em que o tinha deixado. (Carta a Meillet, 4 de janeiro de 1894, *Cahiers Ferdinand de Saussure*, 21, 1964: 95)

Não foi Saussure que escreveu esse livro, e sua composição corresponde a um rearranjo da matéria distribuída nos três cursos ministrados em Genebra. Sua publicação póstuma (1916) parece responder ao mesmo tempo ao voto formulado sem entusiasmo vinte anos mais cedo e à decepção de deixar perder o pensamento de um mestre fascinante do qual testemunha, com muitos outros, Bally em seu elogio fúnebre:

Ah! por que ele reservou ao círculo restrito de seus discípulos os tesouros de seu gênios! Tantas lições poderiam ter sido logo impressas; quantas ideias escondidas nas notas de estudante, que riquezas enterradas nos manuscritos pessoais, muito ciumentamente guardados! Tudo isso não virá à luz? Nós nos resignaremos a ver apagarem-se tantos raios saídos desse espírito único? (Bally, Cours du 28 fév. 1913, em Marie de Saussure, 1915: 56)

O silêncio de Saussure, o "drama do pensamento" (Benveniste, *Problèmes de linguistique générale 1* (doravante PLG1), 1966: 37) do qual ele parece ser o signo, para além de seu caráter possivelmente anedótico e biográfico, não é o menos interessante dos "enigmas" relacionados ao CLG, à obra e ao pensamento do mestre de Genebra.

247

Uma história das ideias linguísticas

Voltemos agora propriamente ao conteúdo da obra e ao projeto epistemológico que a anima. Sua leitura deve levar em conta tanto o que ele herda, o que faz de seu texto um texto de seu tempo, atravessado pelos debates nos quais estão engajados seus contemporâneos, quanto as proposições propriamente originais e novas. A maior parte das proposições saussurianas fundadoras devem ser lidas nessa dupla perspectiva para lhes apreciar a importância: a língua como fato social, por exemplo, que é também uma preocupação de Meillet, a noção de valor (que se pode ver como o coroamento da reflexão multissecular da sinonímia e, talvez, mais particularmente (Auroux, 1985) de seu tratamento pelos sinonimistas do século xviii), o estudo sincrônico dos estados de língua, reivindicados pelos neogramáticos, a arbitrariedade do signo (questões 14, 15, 43) etc.

A obra tem a intenção, então, de *mostrar ao linguista o que ele faz* e assume uma nova dimensão da generalidade em matéria de teoria da linguagem (questão 44) que formula um método e os princípios válidos para o estudo de todas as línguas. A *linguística geral* forma no espírito de Saussure um "sistema tão fechado quanto a língua" (entrevista com M. A. Riedlinger, citado por Godel, 1957: 29) na qual "tudo é corolário de um outro" (ibid.), um verdadeiro "sistema de geometria" (entrevista com M. L. Gautier, citado por Godel, 1957: 30) no qual os conceitos são mutualmente dependentes. Ele se abre, então, logicamente, por um capítulo preliminar em forma de rápida retrospectiva e crítica sobre a história da linguística, assim denominado por seu objetivo metodológico e epistemológico. As três fases pelas quais passou a ciência que se constituiu em torno dos fatos de língua (no caso, a gramática geral, a filologia e a gramática histórica e comparada) têm aqui em comum que elas todas fracassaram a dominar, a delimitar, a conhecer claramente seu verdadeiro objeto de estudo. Saussure sublinha notadamente a ilusão substancialista da gramática histórica e comparada que empresta seu modelo da história natural (para Bopp, Schleicher, por exemplo) identificando as línguas aos organismos dos quais podemos estudar o nascimento, o desenvolvimento, depois a decadência e a morte.

O que caracteriza mais fundamentalmente os estudos da linguagem é que o *objeto* não pode ser separado do *ponto de vista* segundo o qual se o examina: "bem longe de o objeto preceder o ponto de vista, dir-se-á que é o ponto de vista que cria o objeto" (CLG, 1972: 23) assim um objeto linguístico aparentemente concreto como a palavra *nu* se divide, desde que se o submeta a um exame mais atento em "três ou quatro coisas perfeitamente diferentes, segundo a maneira pela qual se o considera: como som, como expressão de uma ideia, como correspondente do latim *nūdum* etc." (ibid.). O ponto decisivo é de desembaraçar os problemas postos pela temporalidade (Chiss e Puech, 1987: 35 ss.). É que "a cada instante [a linguagem] implica simultaneamente um sistema estabelecido e uma evolução; a cada momento ela é uma instituição atual e um produto do passado. Parece à primeira vista muito simples distinguir entre esse sistema e sua história, entre o que ela é e o que ela foi; na realidade, a relação que une essas duas coisas é tão estreita que se tem dificuldade de as separar" (CLG, 1972: 24).

A dualidade da linguagem e da linguística é uma ideia frequentemente formulada no CLG e nas fontes manuscritas. A linguística é uma ciência dupla: "Para as ciências que trabalham sobre os valores, essa distinção [do eixo das simultaneidades e do eixo das sucessividades] torna-se uma necessidade prática, e, em certos casos, uma necessidade absoluta" (ibid.: 115). Essa distinção fundamental aparece, assim, como o passo decisivo, a operação epistemológica constitutiva da linguística:

> [...] não há "língua" e ciência da linguagem senão a condição inicial de fazer abstração do que precedeu, do que relaciona entre elas as épocas. Toda generalização é impossível, tanto que não separamos o estado de sua gênese. (Fontes manuscritas citadas por Godel, 1957: 46)

Os princípios e as oposições fundadoras que constituem o *sistema fechado* da teoria saussuriana são mutualmente condicionadas. Podemos discutir a ordem segundo a qual eles foram concebidos e encontrados, ordem que não é, talvez, aquela segundo a qual eles estão expostos no *Cours*; todavia, é claro que a arbitrariedade do signo implica a relação sistema/valor, que, em si, pressupõe a dualidade fundamental que rege "todas as ciências que operam sobre os valores" do estado e da gênese, de uma linguística estática (ou sincrônica) e de uma linguística evolutiva (ou diacrônica) (Chiss e Puech, 1987: 36). Mas, se essa oposição é principial, se ela é a condição de possibilidade de uma ciência linguística, é também porque o conceito de sincronia tem a preeminência teórica, "o aspecto sincrônico antecede o outro, porque para a massa falante ele é a verdade e a única realidade" (CLG, 1972: 128), e que a língua é sempre "um produto herdado das gerações precedentes e a adotar tal e qual" (ibid.: 105).

Enfim, é preciso ver essa concepção de objeto que Saussure chama *a língua* (nós retornaremos a isso no capítulo seguinte) corresponde também a um movimento de abstração. A exclusão, por subtração de qualquer tipo, do tempo da história, é uma exclusão do tempo do real. Não há estado permanente, "há somente os estados de língua que são perpetuamente a transição entre o estado da véspera e o estado do amanhã" (Fontes manuscritas citadas por Godel, 1957: 39). O fato sincrônico é, então, um fato abstrato obtido por "simplificação convencional dos dados" (CLG, 1972: 143) análogo "à projeção de um corpo sobre um plano" (ibid.: 124). Ela não é, então, esse corpo em si.

O paradoxo aqui – e contra certas interpretações estruturalistas rápidas, tardias e muito gerais – é que a sincronia é tudo menos uma *anti-história*. É mais o lugar da *sistematicidade* ligada à conjunção do fator tempo e da imanência da língua, ao que Saussure nomeia "massa falante". Como os signos "bi-faces" poderiam servir à comunicação, se a ligação que une significante e significado é arbitrária ou sem motivação? A sucessão continua por gerações e a coexistência dos sujeitos falantes em um mesmo momento do tempo são dois aspectos diferentes de um mesmo fenômeno de invenção e reiteração de regras sistemáticas comuns, sempre reinstituídas, sem que o momento inaugural, o "contrato inicial" não apareça jamais. A "necessidade" que descreve o linguista nos sistemas linguísticos (as línguas) não é conquista contra a historicidade/variabilidade das línguas, ela é disso mais a contraparte positiva e passavelmente paradoxal. A profunda reflexão de Saussure em suas lições inaugurais na tribuna de Genebra, em 1891 (Saussure, 2002: 143-76) sobre a historicidade é indissociável da concepção da língua como "sistema fechado" no qual tudo liga. O conceito saussuriano de "língua" permanece incompreensível se o separamos da crise sem precedente de sua compacidade empírica do fim do século xix, com a querela das leis fonéticas e a relativização erosiva de sua consistência pelos dialetólogos e pela geografia linguística.

47
Como a linguística se impôs como matriz disciplinar nas Ciências Humanas?

O objeto *língua construído* do ponto de vista sincrônico para Saussure se apresenta como um sistema de signos arbitrários, que nada determina fora do estado de suas relações mútuas, ou seja, como um sistema de *valores puros* que se delimitam reciprocamente. O objeto próprio da linguística é, então, igualmente definido pelo *princípio semiológico* da arbitrariedade do signo, considerado por Saussure, não como um princípio a estabelecer, mas como uma evidência da qual todas as consequências devem advir. Há em sua afirmação não somente o retorno sobre uma das mais antigas questões tratadas pelos filósofos da linguagem (questões 15 e 43), mas também a formulação original de uma proposição programática. Dizer, com efeito, que a língua é um sistema *semiológico* é colocá-la no seio do mais conjunto dentre os outros sistemas semiológicos criados pelo homem e em circulação nas sociedades. A linguística é, assim, desde as primeiras páginas do CLG, colocada no seio de uma ciência mais ampla, um projeto de ciência, que resta a realizar, a semiologia, da qual ela é, ao mesmo tempo, um tipo de modelo:

> Podemos conceber *uma ciência que estuda a vida dos signos no seio da vida social*; ela formaria uma parte da psicologia social e por consequência da psicologia geral; nós a nomearemos semiologia (do grego sēmeîon, "signo"). Ela nos ensinaria em que consistem os signos, quais leis os regem. Porque ela não existe ainda, nós podemos dizer que ela será; mas ela tem direito de

existir, seu lugar está antes determinado. A linguística é somente uma parte dessa ciência geral, as leis que a semiologia descobrirá serão aplicadas à linguística, e esta se encontrará também ligada a um domínio bem definido no conjunto dos fatos humanos. (CLG, 1972: 33)

É usual considerar a rede complexa das influências exercidas pelo CLG como um movimento, o *estruturalismo*, no seio do qual se podem distinguir esquematicamente dois conjuntos: aquele que corresponde à colocação em prática desse projeto (isto é, a difusão das ideias de Saussure, além da linguística) e aquele mais restritamente ligado ao impacto dos princípios da epistemologia saussuriana sobre a linguística.

No primeiro caso, nós podemos partir de alguns fatos. O encontro, em Nova York, durante os anos da guerra, de Jakobson e Lévi-Strauss (Breton, também, um pouco mais cedo, como conta Lévi-Strauss em *Tristes Trópicos*) e a criação da revista *Word*, da qual os dois primeiros números (1945) comportam, respectivamente, um artigo programático de Lévi-Strauss intitulado "L'analyse structurale em linguistique et em antropologie" (A análise estrutural em linguística e em antropologia) e um artigo de E. Cassirer intitulado "Structuralism in Modern Linguistics" são um momento, sem dúvida, decisivo, talvez inaugural, dessa história. Nós colocamos isso antes (questão 6) de outros marcos de referência: a publicação dos *Structures élémentaires de la parenté* (As estruturas elementares de parentesco), em 1947, por Lévi-Strauss, o artigo de Greimas "Actualité du saussurisme" (Atualidades do saussurianismo) no *Le Français moderne* em 1956, as lições de Merleau-Ponty no Collège de France, em 1960, em que ele cita e comenta abundantemente Saussure e o CLG. Podemos acrescentar, um pouco mais tarde, a publicação do *Pour Marx* (Para Marx), de Althusser, em 1965, aquela dos trabalhos de Barthes (*Le Système de la mode* (O sistema da moda), por exemplo, em 1967), aquela das obras de 1966, "l'année lumière" (Dosse, 1992): *Les écrits*, de Lacan, *Les Mots et les choses* (*As palavras e as coisas*), de Foucault, o n. 8 da revista *Communication* consagrada à análise estrutural da narrativa etc. Essa cronologia, mesmo incompleta é muito esquemática, e sublinha aqui o caráter tardio de uma obra aparecida em 1916. É, com efeito, somente a partir dos anos 1950 que os representantes de outras ciências humanas se referem a Saussure em um trabalho de refundação de sua disciplina. A tematização da noção de estrutura (que não figura, é preciso lembrar, no *Cours*), certo número de conceitos ou de oposições (notadamente a teoria saussuriana do signo) em circulação nas disciplinas e para os autores diferentes desenham, nesse momento, a esperança de unidade das ciências humanas unidas em torno de alguns princípios muito gerais, numa nova configuração feita por projeção de uma *semiologia* saussuriana. Pelo que nota Lévi-Strauss, o testemunho chave desse período e primeiro *passeur* na França (com o filósofo Merleau-Ponty) dos conceitos saussurianos, na sua lição de abertura no Collège de France:

> O que é, então, a antropologia social?
> Ninguém, me parece, foi mais perto de a definir – ainda que isso seja por preterição – que Ferdinand de Saussure quando, apresentando a linguística como uma parte de uma ciência ainda a nascer, reserva a ela o nome de semiologia e lhe atribui como objeto de estudo a vida dos signos no seio da vida social. (Lévi-Strauss, 1973: 18)

Para os linguistas, as coisas não são muito mais simples. Se Roman Jakobson (1984) sublinha, retrospectivamente, a influência profunda de Saussure para os linguistas:

> O *Cours* de Saussure é uma obra genial na qual mesmo os erros e as contradições são evocadores. Nenhum livro de nosso século exerceu uma influência tão larga e tão profunda sobre a linguística internacional. Suas noções, suas definições, e seus termos penetraram direta e indiretamente nos trabalhos os mais diversos. (Jakobson, 1984: 165)

ao contrário, Greimas, em seu artigo de 1956, nota que, por um efeito de retorno paradoxal, é a leitura de Lévi-Strauss e de Merleau-Ponty que conduziu os linguistas franceses a redescobrirem Saussure, sua *atualidade*, sendo assim reconhecida, perto de 40 anos depois de sua publicação. Esse espaço de tempo da recepção das ideias de Saussure nas disciplinas diferentes é igualmente sublinhado por Benveniste, em 1968:

> É um espetáculo surpreendente que a voga dessa doutrina, mal compreendida, descoberta tardiamente em um momento em que o estruturalismo em linguística é já para alguns alguma coisa ultrapassada. [...] Nesse ano de 1968, a noção de estruturalismo linguístico tem exatamente 40 anos. É muito para uma doutrina em uma ciência que vai muito rápido. Hoje o esforço como aquele de Chomsky é dirigido contra o estruturalismo. ("Structuralisme et linguistique" [Estruturalismo e linguística], 1974: 15)

Os linguistas que se dizem pertencer à escola estruturalista compartilham, sem dúvida, certo número de princípios comuns que podemos ver como herança do *Cours* (a atenção ao significante, a tentativa de dar conta da língua em termos de pura combinatória, a orientação descritiva, não normativa, construtivista que conduz da *parole* dos sujeitos ao sistema da *langue*...), mas esses princípios fornecem somente um quadro geral a partir do qual os estruturalismos (praguense, dinamarquês, americano, francês etc.) desenvolveram correntes e programas específicos. Essa nebulosa tem seus historiadores (Dosse, Pavel, Milner etc.), todos mais ou menos centrados sobre o eixo francês da aventura. Restará tentar delinear o quadro do conjunto das ideias de Saussure, para elaborar uma história dos estruturalismos que reconheceram (que se deram) a títulos diversos, segundo as modalidades e através de mediações diversas, o CLG como uma obra fundadora.

É preciso, enfim, acrescentar que a ideia de que as ciências da linguagem pudessem desempenhar alguma coisa como um "papel-piloto" para o conjunto das ciências humanas não é uma ideia radicalmente nova na história das ideias. Fora do campo estruturalista e semiológico contemporâneo, e antes dele, o último texto do século XIX está pronto a lhe conferir esse papel a partir dos resultados da gramática histórica e comparada. As ciências humanas em via de constituição (psicologia, sociologia, antropologia...) que se desligam progressivamente do continente filosófico lhes conferem então uma "positividade" pela qual elas procuram, para si mesmas, o modelo. No fim do século XIX, as leis fonéticas – alguma interpretação onto-

A constituição da Linguística como disciplina

lógica que se pode dar a elas – conferem um estatuto epistemológico forte ao fato de que uma legalidade, uma forma de *necessidade*, possa regulamentar os comportamentos humanos submetidos à contingência e à variação histórica, geográfica e social. A elaboração saussuriana, devemos nos lembrar disso, é contemporânea das *Régles de la méthode sociologique* [A regras do método sociológico] de Durkheim (1895), no desenvolvimento da psicologia experimental, fundada sob a medida e a estatística introduzida na França por Théodule Ribot, Hippolyte Taine (e oposta ao método *introspectivo*). Ela é contemporânea, igualmente, da integração das ciências humanas ao aparelho do Estado moderno: Michel Bréal, linguista de primeira importância, é também inspetor geral da instrução pública no momento da institucionalização da escolarização universal. Ele é encarregado de conceber uma política linguística escolar para os *patois* ou para as colônias francesas. Gabriel de Tarde, sociólogo concorrente de Durkheim, dirige no Ministério da Justiça o departamento crucial e moderno da estatística criminológica etc.

Mas porque se deter nesse período da história? O programa dos ideólogos e aquele da gramática geral do século XVII, que fizeram da gramática, ao lado da lógica, a propedêutica para uma "ciência geral das ideias", são confrontados, a sua maneira, com a ideia de que uma ciência geral da linguagem e das línguas era simultaneamente um saber "especial" e especializado e uma chave do conhecimento do humano, no que há de mais específico e também de mais *restrito*, no que concerne tanto a suas atitudes cognitivas quanto a seus comportamentos aparentemente os mais "livres" (lembremo-nos de que a enquete-manifesto da nova sociologia de Durkheim portará sobre o suicídio e as determinações sociais inconscientes do ato o mais individual reputado o mais livre desde os estoicos...). O que denominamos o estruturalismo terá modulado um tempo à sua maneira (semiológica) essa configuração moderna dos saberes entre "autonomia" (sem dúvida, em parte ilusória) da linguística e articulação com outras ciências humanas. É um acaso se Claude Lévi-Strauss encontra no século XX as afirmações de um Montesquieu ou de um Rousseau (sobretudo) para fazer da linguística a disciplina-chave de uma antropologia geral crítica de toda ideia de "natureza humana"?

255

Uma história das ideias linguísticas

Vamos mais longe na visão prospectiva do destino das ciências da linguagem: a "naturalização do espírito" que se impõe hoje em certas correntes das ciências cognitivas pode aparecer para outra coisa que uma regressão (sem dúvida provisória) de toda uma parte da história das ciências humanas, regressão favorecida por uma organização "amnésica" da ciência contemporânea?

48

O objeto da linguística guardou sua unidade?

Abordando o território do *recente*, abandonamos aquele do historiador. O recuo falta, e o modo de apresentação de investigação não pode mais ser aquele da construção de fatos em séries. Nós assumiremos aqui, então, a atitude de deixar na sombra os panoramas inteiros da paisagem contemporânea (o tratamento automático da linguagem, do desenvolvimento dos formalismos, o modelo gerativista, as tipologias etc.) e nos limitaremos a seguir duas pistas das quais temos percebido partes nos capítulos anteriores.

A história recente dá o sentimento de que as teorias linguísticas, as problemáticas visualizadas pelos linguistas depois do estruturalismo, são caracterizadas por um retorno ao que é precisamente excluído por Saussure: o contexto sob todas as suas formas, e o *sujeito*, através da construção de uma linguística da fala ou do discurso. Podemos pensar para interpretar esse momento o que sobre isso escreveu Jean-Claude Milner em *L'Amour de la langue* (O amor da língua), em 1978. Um consenso parece então animar os linguistas *contra* o isolamento saussuriano, para tentar reparar esse tipo de ferida narcisística infligida pelo mestre de Genebra, o sujeito desprovido da língua, a língua pensada sem o sujeito (Milner, 1978: 125 *ss.*):

> Assim se desenvolve incessantemente uma antilinguística, destinada, sobretudo, a ajudar os linguistas a se apoiarem: sociolinguística, semântica gerativa ou não, interrogatórios

ideológicos, pouco importa os nomes porque se trata sempre de restabelecer em sua plenitude de seus direitos e de seus deveres um sujeito mestre de si mesmo ou ao menos responsável por suas escolhas.

A resposta à questão colocada no título deste capítulo é então evidentemente negativa. Mas não há espaço para propor outra coisa aqui a não ser a muito esquemática numeração de algumas referências em um campo daí em diante muito fragmentado. Elas traçam, *grosso modo*, duas pistas na paisagem da linguística pós-estrutural (se é que se pode marcar um limite nítido para o episódio que conformou o objeto do capítulo precedente).

A primeira pista é aquela das linguísticas marcadas por um retorno do sujeito, ou *ao* sujeito. Ele se declina segundo as modalidades e sob as formas diversas. Por exemplo, nas linguísticas da enunciação oriundas dos trabalhos de Benveniste (A. Culioli, J. Authier...) que estudam o sistema das formas de que dispõe o enunciador para ancorar o enunciado em uma situação de enunciação dada, para modalizar sua consideração etc. Ou na análise do discurso (M. Pêcheux, J.-J. Courtine, E. Orlandi...) que considera o sujeito como um *efeito*, sem origem autônoma de seu pensamento e de seu dizer, mas habitado por essa ilusão, sujeito dividido, marcado pela não coincidência de si. Poderíamos prosseguir a enumeração na direção das linguísticas que se voltam para a questão das relações entre língua (ou linguagem) e pensamento, língua e cognição etc., questões no fundo antigas (cf. *supra*), mas que são engajadas aqui com protocolos experimentais novos, que implicam, por exemplo, a observação direta da atividade neuronal pelos técnicos de imagem cerebral.

A consistência dessa ideia de um retorno a alguma coisa que teria sido abandonada ou perdida pode evidentemente ser questionada. A pretendida exclusão saussuriana do sujeito (em benefício do coletivo, da *massa falante*) é discutida pelos próprios contemporâneos de Saussure. Bally publica, em 1909, um *Traité de stylistique française* (Tratado de estilística francesa) (dedicado também a seu mestre Saussure) entendido como o "estudo sistemático de meios de expressões" das quais dispõe o sujeito falante. O projeto não se opõe, todavia, ao empreendimento saussuriano, mas, segundo o autor "o estudo da língua não é somente a observação das relações existentes entre os símbolos linguísticos, mas também das relações que unem a fala ao pensamento [...]. É um estudo em parte psicológico, enquanto ela está baseada sobre a observação do que se passa no espírito de um sujeito falante no momento em que ele exprime o que ele pensa" (Bally, 1909: 2), e mais longe: "a estilística estuda, então, os fatos de expressão da linguagem organizada sob o ponto de vista de seu conteúdo afetivo, isto é, a expressão dos fatos da sensibilidade pela linguagem e a ação dos fatos de linguagem sobre a sensibilidade" (ibid.: 16). A estilística de Bally, nota-se, prefigura bastante a linguística da enunciação de Benveniste, assim como as estilísticas literárias que se desenvolveram um pouco mais tarde em torno dos trabalhos de L. Spitzer ou J. Marouzeau. A questão do sujeito está igualmente desde os anos 1930 no centro da linguística de Damourette e de Pichon, para quem a gramática, antes de Lacan, *é um modo de exploração do inconsciente* (Pichon, 1925).

Outra das formas exemplares da rejeição do objeto saussuriano é aquele formulado por Bourdieu, em 1982 (*Ce que parler veut dire* [O que falar quer dizer]), rejeição da qual encontramos o eco em numerosos estudos sociolinguísticos e de sociolinguística histórica. O livro pretende fazer a atualização crítica das "operações de construção do objeto pelas quais essa ciência [a linguística] é fundada" (1982: 13). O esforço inaugural operado pelo CLG não pode ser interpretado independentemente de seus efeitos no campo das ciências sociais:

> Nascida da autonomização da língua em relação às suas condições sociais de produção, de reprodução e de utilização, a linguística estrutural não podia tornar-se a ciência dominante nas ciências sociais sem exercer um efeito ideológico, dando aparência da cientificidade para a naturalização (nós sublinhamos) desses produtos da história que são os objetos simbólicos [...].
> (Bourdieu, 1982: 8)

Assim, Bourdieu recusa, ao mesmo tempo, a linguística como modelo das ciências sociais – verdadeiro "cavalo de Troia" metodológico, que leva a análise dos objetos simbólicos para a "colocação entre parênteses do social", negação de sua própria historicidade, ao "ao charme de um jogo sem consequência" (ibid.) –, e a concepção saussuriana da língua em si.

Ora, de um lado, a gramática define apenas parcialmente o sentido que Bourdieu vê fundamentalmente dependente da *economia das trocas linguísticas*. Todo ato de fala, como toda ação, é sem dúvida o resultado de competências e de capacidades de atualizar certo código, mas sua interpretação é largamente dependente das relações de poder simbólico estabelecidas entre os locutores ou os grupos aos quais eles pertencem. Essas relações constituem um verdadeiro *mercado linguístico* que impõe suas sanções e suas censuras específicas (cf., por exemplo, a crítica da análise propriamente linguística do valor elocutório dos enunciados, 1982: 103 *ss*.).

De outro lado, o objeto língua que se dá à linguística é somente a língua comum, a língua do Estado e do poder: "os linguistas apenas incorporam à teoria um objeto pré-construído do qual eles esquecem as leis sociais de construção e do qual eles mascaram em todo caso a gênese social" (Bourdieu, 1982: 25) e histórica.

A pertinência do argumento, tratando-se da língua tal como concebida no *Cours*, não é certa. Lembramos que esse *objeto próprio* do linguista não preexiste à análise que ele desenvolve, e que está inteiramente delimitado pelo ponto de vista adotado. As objeções desenvolvidas por Bourdieu incidem aqui sobre certos trabalhos de análise do discurso, ou de pragmática nos quais os linguistas "ignoram os limites constitutivos de sua ciência [...] [e] não tem outra escolha senão a de pesquisar desesperadamente na língua o que está inscrito nas relações sociais em que ela funciona, ou fazer a sociologia sem o saber, isto é, com o perigo de descobrir na gramática aquilo que a sociologia espontânea do linguista importou inconscientemente dela" (Bourdieu, 1982: 15). O que está em jogo é a interpretação dessa afirmação extremamente problemática do *Cours* segundo a qual a língua é um *fato social*, sem análogo (cf. sobre esse ponto, *Langages*, 49).

A crítica bourdieusiana do objeto língua, e sua diluição em um tipo de todo social, pode igualmente ser aproximada da posição adotada por um historiador como Auroux, que observa que não

Uma história das ideias linguísticas

existe nada no mundo que corresponde à noção de *língua*, mas somente os locutores dotados de competências linguísticas que lhes permite estabelecer relações de comunicação e, em certos casos, em certas partes do mundo e em certas épocas os *outils linguistiques* [instrumentos linguísticos] chamados de gramáticas:

> Para que haja comunicação é necessário que existam certas aptidões entre elas, algum ar de família sem que seja necessário nem mesmo provável que elas sejam idênticas. É preciso também que elas se realizem em um certo meio de vida, um contexto social e um ambiente. Nós chamamos *hyperlangue* um espaço/tempo estruturado por tais possibilidades; uma *hyperlangue* é então um conjunto de indivíduos munidos de aptidões linguísticas e mergulhados em um ambiente social e em uma parte do mundo. (Auroux e Mazière, 2006: 8)

O que as gramáticas (e seus autores) chamam *língua* não é outra coisa que a representação da hyperlingua que elas propõem.

CONCLUSÃO

49

É útil estudar os instrumentos e as teorias linguísticas na longa duração do tempo?

Para seduzir os estudantes, um site de uma UFR (Unité de Formation et de Recherche [Unidade de Formação e de Pesquisa]) apresenta a disciplina que ela ensina como "uma ciência jovem nascida no século XX". A afirmação não deixa dúvida para ninguém: a linguística, mesmo se o termo que a designa é oficialmente nascido no século XX (questão 39), renovou consideravelmente seus métodos tanto em sua abordagem da linguagem quanto naquela das línguas. A longo prazo, ela forjou a si uma especificidade, constituindo-se como "ciência" autônoma, até mesmo ciência piloto, como nos melhores dias do estruturalismo. Contudo – e nós esperamos que as páginas precedentes tenham convencido o leitor a esse respeito – é, enquanto tal, uma ciência há muito tempo, com os instrumentos constituídos há mais de 2.500 anos e de uma estabilidade surpreendente: pensamos na oposição vogal/consoante ou na oposição verbo-nominal.

Que podemos esperar de um linguista de hoje? Primeiro, que ele pesquise a precisão e a adequação da descrição tanto da atividade de linguagem em geral quanto das línguas em particular. Depois, que ele pesquise uma certa generalidade: na medida do possível, os instrumentos produzidos e as noções definidas para tal língua devem ser o menos idiossincráticas possível e transportáveis a outras línguas, naturalmente respeitando a especificidade de cada uma dentre elas. Enfim, que ele pesquise – e esse ponto é muitas vezes menos enfatizado – a adesão da população que por si permite a assimilação da nova descrição e sua integração social. Combinar essas três exigências é difícil, mas parece necessário, também indispensável, se se quer que a disciplina seja "útil".

De fato, a integração das descrições no saber coletivo não é uma coisa nova: lembremo-nos (questão 15) de Theeteto ao responder ao Estrangeiro que lhe mostrava que todo enunciado se compõe de *onoma* e de um *rhēma*, em um tom que podemos supor tanto surpreendido quanto admirativo: "Isso, eu não sabia!". Era o começo de uma longa tradição de transmissão do saber, tradição forte, mas não completamente cumulativa, com uma reinscrição às vezes parcial, as incompreensões, e mesmo retrocessos.

Falar de *uma* língua como *da* língua e da linguagem, tal foi a postura original dos gregos, falando sua língua e de sua língua. Lembremo-nos de que os outros povos são para eles aqueles que dizem "bar-bar": esses são os *barbaroi*. Essa concepção era impossível para os latinos, cuja posição frente à linguagem era fundamentalmente bilíngue: completamente impregnados da cultura grega maciçamente importada por gente como os Cipiões, eles utilizaram esses instrumentos técnicos já elaborados para o grego. Mas essa situação de bilinguismo própria da Antiguidade latina não foi permanente. Na Idade Média Ocidental – que esqueceu e maltratou muito o grego -, é à linguagem, daí em diante (re)encarnada no latim, que se passou a interessar, mais do que a uma língua particular, e os tratados modistas são, por muitas razões, as gramáticas gerais, e também os tratados de linguística geral. Com o Humanismo e a gramatização maciça das línguas do mundo, reencontra-se, ou se deveria reencontrar, a diversidade das línguas. Ele não impede que, por vários motivos, continue-se a tratar o latim como *a* língua: o *De Causis*, de Scaliger (1540), e a *Minerva*, de Sanctius (1586), são também, por certas características, precursores das gramáticas gerais. Em seguida, por uma dialética constante, entre a unicidade e diversidade, assiste-se a uma pesquisa conjugada simultaneamente dos pontos comuns e da diversidade, tanto nas compilações linguísticas, que aparecem desde o século XVI quanto nas gramáticas gerais que aparecem um século mais tarde, e essa oscilação se encontrará mais tarde entre a linguística geral e a tipologia linguística.

Nessa transmissão, o modelo mais corrente parece ter sido aquele da transferência tecnológica. Na tradição ocidental, o modelo inicial foi estabelecido, de início, por uma reflexão de natureza filosófica e, por uma dada língua, o grego, que lhe impôs sua marca, com sua morfologia rica e complexa. O modelo foi transferido ao latim sem maior problema. Não se deve acreditar que os latinos se agarraram a esse modelo porque eles eram incapazes de imaginar outra coisa – um Varrão, por exemplo, mostrou-se capaz de desenvolver um pensamento original (questão 20) –, mas porque, quando se dispõe de alguma coisa que "funciona", deve-se esforçar-se para guardá-la, fazendo-lhe simplesmente passar pelas adaptações necessárias. De fato, parecia difícil, mas, sobretudo, pareceu pouco útil (a perda da maior parte do *De Lingua Latina* do mesmo Varrão testemunha isso) inventar todas as peças enquanto se podia simplesmente adaptar. A origem indo-europeia comum do grego e do latim, o segundo sendo de certo modo mais "simples" (por exemplo, sobre o plano morfológico) que o primeiro, facilitou, sem dúvida, essa transferência, assim como a anterioridade do grego ou um parentesco cultural mais ou menos reivindicado.

O modelo grego, tornado modelo latino, foi em seguida transferido aos vernáculos europeus, de qualquer maneira, de modo "natural" às línguas românicas certamente, mas também – de maneira mais surpreendente, sem dúvida –, às outras línguas europeias, depois às línguas do mundo, com, evidentemente, menos adequação na descrição, e mais discordâncias. É evidente que essa transferência não se fez sem "degradação", degradação essa que não foi vista imediatamente e que foi reportada tardiamente. Abusou-se, por exemplo, da oposição verbo-nominal, inadequada para as línguas ameríndias (ver, por exemplo, as críticas de Martinet), procurou-se encontrar as categorias morfológicas nas línguas que não as apresentava ou que as exprimiam de outra maneira etc. Daí, para cada língua, os estados da descrição estranhas, mesmo aberrantes, às vezes duráveis. Assim, vimos (questão 26) na descrição do francês, durante mais de um século, as declinações do nome representadas por *à* [preposição *a*] e *de* [preposição *de*], palavras analisadas não como preposições, mas como

264

marcadores de caso. Vimos (questão 27) a manutenção do optativo grego na gramática do latim, depois naquelas das línguas europeias. Isso, às vezes, com resíduos na terminologia linguística em si: assim essa "voz" verbal herdada de uma *vox* latina que não designava nada além que uma *forma*, enquanto a voz, ou a diátese, pode ser marcada justamente por outra coisa que uma forma específica. Essas incoerências não impediram a permanência dos instrumentos descritivos, e também do estoque lexical e metalinguístico, porque eles estão guardados na memória coletiva.

Durante quase esses 2.500 anos, aqueles que se interessaram pela linguagem herdaram muito e por muito tempo. Mas às vezes eles não sabem que herdaram. Quando, no século XVIII, Beauzée se pergunta sobre se é melhor nomear o fenômeno da distorção entre a forma *syllepse* ou *synthése* – palavra que ele prefere –, ele não tem dúvida de que esse último termo não tem nada a ver com o termo *synthesis* – reputado, segundo ele mesmo, a descrever melhor o fenômeno em questão, mas que é uma deformação medieval de *sunemptōsis*, que tem outro sentido. Há, então, uma *transmissão opaca* da qual negligenciamos a importância durante longo tempo, do próprio fato dessa opacidade.

Há também uma transmissão *consciente* e *assumida*. Em todos os tempos, os linguistas tentaram (re)construir os horizontes de retrospecção. Desde o século XVI, os gramáticos tiveram uma ideia relativamente precisa da gênese das partes do discurso. Seu ponto de vista não é, porém, propriamente histórico: trata-se mais de uma doxografia, de uma coleção de opiniões recolhidas dos predecessores. Esse último se tornará histórico somente quando o linguista tomar consciência da cumulatividade possível na disciplina, que ele pode chamar "progresso" e da irreversibilidade das entidades emergentes, segundo os regimes da historicidade que restam ainda a analisar (ver Puech, 2006).

Há, então, núcleos de estabilidade, como as noções ou os conceitos, as teorias, ou às vezes os fragmentos de teoria. Os conceitos são antigos, como as partes do discurso (se se preferir, as classes de palavras), as categorias linguísticas como o número, o gênero, a pessoa, o tempo, o modo etc. Sua permanência é marcante, mesmo se se pode contestá-las: assim o fazem Brunot (1922) e Feuillet (1983) – para pegar somente duas referências entre, sem dúvida, dezenas – para as partes do discurso.

Há também os procedimentos (questão 7). Pensamos na substituição, na interversão (o metaplasmo), na adição e, sobretudo, na supressão: a elipse é um dos procedimentos mais utilizados durante toda a tradição e, aparentemente, ela tem ainda diante de si dias de sucesso. A relação entre os elementos pôde ser objeto de inúmeras análises, mas o que se destaca é a constância da recorrência dessas análises. Sejam dois elementos, A e B, pode-se considerar que eles estão em relação de dependência (um elemento condiciona o outro: diz-se que ele "exigia", que ele "regia", falou-se de "regime", de "dependência", de "regência"etc.) ou que eles estão em relação de restrição recíproca equilibrada. Falou-se, então, de "acordo", mas essa noção moderna de acordo conheceu no passado muitas formas, seja a *katallēlotēs"*, dos gregos, a *consequentia*, de Prisciano, a *congruitas*, dos medievais, a *concordância* ou a *conveniência*, dos humanistas (questão 25). É, então, em certa medida, a mesma coisa e, ao mesmo tempo, não é a mesma coisa. Mas hoje passar-se-ia dificilmente sem a noção de acordo (ver Danon-Boileau, Morel e Tambay, 1996) mesmo se ela apresenta problemas: por exemplo, o acordo do sujeito e do verbo é assimilável ao acordo do substantivo e do adjetivo, àquela do relativo e do antecedente? Há sempre *igualdade* dos elementos na relação? Esses elementos são homogêneos? De fato, é muito difícil pensar o que pensamos antes da aparição e da estabilização de um conceito. É, contudo, o que deve tentar fazer o historiador da linguística (ver Pariente, 1985: 7-11).

Trata-se da permanência dos conceitos, da permanência dos termos e, talvez, mais ainda. Pensamos na *transitividade* fundada na origem sobre a *transitio personarum*, mas que possibilitou uma verdadeira paleta de concepções: puramente semântica, morfossintática, puramente sintagmática. Pensamos na *diátese*, na origem disposição (*diathesis*) da pessoa na ocasião do processo expresso pelo verbo, que faz um grande retorno nas teorias atuais, tanto que o termo *voz* (*verbal*) parece problemático. Ou, ainda, a manutenção do *épithète*, o adjetivo dos gregos, em uma função oposta ao atributo, dupla que também apresenta problemas, por exemplo, na tradução em outras línguas europeias (ver Almeida e Maillard, 2001).

Segundo uma hipótese fraca, pode-se dizer que a linguística moderna tem, sem dúvida, interesse de conhecer seu passado, peso do qual ela deve se liberar, mas do qual ela deve admitir também a riqueza. Segundo uma hipótese forte, pode-se dizer que, por ser moderna, esse conhecimento lhe é indispensável, o que seria somente para tomar consciência do quadro no qual sua própria reflexão se elabora. Nesse caso, é necessário conhecer a história dos instrumentos desaparecidos tanto quanto dos ainda existentes.

50
O historiador dos saberes linguísticos deve ser relativista?

A *história dos saberes sobre a língua*, da qual traçamos nesta obra algumas grandes linhas, tende a deixar manifestada uma das características fundamentais da construção dos saberes linguísticos na história. As teorias sobre a linguagem e as línguas, os conceitos que elas põem em prática, os fatos que elas tentam explicar ou ao menos representar, são de natureza essencialmente histórica. Eles não têm identidade atemporal, eles não constituem entidades naturais das quais o historiador contaria a *descoberta* e as mudanças que eles afetam. As próprias noções de *conceito* e de *teoria* mergulhadas no meio histórico em que elas circulam, como entidades do domínio de objetos dos quais o historiador se propõe a fazer a descrição, devem ser definidas com prudência. Elas são bastante difíceis de delimitar, assim como o período no âmbito do qual elas ocorrem e nos propomos a observá-las é extenso. Mesmo que tenhamos resolvido os problemas que colocam interpretação correta do funcionamento de um conceito em uma teoria afastada daquelas que nos são familiares (por exemplo, o conceito de *verbo substantivo*, que não pode deixar de surpreender um linguista contemporâneo; questão 25), esses problemas são desdobrados desde que se alarga o período em que são observados (ver, por exemplo, sobre a noção da emergência da noção de *aspecto*, Archaimbault, 1999).

O historiador dos saberes linguísticos é, então, necessariamente relativista. Sem o que precisamente ele não é historiador e ignora a *historicidade* dos fenômenos dos quais ele propõe a descrição. O menor dos riscos que ele corre não é aquele do anacronismo e do presentismo, que reduz o estudo histórico à pesquisa dos "precursores"? Um conceito, para o historiador das ideias linguísticas, não corresponde necessariamente a um conteúdo ideal idêntico qual que seja o período observado, mas se apresenta, em primeiro lugar, por um certo número de manifestações discursivas: um conjunto de definições (mais ou menos estabilizadas, submetidas a um trabalho de reescritura), uma rede terminológica mais ou menos estendida, um conjunto de exemplos e de regras.

O historiador das ideias linguísticas está, no fundo, diante de dois tipos de fenômenos: a permanência ou, ao contrário, a mudança, mais ou menos marcada, a emergência de teorias e de conceitos novos. A descrição e a interpretação (o historiador procura compreender, e fazer compreender, a tornar inteligível a intriga dos eventos dos quais ele faz a narração [Veyne, 1971]) desses dois tipos de fenômenos que põem os diferentes problemas.

Uma disciplina tal como a gramática é caracterizada, ao mesmo tempo, pela ancianidade de sua origem e por sua orientação didática, presente no longo termo dos fenômenos de estabilidade de reprodução marcantes. Essa força de inércia foi interpretada por certos historiadores como um fator de "obstáculos epistemológicos" (Bachelard, 1938: 14-9). É às vezes o caso. Mas ela corresponde também a outra característica epistemológica dos saberes linguísticos: sua cumulatividade na longa duração do tempo. Certas noções (como as *partes do discurso*, por exemplo) são inscritas no equipamento conceptual do gramático e do linguista há muitos séculos. Essa longevidade requer às vezes a "tradução" dos saberes veiculados pelas gramáticas, tradução necessitada pela adaptação a uma nova língua-objeto, uma nova metalíngua (questão 26), ou um novo sistema de representações. Ela não impede, evidentemente, o desenvolvimento de conhecimentos novos,

Conclusão

segundo as modalidades e os canais de causalidade diversos que o historiador deve tentar restituir. É o que modera seu relativismo.

Entre as causas às quais o historiador se interessa, o *valor* do conhecimento ocupa um lugar central (Auroux, 1989: 17). Pode-se definir o valor de um saber por seu grau de adequação ao objetivo almejado. Esse objetivo pode ser prático, como nós vimos: melhorar a eficácia da fala (retórica, dialética); tornar possível a leitura dos textos (filologia e gramática, cf. questão 6). Os conhecimentos metalinguísticos elaborados pelos gramáticos puderam responder também a projetos como o da construção de uma língua comum, o da aprendizagem de línguas etc. (cf. questões 31 e 32). Mas se esse objetivo é a representação, pode-se considerar que o valor de uma descrição é seu valor de verdade. Isso se aplica particularmente para as gramáticas que se podem nomear como especulativas, que visam à análise racional de uma ou muitas línguas para fins de seu conhecimento. O relativismo da descrição histórica deve ser moderado pela consideração da adequação aos fenômenos dos núcleos de teorização, dos conceitos, das teorias ou dos modelos que o historiador é levado a descrever. Pode-se assim visualizar a mudança teórica em seus efeitos e notar como nos esforçamos por fazer nos capítulos precedentes, os "ganhos" a as "perdas" (os esquecimentos), os jogos de resultado nulo, que provocam a passagem de um modelo a outro, ou a aparição de um conceito.

O ganho aportado pela mudança teórica pode ser avaliado com base em outras relações ainda: aquele do aperfeiçoamento das formas da explicitação dos princípios de racionalidade de representação em si, pela preocupação com a economia (como é o caso na teoria formalizada do tempo que se desenvolve nas gramáticas gerais a partir de 1660), tensão para a generalidade (questões 33 a 36), explicitação dos princípios de racionalidade (como, por exemplo, nas justificações do acordo do particípio passado imaginados por esses mesmos autores de gramáticas gerais) etc.

Para o historiador das ciências, a inscrição dos saberes linguísticos na história se faz então de uma forma original. Nas ciências da linguagem, diferentemente das ciências físicas, por exemplo, as

Uma história das ideias linguísticas

continuidades parecem mais essenciais que as rupturas. Um físico pode perfeitamente ignorar o caminho histórico que conduz ao presente. Para ele, o passado é válido e integrado ao presente. Não é certo que esse seja o caso para o linguista. Primeiro, porque os fatos que ele descreve são em parte o produto da atividade dos descritores do passado: *gramatização* e *gramaticalização* se articulam às vezes estreitamente e a descrição das línguas é também uma fábrica de línguas. As línguas não são os objetos do mundo, mas sim as representações construídas por aqueles que as descrevem. Depois, porque uma parte dos instrumentos existentes é herdada. Mas a transmissão não é transmissão do mesmo. A recepção dos conceitos e das teorias é um processo em si histórico sobre o qual é conveniente não ser ingênuo (questões 6 e 7).

Pontos sobre a cronologia

Está reunida aqui a maior parte das datas, dos nomes dos autores e das obras citadas, assim como alguns eventos linguísticos importantes.

Abreviações: *ca* = *circa*, "cerca de", para a data; a.C. = *ante Christum* (antes de Jesus Cristo); d.C. = *post Christum* (depois de Jesus Cristo).

HOMERO	século IX a.C.
HESÍODO	século VII a.C.
PITÁGORAS	século VI a.C.
PĀṆINI, Aṣṭādhyāyī	meio do século IV a.C.(?)
Tolkāppiyam, texto fundador da tradição gramatical tâmil	século III-V d.C. (?)
DEMÓCRITO	ca 460-ca 370
PLATÃO, *Crátilo, O sofista, Fedro*	ca 427-347
ARISTÓTELES, *Categorias, Da interpretação, Poética*	384-322
DIONÍSIO da Trácia, *Arte gramatical*	ca 170-ca 90
APOLÔNIO Díscolo, *Peri syntaxeôs* [*Acerca da construção*]	começo do século II d.C.
VARRÃO (116-27), *De Lingua Latina* [*Da língua latina*]	ca 45-44 a.C.
Rhétorique à Herennius [*Retórica a Herênio*]	ca 80 d.C.
QUINTILIANO (ca 35-ca 95 d.C.), *De institutione oratoria* [*Instituição oratória*]	ca 95 d.C.

DIÓGENES LAÉRCIO, *Vidas e doutrinas dos filósofos ilustres* ....século III d.C.

SACERDOTE, *Ars*
[Mário Plócio Sacerdote, *Arte*] ....final do I século,
início do II d.C.

DONATO, *Ars grammatica* [*Arte gramatical*]..........................ca 350-360

CARÍSIO, *Ars* [*Arte*]..ca 360-370

DOSITEU, *Gramática*..ca 360-390

DIOMEDES, *Ars* [*Arte*]...ca 370-380

THÉODÓSIO DE ALEXANDRIA,
*Canones isagogici de flexione nominum
et verborum* [*Regras introdutórias sobre a
flexão dos nomes e dos verbos*]..século IV ou V d.C.

PRISCIANO, *Institutiones Grammaticae*
[*Instituições gramaticais*]...ca 526-527

PRISCIANO, *Partitiones duodecim versuum
Aeneidos principalium* [*Partições dos doze versos
de abertura da Eneida*] Não se refere aos
12 primeiros versos da *Eneida*, mas ao
primeiro verso de cada um dos 12 cantos
do poema. Prisciano tece comentário
morfossintático, semântico e estilístico a cada
palavra de cada um desses versos].....................................depois de 527

CASSIODORO (ca 480-ca 575),
fundador do Vivarium...ca 540

ISIDORO DE SEVILHA..ca 560-636

Auraicept na n-Éces,
primeira gramática do irlandês...século VII

BÉDA LE VÉNÉRÁVELE..672/673-735

ALCUÍNO (ca 735-804), *Grammatica*....................................ca 798

SÍBAWAYHI (morto em 793?), *Kitāb (al-)*..............................final do século VIII

AELFRIC, *Excerptiones de arte grammatica anglice*
[*Excertos da Arte gramatical em inglês*]...............................século X

Conquista normanda da Inglaterra
por Guilherme, o Conquistador
(batalha de Hastings)...1066

PIERRE HÉLIE, *Summa super Priscianum*
[*Súmula sobre Prisciano*] ....ca 1140

GUILLAUME DE CONCHES ....2° quarto do século XII

Fyrsta Malfroediritgerdin
[*Primeiro tratado gramatical do islandês*] ....2° terço do século XII

ALEXANDRE DE VILLEDIEU (ca 1170-ca 1250),
Doctrinale [*Doutrinal*] ....ca 1200

EVRARDO DE BÉTHUNE, *Graecismus* [*Grecismo*] ....ca 1200

RAIMON VIDAL, *Razos de Trobar* [*Razões de Trovar*] ....ca 1200

UC FAIDIT, *Donatz proensals* [*Donato provençal*] 1240/1245

DANTE (1265-1321), *De vulgari eloquentia* 1309

MANUEL CRISOLORAS (1350-1415),
Erôtêmata tou Chrusolôra [*Questões de Crisorolas*] ....ca 1400

Donato francês, chamado "Barton" ....ca 1409

GUARINO DE VERONA (1374-1460),
Grammaticales regulae [*Regras gramaticais*] ....ca 1418

SULPIZIO DE VEROLI GIOVANNI (ca 1445-1513),
Grammatica [*Gramática*] ....ca 1470

NEBRIJA ANTONIO DE (1441/1444-1522),
Gramática de la lengua castellana
[*Gramática da língua castelhana*] 1492

HEGIUS ALEXANDER (1433-1498),
Invectiva in modos significandi
[*Invectivas contra os modos de significação*] 1503

DESPAUTÈRE JEAN (ca 1460/1480-1520),
Commentarii Grammatici
[*Comentários gramaticais*] 1506-1519

LINACRE THOMAS (1460-1524),
De emendata structura Latini sermonis
[*Da estrutura corrigida da língua latina*] 1524

PALSGRAVE JOHN (ca 1480-1554),
Les clarcissement de la langue françoyse
[*Esclarecimentos da língua francesa*] 1530

SYLVIUS [Dubois] JACOBUS AMBIANUS (1489-1555),
In linguam Gallicam Isagωge,
vnà cum eiusdem Grammatica Latino-gallica
[*Introdução à língua francesa,*
juntamente com a *Gramática latino-francesa*] 1531

Postel Guillaume (1510-1581),
De originibus [Das origens]..1538

Promulgação do decreto
de Villers-Cotterêts por Francisco I.........................1539

Scaliger Jules César (1484-1558),
De causis linguae Latinae
[Das causas da língua latina]...................................1540

Bibliander [Buchmann] Theodor (1506-1564),
De ratione communi omnium
linguarum et literarum
[Da regra comum a todas as línguas e letras].........1548

Du Bellay Joachim (1522-1560) *La Deffence,*
et Illustration de la Langue Francoyse
[A defesa e ilustração da língua francesa]................1549

Meigret Louis (ca 1500-ca 1558),
Le tręté de la grammęre françoeze
[O tratado da gramática francesa]............................1550

Pillot Jean (morto em 1592),
Gallicae linguae institutio
[Constituição da língua francesa].............................1550

Gessner Conrad (1516-1565), *Mithridates*....................1555

Malherbe François de..1555-1628

Estienne Robert I (1498-1559),
Traicté de la grãmaire Francoise
[Tratado da gramática francesa]...............................1557

Garnier Jean (ca 1510-1574),
Institutio Gallicae linguae
[Constituição da língua francesa].............................1558

Ramus Petrus (1515-1572),
Gramerę [françoise] [Gramática francesa]..............1562, 1572

Lery Jean de (ca 1534-ca 1613),
Histoire d'un voyage faict en la terre de Brésil
[História de uma viagem feita à terra do Brasil]......1578

Estienne Henri II (1531-1598), *Hypomneses*
[Recommandations] 1582

Fundação da Academia da Crusca, em Florença.........1583

Sanctius Franciscus (1523-1600), *Minerva*..................1587

MASSET JEAN, *Exact et Très-Facile*
Acheminement à la langue Françoise
[*Exato e muito fácil percurso para a língua francesa*] 1606

MAUPAS CHARLES (1570-1625),
Grammaire et syntaxe francoise
[*Gramática e sintaxe francesa*] 1607

DURET CLAUDE (ca 1570-1611),
Thresor de l'histoire des langues de cest univers
[*Tesouro de história das línguas desse universo*] 1613

BACON FRANCIS, BARON VERULAM (1561-1626),
De dignitate et augmentis scientiarum
[*Da dignidade e argumentos das ciências*] 1623

SCIOPPIUS CASPARD (1576-1649),
Grammatica Philosophica [*Gramática filosófica*]................1628

OUDIN ANTOINE (1595-1653), *Grammaire francoise*
rapportee av Langage du Temps [*Gramática francesa*
relacionada com a linguagem do tempo] 1632

SAGARD GABRIEL, *Grand Voyage du Pays des Hurons*,
avec un Dictionnaire de la langue huronne
[*Grande Viagem do Pays dos Hurons,*
com um Dicionário da língua dos hurons]...........................1632

Fundação da Academia Francesa por Richelieu.................1637

CAMPANELLA TOMMASO (1568-1639),
Grammaticalium libri tres
[*Gramaticais, em três livros*] 1638

OIHENART ARNAUD (1592-1667),
Primeira gramática do basco...1638

LANCELOT CLAUDE (ca 1616-1695),
Nouvelle Méthode latine [*Novo método latino*] 1644

VAUGELAS CLAUDE FAVRE DE (1585-1650),
Remarques sur la langue Françoise
[*Observações sobre a língua francesa*] 1647

CARAMUEL Y LOBKOWITZ JUAN (1606-1682),
Grammatica audax [*Gramática ousada*] 1654

IRSON CLAUDE, *Nouvelle Methode pour apprendre*
facilement les principes et la Purete de la
Langue Françoise [*Novo método para a prender*
facilmente os princípios
e a pureza da língua francesa]...1656

CHIFLET LAURENT (1598-1658), *Essay d'une parfaite*
grammaire de la langue francoise
[*Ensaio de uma perfeita gramática da língua francesa*]........1659

275

ARNAUD ANTOINE (1612-1694) e LANCELOT CLAUDE,
Grammaire générale et raisonnée
[*Gramática geral e racional*]..1660[1]

LE LABOUREUR LOUIS, *Les avantages de la langue*
françoise sur la langue latine [*As vantagens da*
língua francesa sobre a língua latina].............................1667, 1669

WILKINS JOHN (1614-1672), *Essay towards*
a Real Character, and a Philosophical Language
[*Ensaio sobre letras reais e língua filosófica*
(em tradução livre)]...1668

DU MARSAIS CÉSAR CHESNEAU, contribuinte
da *Enciclopédia*...1676-1756

LOCKE JOHN (1632-1704), *Essai sur l'entendement*
humain [*Ensaio sobre o entendimento humano*].................1690

Dictionnaire de l'Académie [française],
[*Dicionário* da Academia [francesa]] 1ª edição...................1694

RÉGNIER-DESMARAIS FRANÇOIS-SÉRAPHIN (1632-1713),
Traité de la grammaire Françoise
[*Tratado da gramática francesa*]..1705

BUFFIER CLAUDE (1661-1717), *Grammaire françoise*
sur un plan nouveau
[*Gramática francesa sobre um novo plano*]..........................1709

FRAIN DU TREMBLAY JEAN (1641-1724), *Traité des*
Langues, où l'on donne des Principes et des Règles
pour juger du mérite et de l'excellence de chaque
Langue, et en particulier de la Langue Françoise
[*Tratado das línguas, em que se dão os princípios*
e as regras para julgar o mérito e a excelência de
cada língua e em particular o mérito
e a excelência da língua francesa]...1703

CONDILLAC ÉTIENNE BONNOT, abbé de (1714-1780),
Essai sur l'origine des connaissances humaines
[*Ensaio sobre a origem dos conhecimentos humanos*]........1746

GIRARD GABRIEL (1677-1748), *Les vrais principes*
de la Langue Françoise
[*Os verdadeiros princípios da língua francesa*].....................1747

Encyclopédie de Diderot et d'Alembert
[*Enciclopédia* de Diderot e de D'Alembert] 1751-1772

DUCLOS CHARLES PINOT (1704-1772),
Remarques sur la GGR de Port-Royal
[*Observações sobre a GGR de Port-Royal*]...........................1754

276

ROUSSEAU JEAN-JACQUES (1712-1778),
Discours sur l'origine et les fondements
de l'inégalité parmi les hommes (Second discours)
[*Discurso sobre a origem e os fundamentos da*
desigualdade entre os homens (segundo discurso)].............................1755

DE BROSSES CHARLES (1709-1777), *Traité de la*
formation méchanique des langues
[*Tratado da formação mecânica das línguas*].............................1765

BEAUZÉE NICOLAS (1717-1789), *Grammaire générale*
[*Gramática geral*].............................1767

HUMBOLDT WILHELM VON.............................1767-1835

COURT DE GÉBELIN ANTOINE (1725-1784),
Monde Primitif analysé et comparé avec le Monde
Moderne, 9 vol. [*Mundo primitivo analisado e*
comparado com o mundo moderno].............................1773-1782

MONBODDO JAMES BURNET, Lord (1714-1799),
Of the Origin and Progress of Language
[*Da origem e progresso da linguagem*].............................1773-1792

LHOMOND CHARLES FRANÇOIS (1727-1794),
Élémens de la grammaire françoise, 1780 [*Elementos*
da gramática francesa]; *Élémens de la grammaire*
latine à l'usage des collèges [*Elementos da gramática*
latina para uso nos colégios].............................1781 [1779]

ROUSSEAU JEAN-JACQUES (1712-1778),
Essai sur l'origine des langues
[*Ensaio sobre a origem das línguas*] (póstumo).............................1781

JONES SIR WILLIAM (1746-1794),
Conferência sobre o sânscrito.............................2 de fevereiro de 1786

HERVÁS Y PANDURO LORENZO (1735-1809),
Catálogo de las lenguas de las naciones conocidas
[*Catálogo das línguas das nações conhecidas*].............................1787-1789

PALLAS PETER SIMON (1740-1811), *Linguarum totius*
orbis vocabularia comparativa [*Vocabulários*
comparativos das línguas do mundo inteiro].............................1787-1789

THIÉBAULT DIEUDONNÉ (1769-1846),
Grammaire philosophique [*Gramática filosófica*].............................1802

ADELUNG JOHANN CHRISTOPH (1732-1806)
e VATER JOHANN SEVERIN (1771-1826), *Mithridates*.............................1806-1817

SCHLEGEL KARL WILHELM FRIEDRICH VON (1772-1829),
Über die Sprache und Weisheit der Indier
[*Sobre a língua e a sabedoria indianas*].............................1808

277

Rask Rasmus Kristian (1787-1832), *Recherche*
sur l'origine du vieux-norrois ou islandais
[Pesquisa sobre a origem do antigo
nórdico ou islandês]...1818

Grimm Jacob (1785-1863), *Deutsche Grammatik*
[*Gramática alemã*]...1819-1822

Noël François-Joseph-Michel (1755-1841) &
Chapsal Charles-Pierre (1788-1858), *Nouvelle*
grammaire française [*Nova gramática francesa*]...................1823

Balbi Adriano (1782-1848), *Atlas ethnographique*
du globe [*Atlas etnográfico do globo*]...................................1826

Bopp Franz (1791-1867), *Vergleichende Grammatik*
[*Gramática comparada*]..1833-1852 (1856-1861)

Diez Friedrich Christian (1794-1876), *Grammatik*
der Romanischen Sprachen
[*Gramática das línguas românicas*]......................................1836-1843

Verner Karl...1846-1896

Pictet Adolphe (1799-1875), *Les origines*
indo-européennes, ou les Aryas primitifs.
Essai de paléontologie linguistique
[*As origens indo-europeias, ou os Arianos primitivos.*
Ensaio de paleontologia linguística]......................................1859-1863

Schleicher August (1821-1868), *Compendium*
de grammaire comparée des langues
indogermaniques [*Compêndio de gramática*
comparada das línguas indo-germânicas].............................1861-1862

Bally Charles..1865-1947

Schuchardt Hugo (1842-1927), *Der Vokalismus*
des Vulgärlateins [*O vocalismo do latim vulgar*].................1866-1868

Meillet Antoine, o pai da gramática
comparada na França...1866-1936

Cassirer Ernst...1874-1945

Saussure Ferdinand de (1857-1913), *Mémoire*
sur le système primitif des voyelles dans les langues
indo-européennes [*Dissertação sobre o sistema*
primitivo das vogais nas línguas indo-europeias]..................1879

Guillaume Gustave..1883-1960

Brugmann Karl (1849-1919) & Delbrück
Berthold (1842-1922), *Fondements de la grammaire*
comparée des langues indogermaniques [*Fundamentos*
da gramática comparada das línguas indo-germâncias].........1886-1900

HENRY VICTOR (1850-1907),
Antinomies linguistiques [Antinomias linguísticas] 1896

TESNIÈRE LUCIEN 1893-1954

JAKOBSON ROMAN 1896-1982

HEJLMSLEV LOUIS 1899-1965

GOUGENHEIM GEORGES...1900-1972

HENRY VICTOR (1850-1907), *Le langage martien*
[A linguagem marciana] 1901

TARDE GABRIEL DE (1843-1904), *L'opinion et la foule*
[A opinião e a multidão]...1901

BRUNOT FERDINAND (1860-1938), *Histoire de
la langue française [História da língua francesa]* 1905-1937

AGATHON [pseudonyme, Massis Henry &
Tarde, Alfred de], *L'Esprit de la Nouvelle
Sorbonne. La crise de la culture classique. La crise
du français [O espírito da Nova Sorbonne.
A crise da cultura clássica. A crise do francês]*.................................1910

Arrêté ministériel (français) fixant les termes
officiels de la nomenclature grammaticale
[Decreto ministerial (francês) que fixa
os termos oficiais da nomenclatura gramatical]..........................1910

SAUSSURE FERDINAND DE (1857-1913), *Cours de
linguistique générale [Curso de linguística geral]* 1916

JESPERSEN OTTO (1860-1943), *Language, its Nature,
Development and Origin [Linguagem,
sua natureza, desenvolvimento e origem]* 1922

Primeiro Congresso Internacional
de Linguistas em Haia...1928

CULIOLI ANTOINE...nascido em 1924

BLOOMFIELD LEONARD (1887-1949),
Language [Linguagem] 1933

CHOMSKY NOAM (nascido em 1928-),
Syntactic structures [Estruturas sintáticas]....................................1957

CHOMSKY NOAM (nascido em 1928-),
Cartesian linguistics [Linguística cartesiana] 1966

FOUCAULT MICHEL (1926-1984),
Les mots et les choses [As palavras e as coisas] 1966

279

Obras utilizadas
e instrumentos bibliográficos

Esta bibliografia reúne, ao mesmo tempo, os textos utilizados para a redação desta obra e certo número de instrumentos linguísticos de referência nesta área (livros, artigos, revistas, editores e coleções, sites etc.). [Assinalamos com um * as obras aconselhadas para uma primeira abordagem.]

Fontes primárias

AGATHON [pseudônimo, Massis, Henry; TARDE, Alfred de]. *L'Esprit de la Nouvelle Sorbonne*: la crise de la culture classique, la crise du français. Paris: Mercure de France, 1911.

APOLÔNIO DÍSCOLO. *De la construction*. Trad. Jean Lallot. 2 vol. Paris: Vrin, 1997.

ARISTÓTELES. *Catégories*. Trad. Frédérique Ildefonse e Jean Lallot. Paris: Seuil, 2002.

____. *Catégories, De l'interprétation*. Trad. J. Tricot. Paris: Vrin, 2004.

____. *La Poétique*. Trad. Roselyne Dupont-Roc e Jean Lallot. Paris: Seuil, 1980.

ARNAULD, Antoine; LANCELOT, Claude. *Grammaire générale et raisonnée*. Paris: P. Le Petit, 1676 [1. ed. 1660].

____; NICOLE, Pierre. *La Logique ou l'art de penser*. Ed. crítica por Pierre Clair e François Girbal. Paris: Vrin, 1993 [1. ed. 1662].

BALLY, Charles. *Traité de stylistique française*. 2 vol. Heidelberg, C. Winter/Paris: Klincksieck, 1909.

____. *La crise du français*: notre langue maternelle à l'école. Neuchâtel; Paris: Delachaux et Niestlé, 1930. Reedição por Jean-Paul Bronckart, Jean-Louis Chiss e Christian Puech. Genève: Droz, 2004.

BEAUZÉE, Nicolas. *Grammaire générale*. 2 vol. Paris: J. Barbou, 1767.

BENJAMIN, Walter. "Problème de sociologie du langage". *Zeitschrift für Sozialforschung*. 4, 1935, pp. 248-68.

____. *L'homme, le langage et la culture*. Paris: Gonthier-Médiations, 1974.

BENVENISTE, Émile. *Les origines de la formation des noms en indo-européen.* Paris: Adrien Maisonneuve, 1962 [1. ed. 1935].

____. *Problèmes de linguistique générale* [PLG]. 2 vol. Paris: Gallimard, 1966-1974.

BOURDIEU, Pierre. *Ce que parler veut dire*: L'économie des échanges linguistiques. Paris: Fayard, 1982.

BROSSES, Charles de. *Traité de la formation méchanique des langues.* Paris: Saillant, 1765.

BRUNOT, Ferdinand. *L'enseignement de la langue française, ce qu'il est, ce qu'il devrait être.* Cours de méthodologie professé à la Faculté des lettres de Paris (1908-1909) et recueilli par N. Bony. Paris: Armand Colin, 1909.

____. *Histoire de la langue française des origines à 1900.* 10 vol. Paris: Armand Colin, 1905-1937.

CHOMSKY, Noam. *Aspects de la théorie syntaxique.* Trad. Jean-Claude Milner. Paris: Seuil, 1971 [1. ed. 1965].

CONDILLAC, Étienne Bonnot, abbé de. *Essai sur l'origine des connaissances humaines.* Amsterdam: Pierre Mortier, 1746.

CULIOLI, Antoine. *Pour une linguistique de l'énonciation.* Opérations et représentations. v. 1. Paris: Ophrys (coll. HDL), 1990.

____; DESCLÈS Jean-Pierre. *Systèmes de représentations linguistiques et métalinguistiques.* Collection ERA 642, Département de Recherches Linguistiques, Université Paris VII, 1981.

D'ASSIER ADOLPHE. *Essai de grammaire générale d'après la comparaison des principales langues indo-européennes.* Paris: B. Duprat, 1861.

DIÓGENES LAÉRCIO. *Vies et doctrines des philosophes illustres.* Trad. M.-O. Goulet-Cazé. Paris: Le Livre de Poche; La Pochothèque, 1999.

DIONÍSIO, O TRÁCIO. *La Grammaire de Denys le Thrace.* Trad. Jean Lallot. Paris: Éd. du CNRS, 1998 [1. ed. 1989].

DONAT [Donatus Aelius]. *Ars maior.* Éd dans Louis Holtz. 1981, pp. 585-674.

DOSITHÉE [Dositeu]. *Grammatica.* Ed. Guillaume Bonnet. Paris: Les Belles Lettres (CUF), 2005.

DU MARSAIS, César Chesneau. *Les véritables principes de la grammaire et autres textes (1729-1756).* Françoise Douay-Soublin (ed.) Paris: Fayard, 1987.

DUCLOS, Charles Pinot. *Remarques sur la Grammaire générale et raisonnée.* Paris: Prault, 1754.

GARNIER, Jean. *Institutio Gallicae linguae in usus iuuentutis Germanicae.* Trad. Alain Cullière. Paris: Champion, 2006 [1. ed. 1558].

GESSNER, Conrad. *Mithridates.* Trad. B. Colombat e M. Peters. Genève: Droz (THR 452), 2009 [1. ed. 1555].

HENRY, Victor. *Antinomies linguistiques*, Le langage martien. Avant-propos de Jean-Louis Chiss et Christian Puech. Leuven: Peeters (BIG 44), 2001.

HILGARD, A.; LENTZ, A.; SCHNEIDER, R.; UHLIG, G. (eds.) *Grammatici Graeci.* Leipzig: Teubner, 1867-1901. Reprod. Hildesheim: G. Olms, 1965.

HJELMSLEV, Louis. *Le langage.* Une introduction. Copenhague: Berlingske Forlag, 1963. Trad. francesa, Paris: Éd. de Minuit, 1966.

____. *Prolégomènes à une théorie du langage.* Paris: Éd. de Minuit, 1968 [1. ed. 1943].

JAKOBSON, Roman. Langage enfantin et aphasie. In: *Essais de linguistique générale 1.* Paris: Éd. de Minuit, 1978.

KEIL, H. (ed.) *Grammatici Latini* [GL]. Leipzig: Teubner, 1855-1880. Reprod. Hildesheim: G. Olms, 1961.

LANCELOT, Claude. *Nouvelle méthode… pour apprendre la langue latine.* Paris: Le Petit, 1644.

LINACRE, Thomas. *De emendata structura Latini sermonis libri sex.* Londres: Richard Pynson, 1524.

LHOMOND, Charles-François. *Elémens de la grammaire latine à l'usage des collèges*. 3. ed. Paris: Colas, 1781 [1. ed. 1779].

MEIGRET, Louis. *Le tretté de la grammęre françoęze*. Fet par Louís Meigret Líonoes. Tübingen: Gunter Narr, 1980 [1. ed. 1550].

MEILLET, Antoine. *Linguistique historique et linguistique générale*. 2 vol. Paris: Champion, 1921-1952.

MONTÉMONT, Albert. *Grammaire générale ou philosophie des langues présentant l'analyse de l'art de parler considéré dans l'esprit et dans le discours, au moyen des usages comparés des langues hébraïques, grecque, latine, allemande, anglaise, italienne, espagnole, française et autres*. Paris: Moquet, 1845.

PALSGRAVE, John. *Lesclarcissement de la langue françoyse*. Paris: Champion, 2003 [1. ed. 1530].

PICTET, Adolphe. *Les origines indo-européennes, ou les Aryas primitifs*. Essai de paléontologie linguistique. 2 vol. Paris: J. Cherbuliez, 1859-1863.

PILLOT, Jean. *Gallicae linguae institutio*. Paris: Champion, 2003 [1. ed. 1550].

PLATÃO. *Le Sophiste*. Trad. Nestor L. Cordero. Paris: GF Flammarion, 1993.

____. *Cratyle*. Trad. Catherine Dalimier. Paris: GF Flammarion, 1998.

PRISCIANO. *Institutionum grammaticarum libri* XVIII. In: KEIL, H. (dir.) *Grammatici Latini*. vol. 2-3. Hildesheim: Olms, 1961 [1. ed. 1855-1859].

____. *Partitiones duodecim versuum Aeneidos principalium*. In: KEIL, H. (dir.) *Grammatici Latini*. vol. 2-3. Hildesheim: Olms, 1961 [1. ed. 1855-1859].

____. *Livre* XV, *De aduerbio*. Trad. "Ars grammatica". HEL, 27/2, 2005, pp. 7-91.

RAMUS, Petrus [Pierre de la Ramée]. *Grammaticae libri quatuor*. 3. ed. Paris: André Wechel, 1560.

____. *Gramerę*. Paris: André Wechel, 1562.

____. *Grammaire*. Paris: Champion, 2001 [1 ed. 1572].

RUHLEN, Merritt. *L'origine des langues*. Paris: Belin (coll. Débats), 1997 [trad. *The Origin of Language, Tracing the Evolution of the Mother Tongue*, 1994].

SANCTIUS, [Sanchez de las Brozas] Franciscus. *Minerva, seu de causis linguae Latinae*. Salamanque, J. e A. Renaut, 1587. Trad. parcial francesa por Geneviève Clerico, Lille: PUL, 1982.

SAUSSURE, Ferdinand de. *Mémoire sur le système primitif des voyelles dans les langues indo-européennes*. Hildesheim: G. Olms, 1968 [1. ed. 1879].

____. *Cours de linguistique générale*. Paris: Payot, 1972 [1. ed. 1913].

____. *Écrits de linguistique générale*. Ed. por Simon Bouquet e Rudolf Engler. Paris: Gallimard, 2002.

SCIOPPIUS, [Schopp(e)] Caspar. *Grammatica Philosophica*. Editio nova beneficio V. A. Petri Scavenii. Amsterdam: Judocus Pluymer, 1664 [1. ed. 1628].

SCALIGER, Jules-César [Júlio César Escalígero]. *De causis linguae Latinae libri tredecim*. Lyon: S. Gryphius, 1540.

SWIGGERS, Pierre (ed.) *Donait françois*. In: "Le Donait françois: la plus ancienne grammaire du français". *Revue des langues romanes*. 89, 1985, pp. 235-51.

TARDE, Gabriel de. *L'Opinion et la foule*. Paris: F. Alcan, 1901.

THIÉBAULT, Dieudonné. *Grammaire philosophique*. Paris: Courcier, 1802.

THUROT, Charles. "Discours préliminaire". In: *Hermès, ou Recherche philosophiques sur la grammaire universelle*, pp. I-CXX. Paris: Imprimerie de la République, 1796.

VATER, Johann Severin; BERTUCH, Friedrich Justin (eds.) *Allgemeines Archiv für Ethnographie und Linguistik*. Weimar: Verlag des Landes-Industrie-Comptoirs, 1808.

Fontes secundárias

AARSLEFF, Hans. "The History of Linguistics and Professor Chomsky". *Language*, 46/3, 1970, pp. 570-85.

ACHARD, Pierre; GRUENAIS, Max-Peter; JAULIN, Dolores (dir.) *Histoire et linguistique*. Paris: Éd. de la Maison des Sciences de l'Homme, 1984.

AHLQVIST, Anders. *The Early Irish Linguist: an Edition of the Canonical Part of the Aureicept na n-Éces*. Helsingfors: Societas Scientiarum Fennica (*Commentationes Literarum Humanarum* 73), 1983.

____. (dir.) "Les premières grammaires des vernaculaires européens". HEL, 9/1, 1987.

ALMEIDA, Maria-Elisete; MAILLARD, Michel. Divergences français/portugais dans le méta-langage grammatical et recherche de nouvelles convergences européennes. In: COLOMBAT, Bernard; SAVELLI, Marie (eds.) Métalangage et terminologie linguistique. Leuven: Peeters (Orbis Supplementa 17), v. 2, 2001, pp. 915-30.

ANIS, Jacques; CHISS, Jean-Louis; PUECH, Christian. *L'écriture*: théories et descriptions. Bruxelles: De Boeck-Wesmael, 1988.

ARCHAIMBAULT, Sylvie; PUECH, Christian (eds.) *Constitution, transmission, circulation, des savoirs linguistiques*. École européenne d'été d'histoire des idées linguistiques. Lyon: ENS Lettres & Sciences Humaines, 30 ago./03 set. 2004.

____; AUROUX, Sylvain; PUECH, Christian (eds.) *Histoire des représentations de l'origine du langage et des langues*. Biennale d'histoire des théories linguistiques. Île de Porquerolles, 28 ago./01 set. 2006.

AUROUX, Sylvain. *La sémiotique des Encyclopédistes*. Paris: Payot, 1979.

*____. "L'histoire de la linguistique". AUROUX, S.; CHEVALIER, J.-C. (dir.) *Histoire de la linguistique française, Langue française*. 48, 1980, pp. 7-15.

____. "Constitution du fait en Histoire et en Linguistique". In: ACHARD, Pierre et al. (dir.) *Histoire et linguistique*. Paris: Éd. de la Maison des Sciences de l'Homme, 1984, pp. 201-9.

____. "Deux hypothèses sur l'origine de la conception saussurienne de la valeur linguistique". *Travaux de linguistique et de Littérature* (Université de Strasbourg). 13/1, 1985, pp. 188-91.

____. "La notion de linguistique générale". HEL. 10/2 [Antoine Meillet et la linguistique de son temps], 1988, pp. 37-56.

____. (ed.) *Histoire des idées linguistiques*. 3 vol. Bruxelles: Pierre Mardaga, 1989, 1992, 2000.

____. Introduction. In: *Histoire des idées linguistiques*. v. 1. Bruxelles: Pierre Mardaga, 1989, pp. 13-37.

____. "Lois, normes et règles". DOMINICY, Marc (dir.) *Épistémologie de la linguistique*, HEL, 13/1, 1991, pp. 77-107.

____. *La révolution technologique de la grammatisation*. Liège: Mardaga, 1994a.

____. "L'hypothèse de l'histoire et la sous-détermination grammaticale". *Langages*, 114, 1994b, pp. 25-40.

____; DESCHAMPS, Jacques; KOULOUGHLI, Djamel. *La philosophie du langage*. Paris: Presses Universitaires de France, 1996.

____. *La raison, le langage et les normes*. Paris: Presses Universitaires de France, 1998.

____. Les langues universelles. In: AUROUX, S (ed.) *Histoire des idées linguistiques*. v. 3, 2000, pp. 377-96.

____; KOERNER, E. F. Konrad; NIEDEREHE, Hans-Josef; VERSTEEGH, Kees (dir.) *History of the Language Sciences* – an International Handbook on the Evolution of the Study of Language from the Beginnings to the Present. 3 vol. Berlin; New York: Walter de Gruyter, 2000-2006.

____. *La question de l'origine des langues*. Suivi de L'historicité des sciences. Paris: Presses Universitaires de France (Quadrige), 2007.

____. (dir.) Le naturalisme linguistique et ses désordres. HEL, 29/2, 2007.

_____; Chevalier, Jean-Claude (dir.) *Histoire de la linguistique française, Langue française*. 48, 1980.

_____; Hordé, Tristan. Les grandes compilations et les modèles de mobilité. In: Auroux, S. (dir.) *Histoire des idées linguistiques*. v. 2, 1992, pp. 538-79.

_____; Mazière, Francine. "Hyperlangues, modèles de grammatisation, réduction et autonomisation des langues". *HEL*. 28/2, 2006, pp. 7-17.

_____. Une "Grammaire générale et raisonnée en 1651 (1635?): Description et interprétation d'une découverte empirique. In: Kibbee, Douglas A. (dir.) *History of Linguistics*. Amsterdam: John Benjamins (SiHoLS), 2007, pp. 131-55.

_____; Chevalier, Jean-Claude; Jacques-Chaquin, Nicole; Marcello-Nizia, Christiane (dir.) *La linguistique fantastique*. Paris: Clims/Denoël, 1985.

_____; Mazière, Francine (eds.) *Hyperlangues et fabriques de langues*. HEL, 28/2, 2006.

_____; Weil, Yvonne. *Vocabulaire des études philosophiques*. Paris: Hachette, 1993.

Authier-Revuz, Jacqueline. *Ces mots qui ne vont pas de soi*. Boucles réflexives et non-coïncidences du dire. Paris: Larousse (coll. Sciences du Langage), 1995.

Bachelard, Gaston. *La formation de l'esprit scientifique*. Paris: Vrin, 1938.

Baratin, Marc. "Sur l'absence de l'expression des notions de sujet et de prédicat dans la terminologie grammaticale ancienne". In: *Varron, grammaire antique et stylistique antique*. Paris: Les Belles Lettres, 1978, pp. 205-9.

_____; Desbordes, Françoise. *L'analyse linguistique dans l'antiquité classique*. I, Les théories. Paris: Klincksieck, 1981.

_____. *La naissance de la syntaxe à Rome*. Paris: Éd. de Minuit, 1989a.

_____. La constitution de la grammaire et de la dialectique. In: Auroux, S. (dir.) *Histoire des idées linguistiques*. v. 1, 1989b, pp. 186-206.

_____. La maturation des analyses grammaticales et dialectiques. In: Auroux, S. (dir.) *Histoire des idées linguistiques*. v. 1, 1989c, pp. 207-27.

_____. Les difficultés de l'analyse syntaxique. In: Auroux, S. (dir.) *Histoire des idées linguistiques*. v. 1, 1989d, pp. 228-42.

_____. Aperçu de la linguistique stoïcienne. In: Schmitter, Peter (dir.) *Geschichte der Sprachtheorie*. v. 2, 1991, pp. 193-216.

_____; Colombat, Bernard; Lallot, Jean; Rosier-Catach, Irène. "Concordantia, congruitas, consequentia, katallèlotès". *HEL*, 21/2, 1999, pp. 149-56.

_____; Petrilli, Raphaela. Nature/convention, le signe et son arbitraire dans l'Antiquité. In: Archaimbault, S.; Auroux, S.; Puech, C. (eds.) *Histoire des représentations de l'origine du langage et des langues*, Biennale d'histoire des théories linguistiques. Île de Porquerolles, 28 ago./01 set. 2006.

_____; Colombat, Bernard; Holtz, Louis (eds.) *Priscien, Transmission et refondation de la grammaire*. De l'Antiquité aux Modernes. Turnhout: Brepols (Studia Artistarum 21), 2009.

Barthes, Roland. *L'aventure sémiologique*. Paris: Seuil, 1985.

Basset, Louis et al. (eds.) *Bilinguisme et terminologie grammaticale gréco-latine*. Louvain: Peeters (*Orbis*/Supplementa 27), 2007.

Beekes, Robert S. P. *Comparative Indo-European Linguistics*. an Introduction. Amsterdam; Philadelphia: Benjamins, 1995.

Bergounioux, Gabriel. *Aux origines de la linguistique française*. Paris: Pocket, 1994.

Berrendonner, Alain. *L'éternel grammairien*. Étude du discours normatif. Berne: Peter Lang, 1982.

Bohas, Georges; Guillaume. Jean-Patrick; Kouloughli, Djamel E. *The Arabic Linguistic Tradition*. London; New York: Routledge, 1990.

BORST, Arno. *Der Turmbau von Babel*. Geschichte der Meinungen über Ursprung und Vielfalt der Sprachen und Völker. 6 vol. Stuttgart: A. Hiersemann, 1957-1963.

BOUQUET, Simon. *Introduction à la lecture de Saussure*. Paris: Payot, 1997.

BOURQUIN, Jacques (ed.) *Les prolongements de la grammaire générale en France au XIXe siècle*. Besançon: Presses Universitaires de Franche-Comté, 2005.

BRAUNSTEIN, Jean-François (dir.) *L'histoire des sciences*: méthodes, styles et controverses. Paris: Vrin, 2008.

BREKLE, Herbert E. La linguistique populaire. In: AUROUX, S. (dir.) *Histoire des idées linguistiques*. v. 1, Bruxelles: Pierre Mardaga, 1989, pp. 39-44.

BROWN, Keith et al. (dir.) *Encyclopedia of Language & Linguistics*. 2. ed. Oxford: Elsevier, 2006.

CALAME-GRIAULE, Geneviève. La parole et le discours. In: POIRIER, Jean (ed.) *Histoire des mœurs*, II, vol. 1. Paris: Gallimard (Folio Histoire), 1991, pp. 7-74.

____. *Ethnologie et langage*: la parole chez les Dogon. Paris: Gallimard, 1999.

CASSIRER, Ernst. *Langage et mythe*: à propos des noms des dieux. Paris: Éd. de Minuit, 1973. Trad. *Sprache und mythos*, 1925.

____. *La philosophie des formes symboliques*. 3 vol. Paris: Éd. de Minuit, 1985-1988. Trad. de *Philosophie der symbolischen Formem*, 1923-1929.

____. "Structuralism in modern linguistics". *Word*. 1/2, 1945, pp. 99-120.

CERQUIGLINIM, Bernard. *Une langue orpheline*. Paris: Éd. de Minuit, 2007.

CHANTRAINE, Pierre. *Morphologie historique du grec*. Paris: Klincksieck, 1961 [1. ed. 1945].

CHERVEL, André. *Et il fallut apprendre à écrire à tous les petits Français*. Paris: Payot, 1977.

____. "Le débat sur l'arbitraire du signe au XIXe siècle". *Romantisme*. 25-26, 1979, pp. 3-34.

CHEVALIER, Jean-Claude. *Histoire de la syntaxe*. Naissance de la notion de complément dans la grammaire française (1530-1750). Paris: Champion, 2006a [1. ed. 1968].

____; ENCREVÉ, Pierre. *Combats pour la linguistique, de Martinet à Kristeva*. Essai de dramaturgie épistémologique. Lyon: ENS Éditions (collection Langages), 2006b.

CHEVILLARD, Jean-Luc. "Sur l'adjectif dans la tradition grammaticale tamoule". *HEL*. 14/1, 1992, pp. 37-58.

____. "Tolkāppiyaṉār". Notice 4351, CRGTL. Tome 2, 2000, pp. 287-9.

CHISS, Jean-Louis; PUECH, Christian. *Fondations de la linguistique*. Études d'histoire et d'épistémologie. Louvain-la-Neuve: Duculot, 1997 [1. ed. 1987].

____; PUECH Christian (dir.) "La linguistique comme discipline en France". *Langue française*. 117, Paris: Larousse, 1998.

____; PUECH, Christian. *Le langage et ses disciplines*. Bruxelles: Duculot, 1999.

CHOMSKY, Noam. *Cartesian Linguistics*. A Chapter in the History of Rationalist Thought. New York: Harper and Row, 1966. Trad. francesa Delanoë e Sperber, Paris: Seuil, 1969. Reedição e introdução por Mc Gilvray, Cambridge: Cambridge UP, 2009.

CHRISTY, T. Craig. *Uniformitarianism in Linguistics*. Amsterdam: Benjamins (SiHoLS 31), 1983.

CLACKSON, James. *Indo-European Linguistics*: an Introduction. Cambridge: Cambridge UP, 2007.

COLLINOT, André; MAZIÈRE, Francine. *Un prêt-à-parler: le dictionnaire*. Paris: Presses Universitaires de France (col. Linguistique Nouvelle), 1997.

COLOMBAT, Bernard. *Les figures de construction dans la syntaxe latine (1500-1780)*. Leuven; Paris: BIG et Peeters, 1993.

_____. *La grammaire latine en France, à la Renaissance et à l'Âge classique*. Théories et pédagogie. Grenoble: ELLUG, 1999a.

_____. "Les tribulations de la terminologie grammaticale latine: spécialisation, adaptation, déformation, (re)motivation". *Mémoires de la Société Linguistique de Paris, La terminologie linguistique*. Nouvelle série, tome VI, 1999b, pp. 67-97.

_____. "La problématique de la 'transitivité' dans la tradition grammaticale latine. Quelques jalons de Priscien aux premiers humanistes". *HEL*, 25/1, 2003, pp. 153-74.

_____. Les "accidents" du verbe, les *genera verborum* et le subjonctif dans les premières grammaires françaises. In: COLBUS, Jean-Claude; HÉBERT, Brigitte (dir.) *Les Outils de la Connaissance*. Enseignement et Formation intellectuelle en Europe entre 1453 et 1715: Saint-Étienne: Publications de l'Université de Saint-Étienne, 2006, pp. 95-116.

_____. Some Problems in Transferring the Latin Model to First French Grammars: Verbal Voice, Impersonal Verbs and the *-rais* Form. In: GUIMARÃES, Eduardo; BARROS, Diana Luz Pessoa de. (eds.) *History of Linguistics*. Amsterdam; Philadelphia: Benjamins (SiHoLS 110), 2007, pp. 3-16.

_____. (dir.) L'adjectif: perspectives historique et typologique. *HEL*, 14/1, 1992.

_____. (dir.) Corpus représentatif des grammaires et des traditions linguistiques [CRGTL]. 2 vol., *HEL*, Hors série 2-3, 1998-2000.

_____. (dir.) Les langues du monde à la Renaissance. *HEL*, 30/2, 2008.

COLOMBO TIMELLI, Maria. *Traductions françaises de l'*Ars minor *de Donat au Moyen Âge (XIIIᵉ-XVᵉ siècles)*. Firenze: La Nuova Italia, 1996.

COSERIU, Eugenio. "L'arbitraire du signe. Zur Spätgeschichte eines aristotelischen Begriffes". *Archiv für das Studium der neueren Sprachen und Literaturen*. 204, 1967, pp. 81-112.

COUTURAT, Louis; LÉAU, Léopold. *Histoire de la langue universelle*. Paris: Hachette, 1903.

CRAM, David F. Language Universals and 17th-Century Universal Schemes. In: DUTZ, Klaus D.; KACZMAREK, Ludger (dir.) *Rekonstruktion und Interpretation*. Tübingen: Gunter Narr, 1985, pp. 243-57.

DAHAN, Gilbert; ROSIER-CATACH, Irène; VALENTE, Luisa. L'arabe, le grec, l'hébreu et les vernaculaires. In: SCHMITTER, Peter (ed.) *Geschichte der Sprachtheorie*. v. 3. Tübingen: Gunter Narr, 1995, pp. 265-321.

DANON-BOILEAU, Laurent; MOREL, Marie-Annick; TAMBA, Irène. "Présentation générale". *L'accord, Faits de langues*. 8, 1996, pp. 5-10.

DELESALLE, Simone. "Les grammaires du français à l'Âge classique: 'adjectif' et l'adjectif". *HEL*, 14/2, 1992, pp. 141-58.

_____. (dir.) Histoire des conceptions de l'énonciation. *HEL*, 8/2, 1986.

DEMAIZIÈRE, Colette. Une contrainte de l'héritage latin: le difficile classement de l'article chez les grammairiens français du XVIᵉ siècle. In: ROSIER-CATACH, Irène (dir.) *L'héritage des grammairiens latins de l'Antiquité aux Lumières*. Paris; Louvain: BIG; Peeters, 1988, pp. 325-39.

_____. Les notions d'appost et de suppost chez les grammairiens du XVIᵉ siècle. In: *Lorraine vivante, hommage à Jean Lanher*. Nancy: Presses Universitaires de Nancy, 1993, pp. 333-8.

_____. *La grammaire française au XVIᵉ siècle*: les grammairiens picards. Paris: Champion, 2008.

DEMONET, Marie-Luce. *Les voix du signe*. Nature et origine du langage à la Renaissance (1480-1580). Paris: Champion, 1992.

DESBORDES, Françoise. La fonction du grec chez les grammairiens latins. In: ROSIER-CATACH, Irène (dir.) *L'héritage des grammairiens latins de l'Antiquité aux Lumières*. Paris; Louvain: BIG; Peeters, 1988, pp. 15-26.

____. Les idées sur le langage avant la constitution des disciplines. In: AUROUX, S. (dir.) *Histoire des idées linguistiques*. v. 1, Bruxelles: Pierre Mardaga, 1989, pp. 149-61.

____. *Idées romaines sur l'écriture*. Lille: Presses Universitaires de Lille, 1990.

____. "Sur les débuts de la grammaire à Rome". *Lalies*. 15, 1995, pp. 125-37.

____. *La rhétorique antique*. Paris: Hachette Supérieur, 1996.

____. "Varron". CRGTL. Tome 1, 1998, pp. 35-6.

____. *L'ars grammatica* dans la période post-classique: le *Corpus grammaticorum latinorum*. In: AUROUX, S. et al. *History of the Language Sciences* – an International Handbook on the Evolution of the Study of Language from the Beginnings to the Present. v. 1. Berlin; New York: Walter de Gruyter, 2000, pp. 466-74.

____. *Idées grecques et romaines sur le langage*. Lyon: ENS Editions (coll. Langages), 2007.

DESMET, Piet. *La linguistique naturaliste en France (1867-1922)*: nature, origine et évolution du langage. Leuven: Peeters (Orbis/Supplementa 6), 1996.

DOMINICY, Marc. *La naissance de la grammaire moderne*. Langage, logique et philosophie à Port-Royal. Bruxelles; Liège: Mardaga, 1984.

DOSSE, François. *Histoire du structuralisme*. 2 vol. Paris: La Découverte, 1991-1992.

DROIXHE, Daniel. *La linguistique et l'appel à l'histoire (1600-1800)*. Rationalisme et révolutions positivistes. Genève: Droz, 1978.

____. "Avant-propos". HEL, 6/2 [Genèse du comparatisme indo-européen], 1984, pp. 5-16.

FEBVRE, Lucien; MARTIN, Henri-Jean. *L'apparition du livre*. Paris: Albin Michel, 1958.

FEHR, Johannes. *Saussure, entre linguistique et sémiologie*. Paris: Presses Universitaires de France, 2000.

FÖRSTEL, Christian. L'étude du grec à l'époque de l'humanisme. In: AUROUX, S. et al. *History of the Language Sciences* – an International Handbook on the Evolution of the Study of Language from the Beginnings to the Present. v. 1. Berlin; New York: Walter de Gruyter, 2000, pp. 666-73.

FEUILLET, Jack. "Se débarrassera-t-on un jour des parties du discours?". *Bulletin de la Société linguistique de Paris*, t. LXXVIII, fasc. 1, 1983, pp. 23-51.

FOUCAULT, Michel. *Les mots et les choses*. Paris: Gallimard, 1966.

FOURNIER, Jean-Marie. *La théorie des temps dans la grammaire générale (1660-1811)*. Paris, 1994. Tese (Doutorado) – Université Paris Diderot-Paris 7.

____. "Quelques remarques à propos du statut sémiotique de l'exemple". *Sémiotiques*. 14 (Sens, figures, signaux, quelques enjeux historiques de la sémantique), 1998, pp. 31-44.

____. "Histoire d'une catégorie: le partitif dans les grammaires françaises (16e-18e siècle)". In: HASSLER, Gerda; VOLKMANN, Gesina (eds.) *History of Linguistics in Texts and Concepts – Geschichte der Sprachwissenschaft in Texten und Konzepten*. v. 1. Münster: Nodus, 2004, vol. 1, pp. 119-29.

____. "La généralité dans les théories du son à l'âge classique". HEL, 29/1, 2007a, pp. 85-103.

____. La notion d'unité sonore dans les grammaires françaises des 17e et 18e siècles. In: KIBBEE, Douglas A. (dir.) *History of Linguistics*. Amsterdam; Philadelphia: Benjamins (SiHoLS 112), 2007b, pp. 120-30.

____. *Histoire des théories du temps dans les grammaires françaises*. Lyon: ENS Éditions, 2013.

____. (dir.) L'exemple dans les traditions grammaticales. *Langages*, 166, 2007.

FUNAIOLI, Gino [Hyginus]. *Grammaticae Romanae Fragmenta*. Leipzig: Teubner, 1907.

GALLET, Yvette. *Les Corrélations verbo-adverbiales, fonction du passé simple et du passé composé, et la théorie des niveaux d'énonciation dans la phrase française du XVIIe siècle*. Paris: H. Champion, 1977.

GAMBARARA, Daniele. L'origine des noms et du langage dans la Grèce ancienne. In: AUROUX, S. (dir.) *Histoire des idées linguistiques*. v. 1. Bruxelles: Pierre Mardaga, 1989, pp. 79-97.

_____. Pythagoras. In: STAMMERJOHANN, Harro. *Lexicon grammaticorum*. Tübingen: Niemeyer, 1996, pp. 764-5.

GARCEA, Alessandro; LOMANTO, Valeria. "Varron et Priscien: autour des verbes *adsignificare* et *consignificare*". *HEL*, 25/2, 2003, pp. 33-54.

GERNET, Louis. *Anthropologie de la Grèce antique*. Paris: Maspero, 1968.

GINZBURG, Carlo. *Mythes, emblèmes, traces*: morphologie et histoire. Paris: Flammarion, 1989.

GODEL, Robert. *Les sources manuscrites du* Cours de linguistique générale *de F. de Saussure*. Genève: Droz; Paris: Minard, 1957.

GOMBERT, Jean-Émile. *Le développement métalinguistique*. Paris: PUF, 1990.

GOODY, Jack. *La Raison graphique, la domestication de la pensée sauvage*. Trad. Jean Bazin e Alban Bensa. Paris: Éd. de Minuit, 1979.

_____. *La Logique de l'écriture*: aux origines des sociétés humaines. Paris: Armand Colin, 1986.

_____. *Pouvoirs et savoirs de l'écrit*. Paris: La Dispute, 2007.

GREIMAS, Algirdas Julien. "L'actualité du saussurisme". *Le français moderne*. 24, 1956, pp. 191-203.

GRONDEUX, Anne. *Le* Graecismus *d'Évrard de Béthune à travers ses gloses*. Turnhout: Brepols, 2000a.

_____. La *Grammatica positiua* dans le bas Moyen Âge. In: AUROUX, S. et al. (dir.) *History of the Language Sciences* – an International Handbook on the Evolution of the Study of Language from the Beginnings to the Present. v. 1. Berlin; New York: Walter de Gruyter, 2000b, pp. 598-610.

_____. "*Corpus dicitur quidquid videtur et tangitur*: origines et enjeux d'une définition". *Voces*. 14, 2003, pp. 35-76.

GUILLAUME, Jean-Patrick. "'Le discours tout entier est nom, verbe et particule.' Élaboration et constitution de la théorie des parties du discours dans la tradition grammaticale arabe". *Langages*, 92, 1988, pp. 25-36.

_____. "Le statut de l'adjectif dans la tradition grammaticale arabe". *HEL*, 14/1, 1992, pp. 59-74.

_____. "Sībawayhi 'Amr ibn 'Uṯmān ibn Qanbar". Notice 4101, CRGTL. Tome 2, 2000, pp. 159-60.

HAAG-BERNÈDE. "Pāṇini, *Aṣṭādhyāyī*". Notice 4304, CRGTL. Tome 2, 2000, pp. 236-8.

HALBWACHS, Maurice. *Les cadres sociaux de la mémoire*. Paris: Alcan, 1925.

HERRENSCHMIDT, Clarisse. *Les Trois écritures*. Langue, nombre, code. Paris: Gallimard, 2007.

HOLTZ, Louis. *Donat et la tradition de l'enseignement grammatical*. Étude sur l'*Ars Donati* et sa diffusion (IVe -IXe siècle) et édition critique. Paris: Éd. du CNRS, 1981.

_____. Les grammairiens latins et leur postérité médiévale. In: BASSET, Louis; BIVILLE, Frédérique. *Actes du XXXIe Congrès International de l'associations des professeurs de langues anciennes de l'enseignement supérieur*. Lyon: 1999, pp. 83-116.

ILDEFONSE, Frédérique. "Sujet et prédicat chez Platon, Aristote et les Stoïciens". *Archives et documents*. Seconde série 10, 1994, pp. 3-34.

IMBACH, Ruedi; ROSIER-CATACH, Irène. "De l'un au multiple, du multiple à l'un – une clef d'interprétation pour le *De vulgari eloquentia*". In: *La résistible ascension des vulgaires – Contacts entre latin et langues vulgaires au bas Moyen Âge: problèmes pour l'historien*. Mélanges de l'École française de Rome, t. 117, 2005, pp. 509-29.

ITKONEN, Esa. *Universal History of Linguistics*. India, China, Arabia, Europe. Amsterdam; Philadelphia: Benjamins, 1991.

JAKOBSON, Roman. "La théorie saussurienne en rétrospection". *Linguistics*. 22, 1984, pp. 161-96.

JOLY, André. La linguistique cartésienne: une erreur mémorable. In: JOLY, André; STÉFANINI, Jean (eds.) *La grammaire générale, des Modistes aux Idéologues*. Lille: PUL, 1977, pp. 165-99.

____. "Le problème de l'article et sa solution dans les grammaires de l'époque classique". *Langue française*. 48, 1980, pp. 16-27.

KIBBEE, Douglas A. *For to Speke Frenche Trewely*. The French Language in England, 1000-1600, Its Status, Description and Instruction. Amsterdam: John Benjamins (SiHoLS 60), 1991.

KRISTOL, Andres Max. "Le début du rayonnement parisien et l'unité du français au moyen âge: le témoignage des manuels d'enseignement du français écrits en Angleterre entre le 13e et le début du 14e siècle". *Revue de linguistique romane*, 53, 1989, pp. 335-67.

KUHN, Thomas S. *La structure des révolutions scientifiques*. Paris: Flammarion (Champs), 1962.

LALLOT, Jean. "Ammonius: l'adjectif entre le nom et le verbe". *Archives et documents de la* SHESL, seconde série, 6 [*L'identification d'une catégorie linguistique: l'adjectif. Choix de textes*], 1992, pp. 3-6.

____. "À propos des syncatégorèmes: consignification et signification adjacente dans la tradition logico-grammaticale grecque". *HEL*, 25/2, 2003, pp. 9-32.

____. "'Dis-moi comment tu traites les exemples, je te dirai quel grammairien tu es'. Application à Apollonius Dyscole (*Syntaxe*)". *Langages*, 166 (L'exemple dans les traditions grammaticales), 2007, pp. 58-70.

____; ROSIER-CATACH, Irène (dir.) Les syncategorèmes. *HEL*, 25/2, 2003.

LAMBERT, Pierre-Yves. "Les premières grammaires celtiques". *HEL*, 9/1, 1987, pp. 13-45.

LAMBERTERIE, Charles de. "La théorie des laryngales en indo-européen". *Comptes rendus des séances de l'anné 2007, janvier - mars, Académie des Inscriptions & Belles-Lettres*. 2007 [mar. 2009], pp. 141-66.

LARDET, Pierre. Travail du texte et savoir des langues: la philologie. In: AUROUX, S. (dir.) *Histoire des idées linguistiques*. v. 2. Bruxelles: Pierre Mardaga, 1992, pp. 187-205.

LAW, Vivien. "Anglo-saxon England: Aelfric's *Excerptiones de arte grammatica Anglice*". *HEL*, 9/1, 1987, pp. 47-71.

____. *Grammar and Grammarians in the Early Middle Ages*. London; New York: Longman, 1997.

____. *The History of Linguistics in Europe from Plato to 1600*. Cambridge: Cambridge University Press, 2003.

____; SLUITER, Ineke (eds.) *Dionysius Thrax and the* Technē Grammatikē. Münster: Nodus, 1995.

LECLERCQ, Odile. "Le traitement du sens par les épithètes et les synonymes au 16e s.: approche de la définition lexicale". *HEL*, 28/2, 2006, pp. 27-35.

LECOINTRE, Claire. *La Grammatica philosophica de Caspar Schoppe*. Paris, 1993. Tese (Doutorado) – Université Paris X.

LE PRIEULT, Henri. *Grammaticalité*: traditions et modernités. Toulouse: Presses Universitaires du Mirail, 2006.

LEPSCHY, Giulio C. (dir.) *Storia della linguistica*. 3 vol. Bologna: Il Mulino, 1990-1994 [Trad. para o inglês, Londres: Longman, 1996].

____. *La linguistica strutturale*. Torino: Einodi, 1966 [Trad. para o francês, Paris: Payot, 1968].

LEROI-GOURHAN, André. *Milieu et technique*. Paris: Albin Michel, 1945.

_____. *Le geste et la parole*. 2 vol. Paris: Albin Michel, 1964.

LÉVI-STRAUSS, Claude. *Tristes tropiques*. Paris: Plon (Terre Humaine), 1955.

_____. Le champ de l'anthropologie. In: *Anthropologie structurale II*. Paris: Plon, 1973.

*LIBERA, Alain de; ROSIER-CATACH, Irène. L'analyse linguistique au Moyen Âge. In: AUROUX, S. (dir.) *Histoire des idées linguistiques*. v. 2. Bruxelles: Pierre Mardaga, 1992, pp. 115-86.

LUSIGNAN, Serge. *Parler vulgairement*. Les intellectuels et la langue française aux XIII et XIV siècles. Paris; Montréal: Presses de l'Université de Montréal; Vrin, 1986.

_____. "Le français et le latin aux XIIIᵉ-XIVᵉ siècles: pratique des langues et pensée linguistique". *Annales ESC [Économies, Sociétés, Civilisations]*. 1987/4, pp. 955-67.

MARROU, Henri-Irénée. *Histoire de l'éducation dans l'Antiquité*. 2. Le monde romain. Paris: Seuil (coll Points Histoire), 1981 [1. ed. 1948].

MARSCHALL, J. H. *The Donatz Proensals of Uc Faidit*. London: Oxford University Press, 1969.

MERLIN-KAJMAN, Hélène. *L'Excentricité académique*. Littérature, institution, société. Paris: Les Belles Lettres, 2001.

MERRILEES, Brian. "Teaching Latin in French: Adaptations of Donatus's *Ars Minor*". *Fifteenth-Century Studies*. 12, 1986, pp. 87-98.

_____. "L'Art Mineur en français et le curriculum grammatical". *HEL*, 12/2, 1990, pp. 15-29.

MICHAEL, Ian. *English Grammatical Categories and the Tradition to 1800*. Cambridge: Cambridge University Press, 1970.

MILNER, Jean-Claude. *L'Amour de la langue*. Paris: Seuil, 1978.

_____. *Le Périple structural*: Figures et Paradigme. Paris: Seuil, 2002.

MORPURGO-DAVIES, Anna. *Nineteenth-Century Linguistics*. In: LEPSCHY, Giulo (ed.) *History of Linguistics*. v. 4. Londres; New York: Longman, 1998.

MOUNIN, Georges. *Histoire de la linguistique des origines au XXᵉ siècle*. Paris: PUF, 1967.

MULLER, Jean-Claude. "Quelques repères pour l'histoire de la notion de vocabulaire de base dans le pré-comparatisme". *HEL*, 6/2 [Genèse du comparatisme indo-européen], 1984, pp. 37-43.

NERLICH, Brigitte. *La pragmatique*. Berne: P. Lang, 1986.

NIEDZIELSKI, Nancy A.; PRESTON, Denis R. *Folk Linguistics*. Berlin: Mouton de Gruyter, 2003.

NORMAND, Claudine (ed.) Saussure et la linguistique pré-saussurienne. *Langages*, 49, 1978.

_____. et al. *Avant Saussure*. Bruxelles: Éditions Complexe, 1978.

_____. *Saussure*. Paris: Les Belles Lettres (Figures du Savoir), 2000.

OLENDER, Maurice. *Les langues du paradis*: Aryens et Sémites, un couple providentiel. Paris: Gallimard/Le Seuil, 1989.

OLSON, David R. *L'Univers de l'écrit*. Comment la culture écrite donne forme à la pensée. Paris: Retz, 1998.

PADLEY, George Arthur. *Grammatical Theory in Western Europe, 1500-1700*. The Latin Tradition. Cambridge: Cambridge University Press, 1976.

PARIENTE, Jean-Claude. "Grammaire générale et grammaire générative". *Actes de la recherche en sciences sociales*. 5/6, 1975, pp. 36-49.

_____. *L'analyse du langage à Port-Royal*: six études logico-grammaticales. Paris: Éd. de Minuit, 1985.

PAVEL, Thomas. *Le mirage linguistique*. Essai sur la modernisation intellectuelle. Paris: Éd. de Minuit, 1988.

PEDERSEN, Holger. *The Discovery of Language.* Linguistic Science in the Nineteenth Century. Bloomington: Indiana University Press, 1959.

PERCIVAL, W. Keith. La connaissance des langues du monde. In: AUROUX, S. (dir.) *Histoire des idées linguistiques.* v. 2. Bruxelles: Pierre Mardaga, 1992, pp. 226-38.

PETERS, Manfred (ed.) *Konrad Gessners "Mithridates". Neudruck der Ausgabe 1555 mit Ausführlicher Einleitung.* Aalen: Scientia Verlag, 1974.

POLIAKOFF, Léon. *Le Mythe aryen.* Essai sur les sources du racisme et des nationalismes. Paris: Calmann-Lévy, 1971.

____. *Histoire de l'antisémitisme.* Paris: Point Seuil, 1991.

POPPER, Karl A. *La logique de la découverte scientifique.* Paris: Payot, 1984 [1. ed. 1934].

PUECH, CHRISTIAN. "L'esprit de Saussure. Paris contre Genève: l'héritage saussurien". *Modèles Linguistiques.* 20/1, 2000, pp. 79-93.

____. "L'arbitraire du signe comme 'méta-débat' de la linguistique moderne". *Cahiers de linguistique analogique.* 1, 2003, pp. 155-72.

____. Structuralisme et anthropologie. In: *Encyclopédia Universalis.* Notionnaire. Idées. Paris: Albin Michel, 2007.

____; CHISS, Jean-Louis. Structuralisme et philosophie. In: *Encyclopédia Universalis.* Paris: Albin Michel, 2005.

____; CHISS, Jean-Louis. Structuralisme linguistique. In: *Encyclopédia Universalis.* Paris: Albin Michel, 2007 [1. ed. 2001].

____. (dir.) Sens, figures, signaux. *Sémiotiques.* 14, Paris: CNRS Didier-érudition, 1998.

____. (dir.) *Linguistique et partages disciplinaires à la charnière des XIXe et XXe siècles: V. Henry (1850-1907). Avec une bibliographie de V. Henry par M. Décimo.* Louvain; Paris; Dudley, MA: Peeters, 2004.

____. (dir.) Histoire des idées linguistiques et horizons de rétrospection. *HEL,* 28/1, 2006.

RAMAT, Paolo. La querelle sulle 'leggi fonetiche. In: MORESCHINI, A. Quatordio. *Une periodo di storia linguistica:* i neogrammatici. Pisa: Giardini Editori, 1986, pp. 51-62.

RASTIER, François. "Saussure au futur. Écrits retrouvés et nouvelles réceptions. Introduction à une relecture de Saussure". 2004. Disponível em: <http://www.revue-texto.net/>.

REY, Alain; DUVAL, Frédéric; SIOUFFI, Gilles. *Mille ans de langue française:* histoire d'une passion. Paris: Perrin, 2007.

REY-DEBOVE, Josette. *Le métalangage:* étude linguistique du discours sur le langage. Paris: Le Robert, 1986.

REYNOLDS, Leighton D.; WILSON, Nigel G. *D'Homère à Érasme:* La transmission des classiques grecs et latins. Paris: Éd. du CNRS, 1986.

RICKARD, Peter. *The Embarrassments of Irregularity.* The French Language in the Eighteenth Century. Cambridge: Cambridge University Press, 1981.

ROBINS, Robert H. *A Short History of Linguistics.* London; New York: Longman, 1997 [1. ed. 1967].

ROSIER-CATACH, Irène. *La Grammaire spéculative des Modistes.* Lille: PUL, 1983.

____. "Quelques aspects de la diversité des discussions médiévales sur l'adjectif". *HEL,* 14/1, 1992, pp. 75-100.

____. *La parole comme acte.* Sur la grammaire et la sémantique au XIIIe siècle. Paris: Vrin, 1994.

____. Modisme, pré-modisme, proto-modisme: pour une définition modulaire. In: EBBESEN, Sten; FRIEDMAN, Russell L. (eds.) *Medieval Analyses in Language and Cognition.* Copenhagen: The Royal Danish Academy of Sciences and Letters, 1999, pp. 45-81.

_____. La grammaire spéculative du bas Moyen Âge. In: AUROUX, S. et al. (dir.) *History of the Language Sciences* – an International Handbook on the Evolution of the Study of Language from the Beginnings to the Present. v. 1. Berlin; New York: Walter de Gruyter, 2000, pp. 541-50.

_____. *La parole efficace*: signe, rituel, sacré. Paris: Seuil, 2004.

SALMON, Vivian. *The Study of Language in 17th-Century England*. Amsterdam; Philadelphia: Benjamins (SiHoL, 17), 1979.

SAUSSURE, Marie de (ed.) *Ferdinand de Saussure (1857-1913)*. Genève: W. Kündig, 1915. Reprodução e prefácio de Jacques e Raymond de Saussure, Morges: F. Trabaud, 1962.

SAVATOVSKY, Dan. "Les linguistes et la langue internationale, 1880-1920". *HEL*, 11/2, 1989, pp. 37-65.

_____. *L'invention du français*. Paris, 1997. Tese (Doutorado) – Université Paris VIII.

_____. (dir.) La crise du français. *Études de Linguistique appliquée*. 118, 2000.

_____. De l'hyperlangue à l'interlangue: caractéristiques universelles et langues internationales (19ᵉ s.-20ᵉ s.). In: *Histoire des représentations de l'origine du langage et des langues*. Biennale d'histoire des théories linguistiques. Île de Porquerolles, 28 ago./01 set. 2006.

SCHLIEBEN-LANGE, Brigitte et al. (dir.) *Europäische Sprachwissenschaft um 1800. Methodologische und historiographische Beiträge zum Umkreis der "Idéologie"*. 4 vol. Münster: Nodus Publikationen, 1989-1994.

SCHMITTER, Peter (dir.) *Geschichte der Sprachtheorie*. 6 vol. Tübingen: Gunter Narr, 1987-2005.

SCHMUTZ, Jacob. Le latin est-il philosophiquement malade? Le projet de réforme du *Leptotatos* de Juan Caramuel Lobkowitz (1681). In: BURY, Emmanuel (ed.) *Tous vos gens à latin. Le latin, langue savante, langue mondaine (XIVᵉ-XVIIᵉ siècles)*. Genève: Droz (THR 405), 2005, pp. 399-427.

SEARLE, John Rogers. *Speech Acts*: an Essay in the Philosophy of Language. Cambridge: Cambridge University Press, 1969.

SÉRIS, Jean-Pierre. *Langages et machines à l'Âge Classique*. Paris: Hachette Supérieur, 1995.

SÉRIOT, Patrick; SAMAIN, Didier (eds.) La structure de la proposition: histoire d'un métalangage. *Cahiers de l'ILSL*. 25, 2008.

SEUREN, Pieter. *Western Linguistics*: an Historical Introduction. Oxford: Blackwell, 1998.

_____. "The Subject-Predicate Debate X-Rayed. In: CRAM, David; LINN, Andrew; NOWAK, Elke. *History of Linguistics*. v. 1. Amsterdam; Philadelphia: Benjamins, 1999, pp. 41-55.

SIMONDON, Gilbert. *Du mode d'existence des objets techniques*. Paris: Aubier, 1989.

STAMMERJOHANN, Harro. *Lexicon grammaticorum*. a Bio-Bibliographical Companion to the History of Linguistics. 2 vol. Tübingen: Niemeyer, 2009.

SUBBIONDO, Joseph L. (dir.) *John Wilkins and 17th-Century British Linguistics*. Amsterdam; Philadelphia: Benjamins (SiHoLS 67), 1992.

SWIGGERS, Pierre. "L'histoire d'un problème grammatical, l'article en français". *Revue de linguistique romane*. 49, 1985, pp. 119-26.

_____. "Le *Donait françois*: la plus ancienne des grammaires du français". *Revue des langues romanes*. 89, 1985, pp. 235-51.

_____. *Histoire de la pensée linguistique*. Paris: Presses Universitaires de France, 1997.

_____; WOUTERS, Alfons. Réflexions à propos de (l'absence de?) la syntaxe dans la grammaire gréco-latine. In: *Syntax in Antiquity*. Leuven: Peeters (*Orbis*/Supplementa 23), 2003, pp. 25-41.

___; WOUTERS, Alfons (ed.) *Ancient Grammar*: Content and Context. Leuven: Peeters (*Orbis*/ Supplementa 19), 1996.

___; WOUTERS, Alfons (ed.) *Syntax in Antiquity*. Leuven: Peeters (*Orbis*/Supplementa 23), 2003.

SZEMERÉNYI, Oswald J. L. "La théorie des laryngales de Saussure à Kuryłowicz et à Benveniste. Essai de réévaluation". *Bulletin de la Société de linguistique de Paris*. 68/1, 1973, pp. 1-25.

TAYLOR, Daniel J. "Latin declensions and conjugations: from Varro to Priscien". HEL, 13/2, 1991, pp. 85-109.

_____. Varro and the Origin of Roman Linguistic Theory and Practice. In: AUROUX, S. et al. *History of the Language Sciences* – an International Handbook on the Evolution of the Study of Language from the Beginnings to the Present. v. 1. Berlin; New York: Walter de Gruyter, 2000, pp. 455-8.

TORT, Patrick. *Évolutionnisme et linguistique*. Paris: Vrin, 1980.

TRABANT, Jürgen. *Humboldt ou le sens du langage*: Liège: Mardaga, 1992.

___. *Traditions de Humboldt*. Paris: Editions de la Maison des Sciences de l'homme, 1999.

___. *Mithridates im Paradies*. Kleine Geschichte des Sprachdenkens. Munich: C. H. Beck, 2003.

___. "Faut-il défendre Saussure contre ses amateurs? Notes item sur l'étymologie saussurienne". *Langages*. 159, 2005, pp. 111-24.

___. VERNANT, Jean-Pierre. *Mythes et pensée chez les Grecs*: études de psychologie historique. Paris: La Découverte, 2005 [1. ed. 1965].

VEYNE, Paul. *Comment on écrit l'histoir*. Essai d'épistémologie. Paris: Seuil, 1971.

WEINRICH, Harald. *Le temps*. Le récit et le commentaire. Paris: Seuil, 1973. Trad. francesa de *Tempus*: Besprochene und Erzählte Welt. Stuttgart: Kohlhammer, 1964.

ZUBER, Roger. *Les Belles infidèles et la formation du goût classique*. Perrot d'Ablancourt et Guez de Balzac. Paris: Armand Colin, 1968.

Revistas

Histoire Épistémologie Langage (abreviada como HEL), revista da Société d'Histoire et d'Épistémologie des Sciences du Langage, publicada desde 1979. Ver o site da SHESL (http://www.shesl.org/) e o da revista (http://www.hel-journal.org/), nos quais se pode consultar os números publicados desde a criação do periódico, à exceção dos mais recentes.

Historiographia linguistica, revista publicada por John Benjamins desde 1974, a qual pode ser igualmente consultada no site do editor (http://www.benjamins.com).

Beiträge zur Geschichte der Sprachwissenchaft, revista internacional "predominatemente" alemã e holandesa, publicada por Nodus Publikationen desde 1991.

Editores e coleções

Grammatica Humanistica, Serie Textos [collection de textes linguistiques de la Renaissance/ coleção de textos linguísticos do Renascimento], Cáceres, Universidad de Extremadura.

Materialien zur Geschichte der Sprachwissenschaft und der Semiotik [Materiais para a história da linguística e da semiótica], Münster, Nodus Publikationen. Orbis/Supplementa, Leuven, Peeters.

SiHoLS = Studies in the History of the Language Sciences [Estudos em história das Ciências da Linguagem], Amsterdam et Philadelphia, Benjamins.

The Henry Sweet Society Studies in the History of Linguistics , Münster, Nodus Publikationen.

Traités sur la langue française, Textes de la Renaissance [Tratados sobre a língua francesa, textos do Renascimento], Paris, Champion.

Obras utilizadas e instrumentos bibliográficos

Sites da web

Além das revistas referidas anteriormente e as das grandes bibliotecas (dentre as quais o site *Gallica* da BnF, http://gallica.bnf.fr/) que o extraordinário metacatálogo virtual de Karlsruhe ("KVK", http://www.ubka.uni-karlsruhe.de/kvk) permite explorar sistematicamente, pode-se consultar:

• o site do laboratório "Histoire des théories linguistiques" (UMR 7597) que apresenta os programas dos pesquisadores e reúne um número considerável de recursos relativos à historiografia das ciências da linguagem: http://htl.linguist.jussieu.fr;

• o site do *Corpus des textes linguistiques fondamentaux* (CTFL) [Corpus de textos linguísticos fundamentais]: o essencial dos documentos colocados on-line neste site corresponde aos dois volumes do *Corpus représentatif des grammaires et des traditions linguistiques* [Corpus representativo das gramáticas e das tradições linguísticas] publicados em 1998 e 2000. Além disso, um sistema de pesquisa permite que se façam buscas no *corpus*, nas obras descritas, na bibliografia secundária, nos textos digitalizados e em uma base de artigos escritos para o desenvolvimento do projeto: http://ctlf.ens-lsh.fr;

• o site da sociedade britânica de história da linguística, a Henry Sweet Society, que edita igualmente um boletim: http://www.henrysweet.org;

• o site da sociedade norte-americana de história da linguística, a North American Association for the History of the Language Sciences, que edita igualmente uma *newsletter*: http://linguistlist.org/~naahols.

Índice seletivo
de noções e de termos

Os números remetem às questões.

Ablaut 41
acidente 19
adjetivo 17, 36
afinidade 41, 43
appositum / appost 25
caso 19, 25, 26, 28
categoria (linguística) 19
codificação 32
comum (língua —) 32
comparativo
  (método —) 38, 39, 40, 41, 42
comparada
  (gramática —) 38, 39, 40, 41, 42
compilação linguística 29
complemento 28
comensurabilidade 4, 7
conjugação 23
declinação 23
défaut (erro, defeito) 20, 21
denominação 14
derivação 19, 20
determinação 36
dialética 16
diátese (*diathesis*) 19, 25, 27
diversidade linguística 29, 30
escola 37
escrita 11
enunciado 17, 25, 34

epilinguístico
  (atitude, atividade, saber) 8, 9
epistemologia 7
estendida (gramática latina —) 26
exemplo 22
falsificação 41
figura 19
função 25, 35
geral (gramática —) 33-37
geral (linguística —) 44
generalidade 33-36, 44
glossolalias 12, 44
gramma 23
gramática 20, 21, 22
gramatização 2, 26
grandes descobertas 30
horizonte de retrospecção 2
hupokeimenon
  (sujeito / substrato) 17, 25
hiperlíngua 32
hipótese 41
hipótese Whorf/Sapir 40
imposição (dos nomes) 14, 15, 20
imprensa 31
instituição da língua 31, 32
internacional / internacional auxiliar
  (língua —) 45

kategorēma, kategoroumenon
 (predica, predicado) 17, 24, 25
lógica 25
logos 17
lei (fonética) 41
lei de Grimm 41
lei de Verner 41
matriz disciplinar 47
metalinguística (atividade) 9
morfologia 23
palavra 18
mitos 13
nome 17, 18
nomenclatura 14
nominativo 24
onoma 14, 15, 17-19
onomatopeia, 14
optativo 27
origem das línguas 43
ortografia 37
paradigma 23, 26, 27, 32
parepetai, parepomenon 19
partes do discurso
 (classes de palavras) 18
patologia (da linguagem) 21
pessoa 19, 25
filologia 16
fonética 23
phusis (natureza) 14
popular (linguística —) 12
positivismo 41
praelectio 23
predicado 24
prescrição linguística 11
proposição 35
ptôsis 19
raiz 41
reconstrução 40, 42
regra 22

regra das 24 horas 27
relativismo histórico 50
rhêma 15, 17-19
retórica 16
sânscrito 40
som 5, 18, 23, 26, 33
escólios 19, 21, 23
segmentação (*Zergliederung*) 41
stoikheion (elemento) 18, 23
estruturalismo 47, 47, 48
subjuntivo 27
sujeito 24
sumbainei, sumbebekos 19
suppositum, suppost 25
sílaba 18, 23
simbólica (atividade) 13
sincrônica
 (linguística, ponto de vista —) 46
sintaxe 24, 25
taxa de reinscrição 7
tecnologia 10
tempo (verbal) 27
texto fundador 4, 5, 6
texto pilar 21
thesis (imposição, convenção) 14
tradição linguística 4
tradução 26
transitividade 25
tipologia linguística
Umlaut 41
universal (língua —) 45
verbo 15, 17-19
verso (gramática em —) 23
voz (verbal) 27

Os autores

Bernard Colombat é professor e pesquisador francês na Université Paris 7 - Denis Diderot e no Laboratoire d'Histoire des Théories Linguistiques (UMR 7597), CNRS (Paris). Trabalha, principalmente, com a história da tradição gramatical latina e com o estudo da sintaxe latina, a partir do século XVI até o XVIII, a respeito do que publicou o livro *Les figures de construction dans la syntaxe latine: 1500-1780* (Peteers, 1993) e a alentada obra *La grammaire latine en France à la Renaissance et à l'âge classique: théorie et pédagogie* (Grenoble, ELLUG, 1999). É autor de várias outras obras, de capítulos e de artigos publicados em periódicos. Sob a direção de Colombat há trabalhos coletivos, por ele denominados "transversais", relevantes ao desenvolvimento dos estudos das ciências da linguagem, dentre os quais destacamos o Corpus de textes linguistiques fondamentaux (CTLF), disponível em http://ctlf.ens-lyon.fr.

Jean-Marie Fournier é professor da Université Sorbonne Nouvelle -Paris 3, atuante na área de linguística aplicada, no Departamento de Língua e Literatura Francesa e Latina. Foi presidente da Société d'Histoire et d'Epistémologie des Sciences du Langage (SHESL) no período de 2004 a 2007. É membro do Laboratoire d'Histoire des Théories Linguistiques (CNRS UMR 7597), pelo qual tem inúmeras publicações, dentre as quais *Histoire de la théorie des temps dans les grammaires françaises* (2013, ENS Lyon) além de outras obras coletivas. É especialista no estudo do tempo verbal sobre o que tem, além do livro citado, inúmeros artigos publicados em periódicos. Também é coeditor, assim como o professor Bernard Colombat, da coleção Grammaire Française du XVIIᵉ et XVIIIᵉ siècles. Em preparação, há várias edições críticas de sua autoria, por exemplo, a *Grammaire Générale et Raisonnée* de A. Arnauld et C. Lancelot (em coautoria com B. Colombat).

Christian Puech é professor da Université Sorbonne Nouvelle - Paris 3, também do Departamento de Língua e Literatura Francesa e Latina. Foi presidente da Société d'Histoire et d'Epistémologie des Sciences du Langage (SHESL, Paris), de 2008 a 2012. É, atualmente, vice-diretor do Laboratoire d'Histoire des Théories Linguistiques e vice-presidente do Cercle Ferdinand de Saussure (Genève), desde 2010. É também diretor do Laboratoire d'Excellence EFL (Empirical Foundations of Linguistics) de Sorbonne Paris Cité desde 2014. Especialista em temas como história e epistemologia das teorias linguísticas dos séculos XIX e XX, estruturalismos, Saussure e saussurianismos, e outros como gramática, linguística, estilística e ensino, além de teorias da escrita e da escritura. É de sua autoria o livro *Linguistique et partages disciplinaires à la charnière des XIXᵉ et XXᵉ* siècles: Victor Henry 1850-1907 (Peeters, 2004) e, em colaboração com J. L. Chiss, *Le langage et ses disciplines* (Duculot, Bruxelles, 1999).

As tradutoras

Marli Quadros Leite é professora titular da Universidade de São Paulo (USP), do programa de pós-graduação em Filologia e Língua Portuguesa.

Jacqueline Léon é diretora de pesquisa emérita no Centre National de la Recherche Scientifique (CNRS/Paris), Laboratoire d'Histoire des Théories Linguistiques, Sorbonne Paris Cité.

Cadastre-se no site da Contexto
e fique por dentro dos nossos lançamentos e eventos.
www.editoracontexto.com.br

Formação de Professores | Educação
História | Ciências Humanas
Língua Portuguesa | Linguística
Geografia
Comunicação
Turismo
Economia
Geral

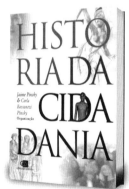

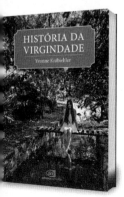

Faça parte de nossa rede.
www.editoracontexto.com.br/redes

Promovendo a Circulação do Saber

GRÁFICA PAYM
Tel. [11] 4392-3344
paym@graficapaym.com.br